UDO DI FABIO

SCHWANKENDER WESTEN

SCHWANKENDER WESTEN

WIE SICH EIN GESELLSCHAFTSMODELL NEU ERFINDEN MUSS

von

UDO DI FABIO

2015

C.H.BECK

www.beck.de

ISBN 978 3 406 68391 6

© 2015 Verlag C.H.Beck oHG
Wilhelmstraße 9, 80801 München
Druck und Bindung: CPI – Ebner & Spiegel, Ulm
Satz: Fotosatz Buck
Zweikirchener Straße 7, 84036 Kumhausen
Umschlaggestaltung: Ralph Zimmermann – Bureau Parapluie
Foto: © Dominik Pietsch

Gedruckt auf säurefreiem, alterungsbeständigem Papier
(hergestellt aus chlorfrei gebleichtem Zellstoff)

VORWORT

Das westliche Gesellschaftsmodell ist in der Krise. Kräfte des Aufstiegs wie des Abstiegs zerren an einer Ordnung, die bislang allen Alternativen weit überlegen schien. Die Dialektik der Krise hat zu allererst etwas mit dem überwältigenden Erfolg dieses Modells zu tun. Die Magie von Markt und Wohlstand, persönlicher Freiheit und demokratischer Selbstbestimmung wirkt ungebrochen. Die Potenzen der Marktwirtschaft in Amerika, Europa und Asien sind überwältigend. Gewiss: Neuer, immenser Reichtum lässt Armut umso krasser und skandalöser erscheinen. Doch aufs Ganze gesehen hat die Globalisierung Hunger und Elend erheblich gemindert. Sie hat Wohlstand gesteigert, Freiheiten vermehrt, Grenzen schwinden lassen. Allerdings sind auch die Anpassungszwänge enorm. Es wird nicht nur soziale Ungleichheit beklagt, es zerfallen auch bewährte Ordnungen und gut durchdachte Institutionen. Der Preis für die Verweigerung der Anpassung wird höher. Manch autoritärer Herrscher und manche populistische Bewegung, nicht nur in Griechenland, kalkulieren die Kosten einer fundamentalen Verweigerung. Schwellenländer, aber auch die alten, die etablierten Demokratien geraten in eine Schieflage zwischen den Kräften internationaler Koordinierung, kultureller Fragmentierung und dem Protest von Wählern, die sich weiter im politischen Raum der Nationalstaaten orientieren.

Die Welt des 21. Jahrhunderts ist eine der offenen Grenzen, der Vernetzung von Politik, Wirtschaft und Kultur. Unter den neuen Bedingungen der Internationalität können die politischen Parteien ihre im

VORWORT

Wohlfahrts- oder Sozialstaat gegebenen Versprechen nur noch dann einlösen, wenn sie den Menschen hohe Mobilität und mehr Leistungen abfordern, wenn sie Standortvorteile ausnutzen, Nischen besetzen und ihre politischen Entscheidungen sehr angepasst an die Bedürfnisse eines dynamischen Weltmarktes treffen. Die Politik der Staaten und der miteinander verbundenen Handelsräume versucht ihre jeweilige Volkswirtschaft durch die Klippen einer offenen Weltgesellschaft zu steuern. Dabei kann im politischen Betrieb selten die ungeschminkte Wahrheit gesagt werden, diplomatisch verschlüsselte Botschaften und sachliche Rücksichtnahmen auf Stimmungen gehören seit jeher zum Alltag jeder Herrschaft. Wenn allerdings die wirtschaftliche Rationalität und die Anpassungszwänge überstaatlichen Regierens den Wählern in einer grundlegenden Weise nicht länger vermittelbar sind, können links- und rechtspopulistische Bewegungen das traditionelle Parteienspektrum erschüttern und irrationales Politikverhalten fördern. Im Ergebnis entsteht eine schleichende, aber hartnäckige Legitimationskrise.

Die wirtschaftspolitischen Rezepturen in den USA, der EU oder Japan wirken nicht immer durchdacht und schon gar nicht aus einem Guss. Die Deregulierung der internationalen Finanzwirtschaft und hohe Staatsverschuldung haben gravierende Strukturprobleme verursacht. In einigen Staaten scheint das Finassieren mit fiskalischen und monetären Instrumenten eine schlichte Notwendigkeit, damit das komplexe Gebäude nicht wie ein Kartenhaus zusammenfällt, in anderen Ländern wird womöglich aus der alten sozialen Marktwirtschaft eine neue, politisch gelenkte Marktwirtschaft. Die expansive Geldpolitik und die Nullzinsstrategie erschüttern die Institution des Privateigentums, sie entkoppeln das Finanzsystem ein weiteres Mal von den Bedingungen der Realwirtschaft. Geld, das in der Finanzbranche nach wie vor rasch verdient wird, lässt sich in „bürgerlichen" Anlageformen nur noch schwer erwirtschaften und untergräbt ein Stück weit das Vertrauen der Mittelschicht.

Während der wirtschaftliche Ordnungsrahmen der großen Demokratien ungewisser wird, wachsen alltagskulturelle Zukunftsängste.

Orientierungsverluste werden beklagt. An der Peripherie mehren sich die Zeichen einer Rebellion gegen den Westen mit seinen Leitwerten und Lebenseinstellungen. Nicht nur im gewalttätigen Islamismus gelangt das zum Ausdruck, sondern etwas verdeckter wird das Aufbegehren auch in Ländern wie Russland, Ungarn, der Türkei, Ägypten, Venezuela, China oder gar Japan sichtbar. Man mag darin Anzeichen für einen Kulturkampf sehen, mit unklarem Frontverlauf. Muss man die Ganzkörperverhüllung, die Burka im öffentlichen Straßenbild verbieten oder wäre so etwas eine islamophobe Überreaktion? Manche Menschen artikulieren ihre Angst vor der Islamisierung Europas und blicken zugleich voller Sympathie auf *Putins* Russland. Verteidigt der russische Präsident nur die Souveränität, ja letztlich die Freiheit seines Landes oder stranguliert er Demokratie und Marktwirtschaft, entzieht so dem Land den Anschluss an den Westen?

Die widersprüchlichen Wahrnehmungs- und Verlaufsmuster deuten auf einen Umbruch. Öffentliche Meinungsführer beschleicht ein ungutes Gefühl, sie wollen die Gesellschaft pädagogisch auf dem richtigen Weg halten. Aber politische Sprechzettel des richtigen Verhaltens und des fairen Umgangs miteinander werden nicht ohne Weiteres die gewünschte Wirkung entfalten. Es kommt stattdessen darauf an, auch den Finger in die Wunden des Westens zu legen. Trotz des immensen Erfolges bestehen Zweifel an seiner *soziokulturellen Nachhaltigkeit*. Es fehlt am Bewusstsein für die normativen und praktischen Grundlagen von Freiheit und Wohlstand. Entscheidende Institutionen wie Rechtsstaat, Demokratie, Bürgerstatus, Bildung, Familie, soziale Marktwirtschaft, internationale Zusammenarbeit, tolerante Glaubensgemeinschaften oder Freiheit der Wissenschaft werden als selbstverständlich gegeben angenommen. Von solchen Institutionen wird Leistung verlangt, manchmal zu viel, ohne vernünftiges Augenmaß, während ihre Wertschätzung leidet.

Die Politik, abhängig von oberflächlichen Stimmungen, Leitbildern und Moden, aber noch mehr abhängig vom tieferliegenden Fleiß, vom Ideenreichtum und der Urteilskraft ihrer Bürger, kann nicht besser sein als die Summe der Menschen, die ein Land ausmachen. Wenn das

VORWORT

westliche Gesellschaftsmodell nicht nur überleben, sich nicht nur stabilisieren, sondern auch ein mitreißender Zukunftsentwurf sein will, müssen die Grundlagen neu vermessen und kartographiert werden. Es geht um die geistigen (normativen) und realen (faktischen) Voraussetzungen einer freien Gesellschaft nach dem Muster der westlichen Neuzeit. Es soll die Zukunft des Westens ausgelotet werden.

Bonn, im August 2015   Udo Di Fabio

INHALT

Vorwort 5

Erster Teil
Näherungen an den Westen 13

1. Kapitel
Was ist der Westen? 15

2. Kapitel
Der Westen in der Krise 18

3. Kapitel
Reflektierte Krisenwahrnehmung – Ambivalenz und Kontingenz 46

Zweiter Teil
Normative Signatur der Gegenwart:
Aufklärung und Humanismus 53

4. Kapitel
Die große Erzählung im Banne der Aufklärung 55

5. Kapitel
Würde und Schönheit des Menschen – Die normative Prämisse
des westlichen Gesellschaftsmodells 65

INHALT

6. Kapitel
Immanente Bedingungen der neuzeitlichen Freiheitsidee 85

7. Kapitel
Der Westen und die Religion – zur Koevolution von Vernunft
und Glaube 102

Dritter Teil
Gemeinschaft und Vertragsgesellschaft 111

8. Kapitel
Gemeinschaft und Gesellschaft 113

9. Kapitel
Die Privatrechtsgesellschaft 120

Vierter Teil
Die Politik der Gesellschaft 135

10. Kapitel
Die normative Doppelhelix: Freie Entfaltung und Selbstregierung 137

11. Kapitel
Die Freiheit der Politik als Risiko der Gesellschaft 144

12. Kapitel
Politik und Normen 161

Fünfter Teil
Marktwirtschaft und Politik 175

13. Kapitel
Warum die Demokratie vom gut geordneten Markt abhängt 177

14. Kapitel
Soziale Marktwirtschaft in der Weltgesellschaft 184

Sechster Teil
Die Krise Europas 197

15. Kapitel
Die Einheit Europas als Wirtschaftsintegration 199

16. Kapitel
Offene Zukunft Europas 212

Epilog
Aufstand gegen den Westen und Neuerfindung eines
Gesellschaftsmodells 231

Anmerkungen 247

ERSTER TEIL

NÄHERUNGEN AN DEN WESTEN

„Asia has witnessed a shift from one vision of Western decadence to another. It has been a movement from the West seen as a soulless machine that produces an inhuman modernisation, to the West seen as lazy and lacking a competitive edge"

(Alastair Bonnett, The Idea of the West)

1. KAPITEL
WAS IST DER WESTEN?

Wenn *Alastair Bonnett* Recht hat, dann gibt es bedeutende Regionen der Welt, die den Westen entweder als seelenlose Maschine betrachten oder aber als dekadente Wohlstandsgesellschaft verachten. Was verbirgt sich ideell hinter „The West", was eigentlich ist der Westen? Gemeint ist im Grunde nichts Geografisches mehr. Er ist auch kein Platzhalter für den kulturpathetischen Begriff des Abendlandes. Der Westen heute, das sind der Glanz eines Ideensystems und die unwiderstehliche Faszination eines Lebensstils. Die Ideen kreisen rund um die Freiheit und Würde des Menschen. Im Mittelpunkt steht der einzelne Mensch, zerbrechlich, aber stolz, aufrechten Gangs, die Welt nach seinem Maß gestaltend, den anderen achtend, das Leben in eigene Verantwortung gelegt. Sein Geist war und ist merkantil und kreativ. Er strebt nach Gewinn und dem Neuen, sucht das Bessere, strebt nach Glück in privaten Räumen und einer gerechten Welt in der Pflicht öffentlichen Wirkens.

Wer vom Westen redet, meint ein Menschenbild, ein spezifisches Muster der Welterklärung, eine bestimmte Organisation von Gesellschaft und eine standardisierte soziale Sinngebung.

• Der Begriff des Westens deutet auf ein normativ grundiertes Menschen- und Weltbild, das von der Würde und selbstbestimmten Freiheit des Einzelnen ausgeht.

• Eine wesentliche ideelle Orientierung findet der Westen in der Offenheit und Plastizität gesellschaftlicher Zustände,

- im Fortschrittsglauben
- und im Vertrauen auf die selbstexpansiven Kräfte von Personen und Vereinigungen.
- Die westliche Gesellschaftsform gründet auf ineinander verzahnte soziale Funktionssysteme (Markt, Wissenschaft, Recht, Politik, Erziehung), die sich durch hohe Grade an Autonomie (Freiheit) und Selbstbezüglichkeit auszeichnen.
- Und schließlich gründet sich der Westen auf Verhaltensstrukturen und Rollenzuweisungen eines mobilen, leistungsmotivierten Lebensstils, inzwischen verbunden mit akzentuierter Konsumorientierung und libertärer Freizügigkeit.

Der normativ üblicherweise gezeichnete Bauplan arbeitet mit einem Menschenbild personaler Würde, aus dem die Gesellschaft folgt: angeborene persönliche Freiheit und Gleichheit im Recht als Ausgangspunkt der legitimen Ordnung. Der Westen ist insofern das Synonym für Menschen- und Grundrechte, für das allgemeine Prinzip individueller Selbstbestimmung[1], konsequent fortgeführt in *Vereinigungen* (Ehe, Familie, Vereine, Verbände, Parteien, Gewerkschaften bis hin zu politischen Vereinigungen wie dem Staat oder internationalen Organisationen) und *Institutionen* wie Demokratie, Rechtsstaat und Marktwirtschaft, in Europa überwiegend als soziale Marktwirtschaft.

Der Begriff des Westens steht auf der normativen Grundebene für die Verbindung von persönlicher Freiheit mit demokratischer Selbstbestimmung. Er steht für Menschenrechte, Meinungsfreiheit und für Marktwirtschaft, die auf Privateigentum und Vertragsfreiheit beruht. Demokratie hat das Recht, Machtungleichgewichte und Disparitäten des Wohlstandes auszugleichen und kollektive Güter politisch verbindlich zu formulieren, darf aber nicht Privatautonomie und Marktmechanismus zerstören. Aber ob die Marktwirtschaft wirklich ein unentbehrliches Bauelement westlicher Zivilisation ist, war seit dem Zeitalter der Aufklärung umstritten und ist es bis heute geblieben. Man wird schon deshalb die Definition des Westens nicht an den Anfang stellen können, sondern wird seine normativen Kernaussagen ermitteln müssen. Fürs Erste arbeiten wir demnach mit einer vorläufigen Näherung und versuchen plausibel zu machen, warum es sich lohnt, die Idee des Westens kritisch zu analysieren. Es könnte sich lohnen, weil sich das westliche Gesellschaftssystem seit der islamistischen Herausforderung, multilateraler Bildung von Machtblöcken, neuen Friedensgefährdungen, der demographischen Entwicklung, der digitalen Verwandlung der Welt, der Weltfinanzkrise und der europäischen Stabilitätskrise im Zustand einer multiplen Dauerkrise zu befinden scheint.

2. KAPITEL
DER WESTEN IN DER KRISE

Ende der Pax Occidentalis?

Ein Tag im August 2014: Die Terrororganisation Islamischer Staat (IS) brüstet sich damit, 250 gefangene Soldaten getötet zu haben, nachdem wenige Tage zuvor die Bilder von der Enthauptung des US-Journalisten *James Foley* verbreitet wurden. Auf den Golan-Höhen werden 43 UN-Blauhelm-Soldaten entführt. Ein Führer der Boko-Haram-Sekte, die das westliche Wertesystem brutal bekämpft, erklärt die besetzten Teile im Nordosten Nigerias zu einem Kalifat. Der ukrainische Staatspräsident beklagt, dass Russland mit getarnten, aber regulären Truppen die Grenzen seines Landes überschritten habe. Deutschland entschließt sich in diesen Tagen, Kriegswaffen an die Kurden Iraks zu liefern. Die Flüchtlingsströme werden breiter. Die *pax occidentalis* bröckelt.

Bis zur Weltfinanzkrise hielt der Nimbus des Westens. Er schien mit dem Fall der Mauer und dem Zusammenbruch der Sowjetunion sogar Höhepunkt und Vollendung gefunden zu haben. Als der arabische Frühling 2011 begann, schien sich noch einmal seine Faszination stürmisch zu verbreiten. Die Kommentatoren amerikanischer und europäischer Medien jubelten über die spontane Kraft einer mobilen, technisch vernetzten Jugend, die die greisen Potentaten über die Straße aus ihren Palästen fegte. Dasselbe schimmernde Licht der Displays kehrte 2014 in Hongkong zurück, doch inzwischen sind auch dort Plätze und Barrieren geräumt.

Heute nagt der Zweifel. Allein schon das Beispiel Ägyptens steht für kleinlauten Rückzug. Im Grunde waren viele im Blick auf den gewählten Präsidenten *Mursi* froh, dass das Militär die *Mubarak*-Zustände in kaum verjüngter Form restaurierte. Aber das ist nur ein Beispiel für viele an der Peripherie. Rand und Zentren rücken einander näher. Die Bevölkerungen westlicher Kernstaaten altern, Einwanderer aus anderen Kulturkreisen lassen sich nicht mehr mit derselben Selbstverständlichkeit integrieren, wie dies vor zwei Generationen noch der Fall war. Wanderungsbewegungen nehmen zu und führen womöglich in naher Zukunft zu Kontrollverlusten über die Bevölkerungszusammensetzung. An der geographischen Peripherie und in der Mitte der Gesellschaft mehren sich herausfordernde Töne gegen das westliche Modell: Manche fordern das Zivilisationsmodell des Westens heraus. Während der Westen sein Gesellschaftsmodell seit *Rousseau* als „Zivilisation" einem Kulturverständnis als überlegen entgegenstellt[2], das er für partikular und essentialistisch hält,[3] betrachten seine Opponenten heute den Westen als dekadente Form fehlentwickelter Kultur, als negative Kultur, die sie ablehnen, weil leere Zweckrationalität und Sittenlosigkeit den Verlust von Würde bedeute. Angesichts der wirtschaftlichen Übermacht des Westens muss man der Politik von *Putin* und *Erdogan* nicht unbedingt eine große Zukunft voraussagen, aber der Virus antiwestlicher Identitätsbehauptung wird auch bei deren Scheitern nicht aus der Welt verschwinden.[4]

Die Ablehnung westlicher Modernisierungsprozesse ist allerdings nicht auf Reaktionsmuster beschränkt, die im Islam oder im asiatischen Raum wurzeln. Zur Dialektik westlicher Modernisierung gehört auch, dass diejenigen, die sich im Mainstream der öffentlichen Meinung nicht wiederfinden, die in Furcht vor dem Verlust lebensweltlicher Gewissheiten und Gewohnheiten verharren, ebenfalls gegen einen kosmopolitisch libertären Trend rebellieren. In Deutschland mag es mit „Pegida" nur ein Aufflackern gewesen sein, aber politische Radikalisierungen rechter und linker Art in Frankreich, Ungarn oder Griechenland senden Signale.

Während auch die militärische Ohnmacht des Westens an seiner Peripherie immer deutlicher wird, bleiben die mit der weltweiten Finanzkrise offen gelegten Strukturprobleme ungelöst. Die Politik des lockeren Geldes und der schuldenbasierten Wachstumsförderung ist zwar ersichtlich an Grenzen gestoßen, aber nicht wenige möchten das Spiel mit höherem Einsatz fortsetzen. Selbst Insider des Systems rufen nach einer grundlegenden Neuordnung der Finanzmärkte.[5] Widersprüche und Ungleichzeitigkeiten nehmen zu. Die vernetzte Technik und künstliche Intelligenz treiben die Wirtschaft und verändern die Lebensverhältnisse. Das Netz macht fast alles transparent, aber die Geschäftsmodelle der großen Intermediäre sind undurchsichtig. Die Möglichkeiten der heimlichen Überwachung und Steuerung sind immens gewachsen. Über die Rolle des Staates besteht kein Konsens. Internationalisierung und De-Nationalisierung sind für die Eliten ein selbstverständlicher Trend, während standortgebundene Bürger von Zweifeln befallen werden.[6] Das Credo der Eliten, wonach der Staat unfähig sei, die Probleme des 21. Jahrhunderts zu meistern, mag richtig oder falsch sein: Es steht aber in geradezu abenteuerlichem Gegensatz zu der Erfahrung, dass ohne organisierte Staatlichkeit mit einem Minimum an neuzeitlicher Rationalität nichts geht: Keine Menschenrechte, kein Frieden, kein Klimaschutz, keine Gerechtigkeit.

Ordnungsverluste

Die Gesellschaften des Westens vertrauen zwar immer noch auf ihre alten Institutionen wie Markt, Demokratie und Rechtsstaat, aber die Ordnungsverluste nehmen zu, offen oder verdeckt. Vielleicht war und ist der Westen eine harte seelenlose Maschine, die alles an nationaler und kultureller Tradition überrollte[7], so tut sie doch heute beinah alles, um reich zu bleiben. Die eingesetzten Mittel und die herrschenden Überzeugungen sind oft auf kurzfristige Effekte angelegt und ohne rechten Sinn für die nachhaltigen Grundlagen einer Gesellschaft, die mit dem Prinzip persönlicher Freiheit überwältigenden Erfolg hatte und hat. Dieser Gesellschaftsordnung scheine – so die Kritiker – jedes Mittel recht. Sie arbeite in ihrem sozialtechnischen Unverstand, getrieben von falschen Versprechungen und falschen Erwartungen wirtschaftlich mit monetären Taschenspielertricks. Es sei ein „Kapitalismus auf Pump" (*Ralf Dahrendorf*), in unablässiger Angst vor Stagnation und Rezession.

Die Weltfinanzkrise und die zähen Versuche, Europas Schuldenkrise zu meistern, ohne Prämien für Moral Hazard, also das anstößige Verhalten von Versicherungsbetrügern, zu zahlen, der schwankende Kurs der USA zwischen Interventionismus und rhetorisch verpackter Ohnmacht: Das verleiht mancher Kritik Substanz. In ihrer ideellen Trägheit und dem ziellosen Hedonismus verbrauchen die westlichen Gesellschaften nicht nur natürliche Ressourcen, sondern auch psychosoziale Schätze von Alltagsvernunft und Anstand. Sie verlieren den klugen Respekt vor vernünftigen Institutionen. Die üblich gewordenen Einstellungen begreifen nicht mehr, warum Demokratie und Rechtsstaat, Marktwirtschaft und Privatautonomie, warum die Kontrolle über das eigene Leben und persönliche Daten genauso von grundgebendem Wert sind wie intakte Familien als emotionale Räume der Geborgenheit und der Gemeinschaftsbildung. Es verblasst das klare Bewusstsein, warum Wissenschaft von politischen Sprachregelungen und ideologischen Modetrends frei gehalten werden muss, wie auch von allzu engen wirtschaftlichen Interessenfixierungen.

Die Kluft zwischen Eliten und Populismus

Während sich die Eliten weiter an Sprachregelungen aus der Vergangenheit klammern, machen sich Sorge und Unsicherheit über die Zukunft breit, kommt eine Fin-de-Siècle-Stimmung auf. Manche Menschen feiern weiter, die Politik diskutiert über die Freigabe von Marihuana und führt das Wahlrecht mit 16 Jahren ein, während bislang subkutan bleibende Spannungen sich stärker entladen. Dahinter stehen manchmal Konflikte, die sich aus überwunden geglaubten

Mustern wie Rassismus, Antisemitismus, religiösem Fanatismus und Intoleranz speisen. Große Projekte der Eliten wie die europäische Integration, der Klimaschutz, kosmopolitische Grenzüberschreitungen und die Durchsetzung von Menschenrechten der Dritten Generation[8] geraten in eine immer stärker spürbare Spannung zu populistischen Bewegungen (mal linker und mal rechter Ausrichtung) in nationalen oder regionalen Räumen, die Emotionen politisch organisieren, die das überstaatliche Verhandlungssystem unter Druck setzen, ohne es selbst konstruktiv ersetzen zu können. Umgekehrt dürften auch die Versuche der Eliten, an die Gefühle mit Gerechtigkeitsannahmen anzudocken[9], eher zur Deformation des freien rationalen Diskurses führen.

Wachsende Fragmentierung

Der Begriff der Fragmentierung ist der negative Wert einer *pluralen* Gesellschaft, der Gegenbegriff zu einer in offenem Austausch verbundenen Sozialität.[10] Globalisierungsprozesse und die Universalisierung über Mechanismen des Marktes, der Moralcodices, des Rechts oder durch konsumtiven Lebensstil lassen an sich große Varietät zu. In der pluralen Gesellschaft bilden sich verschiedene Lebensentwürfe, Interessengruppen und inhaltliche Positionen aus, die sich aber in einem gemeinsamen Horizont bewegen. Das Gespräch, und sei es als heftiger Streit, bleibt deshalb möglich, weil Verständigung in einem historisch gewachsenen, von innerer Systematik geprägten, begrifflich anschlussfähigen sinngebenden Raum erfolgt.

Fragmentierung bedeutet demgegenüber die Entstehung von Parallelwelten, Subkulturen, die untereinander abgeschlossene Sozialordnungen und Weltdeutungen entwickeln, aber auf andere Gruppen allenfalls mit Ignoranz und Sprachlosigkeit oder aber auch mit Aggression und Hass reagieren. Damit verbunden sind Strategien, die andere zum Feind machen, zum Ungläubigen, zum Unmoralischen, zum Reaktionär oder zum Ignoranten erklären. Dazu gehören (häufig als

Reaktion auf subkulturelle Fragmentierungsprozesse) die Zunahme politischer Sprachregelungen, die Ausweitung von Tabus auf der einen Seite und die Bildung selbstbezüglicher Räume der Weltdeutung, Verschwörungsszenarien auf der anderen Seite. Die Diktaturen des 20. Jahrhunderts sprachen vom internationalen Finanzjudentum oder von Revanchisten, während sie angeblich Kultur oder Frieden verteidigten. Das alte christliche Europa hatte die Heiden oder die Juden, deren Bekehrung oder Bekämpfung auch mit Gewalt in mancher Zeit als legitim galt, ebenso wie der Islam im Dschihad heilige Rechtfertigung sehen mag.

Solche Bilder der scharfen Differenzierung sind nicht auf Betonung eines legitimen Unterschieds ausgerichtet, sondern zumindest latent aggressiv auf Unterwerfung und Krieg. Auch heute gibt es geschlossene Weltbilder, in Feindschaft zur westlichen Gesellschaftsorganisation, die den gesamten liberalen Lebensstil ablehnen. Diese fundamentale Opposition findet sich vor allem in religiösen und politischen Milieus, aber auch in esoterischer Weltablehnung. Immer sind es einfachste Erklärungen und starke Moralisierungen bei erheblicher kognitiver Unterbilanz. Es handelt sich dabei jedenfalls um gefährliche Beiträge zur Fragmentierung der Gesellschaft, um den Abbruch von Verständigungsmöglichkeiten. Am Ende der Fragmentierung kultureller Erfahrungswelten steht die Sprachlosigkeit. Diskussionsverweigerung wird zur Empfehlung, wenn die politische Richtung nicht stimmt.

Nicht jeder Konflikt, nicht jeder Protest und jede örtlich begrenzte Eruption sind gleich Menetekel einer grundlegenden Wende oder Krise. Vieles ist tagespolitische Aufgeregtheit, die morgen verblasst und vergessen sein wird. Doch es rumort im kulturellen Fundament Europas und Nordamerikas.

Weltöffnung und Parallelgesellschaften

Wer sich nach außen öffnet, wer auf eine offene Welt dringt, sollte sich seiner selbst sicher sein. Der weltoffene Mensch braucht Identität, um

ERSTER TEIL NÄHERUNGEN AN DEN WESTEN

sich nicht in einem Universum der externen Reize und Herausforderungen zu verlieren. Bis 1990 konnte der Westen seine normativen Grundlagen als Gesellschaftsmodell im Vergleich zum Gegner gut kenntlich machen, weil der Ostblock als Systemantipode so deutlich unattraktiv und freiheitsverachtend war. Die grauen kommunistischen Diktaturen mit ihrer Mangelwirtschaft und Repression machten es leicht, klar und überzeugend für Demokratie, Rechtsstaat, Marktwirtschaft und für einen libertären wie konsumtiven Lebensstil zu werben. Doch nach dem Fall der Berliner Mauer und der Implosion der Sowjetunion verfielen die Selbstgewissheit der eigenen Stärke und das Wissen um die Bedingungen des Erfolges rasch.

Identitätsverluste haben verschiedene Ursachen, sie sind kaum je allein eine Frage des mangelnden guten Willens. Interessen politischer, ideologischer oder wirtschaftlicher Art verzerren die Wahrnehmung und führen zu falschen, weil der Wirklichkeit nicht angemessenen Weltbildern. Identitätsverluste können aber auch entstehen, wenn man sich anderen übermäßig anpasst und in der Verleugnung, im Verstecken oder der Verwandlung des Selbst eine Technik der guten Kontaktpflege sieht. Der Erfolg des geöffneten Westens verbreitet seine gesellschaftlichen Integrationsmechanismen und seinen Lebensstil. Aber unerwartete Rückwirkungen und kulturelle Umformungen sollten einkalkuliert werden.

Der wirtschaftliche und militärische Aufstieg Chinas beispielsweise bedeutet zunächst einmal nur Verschiebungen im globalen Machtgefüge, und das nicht allein zum Nachteil des Westens. Der Aufstieg einer Region muss auch keineswegs den zwangsläufigen Abstieg anderer Regionen und Gesellschaftsmodelle bedeuten. Es kann auch sein, dass die Weltgesellschaft sich mit neuen gegenläufigen Gleichzeitigkeiten entwickelt. So können die Möglichkeiten universeller Verständigung und Koordinierung einerseits zunehmen und kann sich andererseits unter dem augenscheinlichen Sachzwang der internationalen Angleichung (eher unauffällig) die Fragmentierung in verschiedene Kulturräume zugleich vertiefen.

24

Die Entstehung von Parallelgesellschaften wird häufig bei Einwanderern oder in religiösen Milieus vermutet. Sich selbst gegen Kritik immunisierende Räume können aber ebenso gut für den gesellschaftlichen Mainstream diagnostiziert werden, wie er durch öffentliche Meinungsbildung entsteht oder in der digitalen Netzwelt. Eine Entwicklung beginnender Fragmentierung ließe sich am ehesten daran ablesen, dass die Wirklichkeit einer in Wertmaßstäben und im Lebensstil nivellierten Gesellschaft verblasst. Ein Teil dieser Entwicklung findet statt, wenn sich gesellschaftliche Eliten internationalisieren und im Wertekanon über Grenzen hinweg einander annähern, während gleichzeitig expressive Minderheiten oder latente Mehrheiten durch Rückbesinnung auf Religion, Nation oder regionale Verbundenheit oder auch gewalttätiges Aufbegehren nach neuen oder alten Gemeinschaften suchen.

Selbstzweifel und Überschätzung sozialtechnischer Steuerungsfähigkeit

Der Westen zweifelt an sich. Er zweifelt vielleicht gerade dort, wo seine größte Stärke liegt: in einer innovativen und dynamischen Marktwirtschaft. Wer an sich zweifelt, wo er stark ist und sorglos bleibt, wo er Schwächen hat, neigt zu teuren Steuerungsfehlern. Die Politik der großen Demokratien hat auch in Friedenszeiten seit den späten sechziger Jahren alle Register der makroökonomischen und *sozialtechnischen* Steuerung gezogen und dabei finanzielle, institutionelle und kulturelle Ressourcen in einem so großen Maße verbraucht, dass das Problem der gesellschaftlichen Nachhaltigkeit dringlich wird.

Unter „sozialtechnisch" wird hier eine bestimmte Art der politischen Gestaltung von Gesellschaft sowohl deskriptiv als auch kritisch verstanden: Die sozialtechnische Vorgehensweise zeichnet sich dadurch aus, „dass der Vollzug ohne allzu viel Reflexion, vor allem aber ohne Rückfrage beim Subjekt oder beim Beobachter möglich ist".[11] Die moderne Gesellschaft orientiert sich an ökonomischen, an gut quanti-

ERSTER TEIL NÄHERUNGEN AN DEN WESTEN

fizierbaren Leitwerten, die als Wachstumsraten, Beschäftigungsgrad, Leistungsbilanzen oder Währungsstabilität maßgebliche Parameter sind. Um hier messbar günstige Effekte zu erreichen, wird eben sozialtechnisch agiert, d. h. es werden Anreize gesetzt, es wird gedämpft, Verhalten gelenkt, limitiert oder aktiviert.

Soziale Steuerung aus dem politischen System heraus ist nicht schlecht und verdient nicht von vornherein Misstrauen. Der moderne Sozialstaat ist gar nicht anders denkbar als mit verhaltenslenkenden Gesetzen, Leistungsansprüchen, Versichertengemeinschaften. Ohne ein gewisses Maß an rechtlichen und finanziellen Regelungstechniken geht es nicht.

Sozialtechnische Gesellschaftsgestaltung operiert mit erfolgreichen „Simplifikationen", kann aber gerade deshalb Nebenwirkungen und größere Zusammenhänge nicht gänzlich überschauen. Der sozialtechnische Stil ist gefangen im Netz seiner heterogenen Zwecke. Nur selten kommt es zu Reformen, die sowohl praktische Regelungszwecke verfolgen als auch der normativen Architektur der Gesellschaft entsprechen. Die von (dem später öffentlich stark angefeindeten) *Peter Hartz* konzipierten Arbeitsmarktreformen aus der Agenda 2010 folgten insofern einem vernünftigen Leitbild der Nachhaltigkeit. Es ging nicht nur technisch um konsequente und instrumentell erfolgreiche Arbeitsvermittlung, sondern dahinter stand eine strategisch-normative Entscheidung. Langzeit-Arbeitslose sollten nicht länger in den Zustand verwalteter Existenzen abgleiten, die mit Sozialhilfe dauerhaft alimentiert werden und dies womöglich dann in die nächste Generation als resignativen Lebensstil weitertragen würden. Stattdessen sollten die Arbeitsagenturen aktiv fördern und Eigeninitiative fordern, damit Erwerbsfähige wieder zurück in die Mitte der arbeitenden Gesellschaft finden.

Es geht demnach nicht um die Verteufelung rechtlicher, finanzieller oder kultureller Steuerungsansätze, sondern darum, solche Ansätze nicht geistig abzulösen von den normativen Grundsätzen einer auf persönliche Selbstentfaltung setzenden Gesellschaft.

Erosion soziokultureller Grundlagen

Anfang der siebziger Jahre markierte der Bericht des *Club of Rome* mit seinen pessimistischen, aber im Grundsatz unbestreitbaren Vorhersagen über die Endlichkeit von Ressourcen den Wandel zu der Erkenntnis, dass natürliche Lebensgrundlagen nicht beliebig ausgebeutet werden können. Mensch und Natur sind auf bestimmte Regenerationsprozesse angewiesen, die der menschliche Eingriff in den Naturhaushalt nicht einfach ignorieren kann[12]. Es ist fraglich, ob es wirklich unüberschreitbare (d. h. ohne Inkaufnahme von Zerstörung) Grenzen des Wachstums gibt, aber die sozialtechnische und ökonomische Verengung des Blickwinkels ist jedenfalls mit erheblichen Risiken behaftet. Es ist an der Zeit zu erkennen, dass dieses Argument auch für moderne Gesellschaften selbst gilt. Es geht um *soziokulturelle Nachhaltigkeit.*

Die soziokulturelle Nachhaltigkeit ist bedroht, wenn die Lebensgrundlagen einer Gesellschaft erodieren. Eine stabile und erfolgreiche Gesellschaft hängt von verschiedenen Voraussetzungen ab. Sie besitzt einen normativen Kern, der die grundsätzliche nach außen gerichtete Existenzgrundlage des gesellschaftlichen Verbandes mit der persönlichen Sinngebung und Handlungsmotivation der Mitglieder verbindet. Typischerweise erfolgt der Brückenschlag zwischen Organisation und Motivation, zwischen Kollektiven und Individuen, zwischen notwendiger Realitätsanpassung und ideeller Weltdeutung durch eine große Erzählung. Kompatibel mit dieser großen normativen Weltdeutung müssen dann grundlegende Organisationen, Entscheidungen und Institutionen sein, ihrerseits stabil und leistungsfähig. Organisationen als sachliche und personelle Mittel, die mit einem sinnhaften Ordnungsmodell Zwecke verfolgen und erst recht Institutionen, die Handlungs-, Erlebnis- und Denkzusammenhänge als soziales Sinnsystem stabil halten, sollten nicht konkret als das Bürohochhaus einer Bank oder als ein Fonds wie der IWF verstanden werden. Der Institutionenbegriff zielt auf abstrakte Interaktionssysteme wie den

Markt oder die wissenschaftliche Forschung oder die juristische Entscheidungsbegründung.

Gesellschaftliche Institutionen sichern funktionell bedeutsame Grundentscheidungen der Gesellschaft, sie können sich rund um konkrete Gemeinschaften wie die Familie bilden oder sie können als kognitiv wirkmächtige handlungsleitende Prinzipien, beispielsweise als Rechtsinstitute (Privatautonomie, Vertragsfreiheit, Rechtsstaat) wesentliche Beiträge zur Stabilisierung und zum Funktionieren der Gesellschaft leisten. Je erfolgreicher das westliche Gesellschaftsmodell in seiner Existenzsicherung, seiner Naturbeherrschung und seiner Wachstumsdynamik wurde, desto mehr Varietät, desto mehr Risiko konnte die Entwicklung erlauben. Freiheit und Autonomie sind insofern normative Übersetzungen einer erfolgreichen sozialen Evolution. Wer abweichendes Verhalten erlauben kann, fördert das Neue und Überraschende.

Durch das Komplexitätswachstum von Funktionssystemen oder – etwas traditioneller gesprochen – durch den Grad der Spezialisierung im Prozess gesellschaftlicher Arbeitsteilung wuchsen aber nicht nur der Wohlstand und die Potenziale westlicher Gesellschaften, sondern auch die Belastbarkeit des Organisationsgefüges. Mit anderen Worten: Je mehr sich die neuzeitliche Gesellschaft entwickelte, desto weniger Rücksicht brauchte sie auf schwerfällige, früher einmal unentbehrliche Institutionen wie religiöse Glaubenssysteme, großfamiliäre Bindungen, regionale und lokale Netzwerke oder starre Rollenklischees nehmen.

Sozialtechnischer Tunnelblick und sinnentleerte Räume

Die gesellschaftliche Elite des Westens hat daraus gelernt, dass alles, was dem politischen Gestaltungswillen und der Marktlogik Grenzen setzt, im Grunde genommen entbehrlich geworden ist. Aus dieser Auffassung einer allein wirtschaftlich und politisch/rechtlich integrierten

Gesellschaft entsteht der sozialregulative Tunnelblick, der andere kulturelle Voraussetzungen einer gelingenden Gesellschaft vernachlässigt.

Der wirtschaftlich und politisch sozialregulativ verengte Blick lässt uns übersehen, dass jede noch so raffinierte Ausdifferenzierung technischer Organisation ihrerseits von kulturellen und mentalen Voraussetzungen abhängt, die dem wirtschaftlichen und politischen Zugriff nicht oder nicht vollständig offen stehen, vor allem wenn man an einen Zugriff in kausal steuernder Weise denkt.

Auf bestimmten Feldern ist die Aufmerksamkeit westlicher Demokratien erheblich fehlgewichtet. Während der Sozialstaatsauftrag eine zentrale Rolle spielt und von der Rechtsprechung die Existenzsicherung aus der Würde des Menschen mit normativem Höchstwert abgeleitet wird, fehlt es an hinreichendem Verständnis für Institutionen. Man weiß nicht mehr so recht, was Erziehung bewirken soll, was Bildung ausmacht, was Familie bedeutet, was der Rechtsstaat erfordert. Auch der Staat selbst ist eine Institution[13], die zwar nicht mit der Gesellschaft verwechselt werden sollte, dessen Existenzbedingungen aber auch nicht ignoriert werden dürfen. Der Anachronismus des Nationalstaates wird beinah täglich beklagt. Geradezu ritualisiert wird er wegen der großen Weltprobleme immer wieder verabschiedet. Welcher politische Herrschaftsverband aber hat die solidarische Kraft, Existenzsicherung verlässlich zu organisieren und wer hat die Mittel, Menschenrechte durchzusetzen? Dazu braucht der demokratische Rechtsstaat bei aller verfassungsrechtlichen und internationalen Eingebundenheit auch Handlungsfreiheit und Unterscheidungsspielräume. Wenn beinah alle Unterscheidungen unter Diskriminierungsverdacht stehen, auch die zwischen Inländern und Ausländern, verliert der Staat seine Gestaltungsfähigkeit und seine Kraft, eine gerechte Friedensordnung zu garantieren. Inzwischen vergrößert sich die Gefahr, dass sich die international orientierten Eliten vom Nationalstaat verabschieden – entweder weil sie in einem fehlgeleiteten Liberalitätsglauben meinen, auf politische Herrschaft komme es nicht mehr an, oder weil sie Politik nur jenseits des Staates attraktiv finden, in Brüssel, in NGOs, den Vereinten Nationen. Unterdessen könnten in den alten

ERSTER TEIL   NÄHERUNGEN AN DEN WESTEN

Nationalstaaten dadurch Plätze freigemacht werden für Populisten und Hasardeure. Es würde sich dann sehr schnell herausstellen, dass die atlantische internationale Ordnung, wie sie nach 1945 entstanden ist, die alten Machtstaaten zwar diszipliniert und rechtlich gebunden hat, sie als zivilisierte Verfassungsstaaten und demokratische Primärräume aber alles andere als entbehrlich hat werden lassen. Die Staaten sind in Europa und der Welt weiterhin die tragenden Bausteine der internationalen Ordnung, sie sind die Garanten für den rechtsstaatlichen Schutz der Menschenrechte und für Handlungsfähigkeit nach innen und außen.

Wenn Institutionen wie der demokratische Rechtsstaat oder die soziale Marktwirtschaft nicht gepflegt und intakt gehalten werden, droht eine Dauerkrise. Die ostentativen Optimisten, die jeden Ansatz der gesellschaftlichen Nachhaltigkeitskritik mit dem Argument wegwischen, man solle doch bitte nicht in „Kulturpessimismus" verfallen, nicht in die Fußstapfen *Oswald Spenglers* treten: Sie treten etwas leiser auf. Denn Menetekel des Abstiegs, jedenfalls der Dauerkrise lassen sich nicht länger ignorieren. Allmählich dämmert die Erkenntnis, dass nicht nur die ökologischen Grundlagen der Pflege bedürfen, wie dies Art. 20 a des Grundgesetzes als Ziel vorschreibt, sondern auch die soziokulturellen Lebensgrundlagen der Gesellschaft.[14] Wir verbrennen im Kampf um Wachstum und Wohlstand humane Ressourcen, solche der Inhalte von klassischer Bildung, des Bandes der Familie, vergessen die transzendente Dimension des Lebens, unsere tiefen kulturellen und ideengeschichtlichen Grundlagen. Wir strapazieren unentwegt die großen, tragenden Institutionen: den Rechtsstaat, die Demokratie, die Grundsätze tragfähiger Haushaltswirtschaft, die soziale Marktwirtschaft, das Leistungsprinzip, das Ethos des professionellen Berufsbeamtentums, das Leitbild des ehrbaren Kaufmanns.

2. KAPITEL   DER WESTEN IN DER KRISE

Verlust der großen Antipoden

Die unbesonnene Haltung und die Tendenz zur Überlastung der Fundamente hat Ursachen in einem intellektuellen Habitus der Verachtung „bürgerlicher" Lebenswelten. Die (künstlerische) Moderne hat seit der zweiten Hälfte des 19. Jahrhunderts ihre bürgerliche Gegenwelt zur kritischen Projektionsfläche gemacht, sie verwandelt und teilweise zerstört, wo diese das nicht selbst getan hat.[15] Heute ist eine Farce von schlecht rezipierter Modernität und beschränkter Aufklärung zur Massenkultur geworden, so wie aus kühnen Gropius-Bauten die lebensfeindlichen Betonvororte der europäischen Großstädte wurden. Die Kultur des Westens scheint eigentümlich erschlafft – und das mitten in hektischer Betriebsamkeit. Der kräftige Spannungsbogen zwischen konservativer Lebensführung, institutioneller Wertschätzung und vorwärtsdrängender gesellschaftlicher Umgestaltung ist in sich zusammengefallen. Die großen Antipoden gibt es nicht mehr. Bürgertum und Christentum taugen nicht länger als ernsthafte Gegner für eine künstlerische und intellektuelle Avantgarde, die sich in mal aggressiver, mal liebenswert ödipaler Tücke an ihren Übervätern abmüht. Der autoritäre Charakter von Kleinbürger und Kirche: Sie werden dennoch immer wieder auf die Bühne geschoben, weil sie unentbehrlich sind, wenn man alles beim Alten lassen will. Die öffentlichen Diskurse sind nach dem schalen Sieg der antibürgerlichen Kritik langweilig formatiert, sie sind zuweilen sogar nach politischen Tagesparolen eines eindimensionalen Denkens formiert.[16]

Die Staaten des Westens halten Universalität und Solidarität als internationales Rechtsprinzip hoch, es ist sogar von der „Zärtlichkeit unter den Völkern" die Rede.[17] Aber dennoch fragmentieren sich die Gesellschaften im Innern und ebenso die globale Weltordnung, die ihren kosmopolitischen Zauber verliert, wie er seit Gründung der Vereinten Nationen bestand. Für die Techniker des Flugverkehrs und für den Reisetourismus wird die propagierte „Eine Welt" inzwischen kleiner. Die Gebiete mit Reisewarnungen sind keine Randphänomene mehr, Terrorismusgefahr oder Piraterie veralltäglichen sich.

31

Die „Maskone"-Welt als Illusionstheater

Während im Nordirak hunderttausende Jeziden und Christen auf der Flucht vor Mord und Gewalt sind, demonstrieren in Berlin tausende bei der „Hanfparade" für die Freigabe von Halluzinogenen. Während manche Weltgegenden und Grenzen unsicherer werden, richten sich die Menschen in einer schönen neuen digitalen Welt ein. Umsorgt von Bildern, Spielen und Apps für alle Bedürfnisse, verkümmert mancher geordnete sinnliche Lebensalltag oder schwindet Urbanität. Übliches Sozialverhalten, wie die Weitergabe von persönlichen Informationen, Meinungskundgaben, Weltdeutungen, Normierungen des Alltagshandelns, Moden und Moral verlagern sich ins Netz: „Das, was einstmals schon wegen der Bedingungen einer Face-to-Face-Interaktion als privat galt, wird enträumlicht, simultan zugänglich, speicherbar und verwertbar gemacht. Es findet eine Vergemeinschaftung mit viel Unverbindlichkeit, mit belanglos scheinender Intimität statt, es wächst eine ebenso kommunikative wie konsumtive Grundstruktur, die eigentlich auf naivem Technikglauben basiert, aber deren Nutzer auch sehr empfindlich auf Enttäuschungen des Vertrauens reagieren können."[18] Die Bereitschaft der Menschen zur konsumtiven Selbstdetermination wird genutzt und gelenkt durch Netzintermediäre, die ihr günstiges oder kostenloses Leistungsangebot in strategischer Absicht kommerziell verwerten.[19]

Vielleicht entsteht – durch die digitale Verwandlung der Welt kräftig unterstützt – allmählich eine Illusionswelt wie sie *Stanisław Lem* mit seinem 1971 erschienenen Roman „Der futurologische Kongress" erahnt hat: Dank „Maskone", chemischen Substanzen, die dem Geist Gegenstände vortäuschen, erscheint die Umgebung angenehm glänzend, reich und sehr komfortabel, während sie in Wirklichkeit schmutzig und elend ist. Droht uns heute der Zerfall öffentlicher Infrastruktur und privater Ordnung zugunsten einer allzu einseitig auf Konsum ausgerichteten Freizeit- und Spielwelt? Ist die Freigabe von Halluzinogenen ein Menetekel? Drohen der westlichen Zivilisation Infantilisierung und Regression?

2. KAPITEL   DER WESTEN IN DER KRISE

Rückkehr der Gewalt

Die Gewalt kehrt zurück. Russland annektiert Gebiete, bedroht unabhängige Staaten. Manche wollen darin nationale Sehnsucht nach Freiheit der ewigen russischen Seele sehen[20], jedenfalls aber – hier in der Analyse besser liegend – ein Aufbegehren gegen den Westen. China stellt ebenfalls Grenzen in Frage und übt Druck auf seine Nachbarn aus. Autokratien gedeihen neu, wo der Weg zur Demokratie vorgezeichnet schien. Dschihadismus, als gewalttätiger Islamismus zerstört alles, wofür der Westen (vermutlich auch der traditionsbewusste, fromme Islam) steht. Im Irak werden bizarre Herrschaftsgebilde errichtet, die Andersgläubige brutal ermorden, schänden und vertreiben. Syrien zerfällt. Die Taliban warten in Afghanistan auf ihre endgültige Rückkehr an die Macht. Auch in Afrika expandiert der Islamismus. Lange vor den Ereignissen in Ägypten wurde der Islamismus in Algerien nur mit einer verkappten Militärdiktatur gestoppt. Israels fortbestehende militärische Stärke wirkt gleichwohl schwach, weil dem Hass nicht mit moderner Waffentechnik beizukommen ist, und eine Fragmentierung zwischen religiösem Fundamentalismus und Singularität in den eigenen Reihen zu beobachten ist. Das Ergebnis vieler Ordnungsverluste ist weltweit übereinstimmend und alarmierend: Überall dort, wo halbwegs rechtsstaatliche und funktionstüchtige wirtschaftliche Ordnungen zerfallen, machen sich die Sumpfpflanzen des Fanatismus, der Korruption, der Gewalt, der Entrechtung breit.

Unreflektierte Kapitalismuskritik

Ein weiteres Krisenzeichen ist die hartnäckige Persistenz der alten Kapitalismuskritik. Sie führt zu falschen Diagnosen und Rezepturen. Das Finanzkapital, die USA und die Globalisierung werden zu Mächten des Bösen und der Zerstörung stilisiert. Manche Fehlentwicklung wird zum Anlass zur ganz großen Systemkritik genommen, anstatt sich in die Niederungen einer mitunter kompliziert verschachtelten Wirklichkeit zu begeben. Je höher der moralische Oberton der Kapitalismuskritik ist, desto mehr tritt die einfache Erkenntnis zurück, dass persönliche Freiheit und Demokratien angewiesen sind auf Privateigentum und Markt, auf ein offenes und kooperatives Welthandelssystem ebenso wie auf wirksame militärische Verteidigung. Öffentliche Meinung und politische Gruppen, die sich selbst als Zivilgesellschaft ermächtigen, tragen womöglich auch ihren Teil der Verantwortung dafür, dass der Ordnungsrahmen nicht mehr stimmt.

Wenn Feinde jenseits des Finanzkapitals gesichtet werden, sind es (kaum noch zu findende) Vertreter alter Werte, so als hätte das Massenpublikum sich mit 250jähriger Verspätung „voltairisiert". Ein paar einfache Zusammenhänge bleiben dabei auf der Strecke. So wird die fundamentalste aller Gerechtigkeitsvoraussetzungen entweder als selbstverständlich gegeben geglaubt oder in ihrer Bedeutung erheblich unterschätzt. Es geht um eine rechtsstaatliche, friedensichernde Ordnung, die in der Lage ist, die Grundrechte der Bürger und damit ihre Würde zu schützen, ihnen einen berechenbaren Raum für die persönliche Entfaltung und einen Mindestschutz gegenüber existenziellen Risiken zu gewähren. Gerechtigkeit, so viel Übereinstimmung mit *John Rawls* besteht[21], liegt in einem fairen System von Regeln und nicht so sehr in ständigen Korrekturen, die aus dem Evidenzerlebnis des Einzelfalles heraus politisch oder rechtlich vorgenommen werden.

Die häufig als Systemkritik vorgetragenen Anklagen gegen den Kapitalismus[22] haben nicht selten einen berechtigten Kern, wie etwa den Hinweis auf den seit *Reagan* und *Thatcher* eingeleiteten, zu weitgehenden Regulierungsverzicht der Finanzwirtschaft. Sie erfassen aber bei weitem nicht das ganze Ausmaß der Fehlentwicklung. Die neomarxistische oder stark moralisch motivierte Kapitalismuskritik greift regelmäßig viel zu kurz, weil sie sich weigert, den erheblichen, ja ausschlaggebenden politischen Anteil der Demokratien (und damit auch ihre eigene politisch-ideologische Verantwortung für Fehlentwicklungen) ausreichend in Rechnung zu stellen. Obwohl es noch nie in der Geschichte eine Demokratie ohne auf Privateigentum aufgebaute Marktwirtschaft gegeben hat, wird wieder vermehrt der

Eindruck erweckt, der Westen müsse sich zwischen Demokratie oder Kapitalismus entscheiden.[23]

Auf dem Radarschirm der meisten Kapitalismuskritiker fehlt die dichte strukturelle Kopplung von Demokratie und Markt. Wenn ein autokratisches präsidiales System wie in Russland die Wirtschaft imprägniert, steuert oder auch deformiert, sind wir durchaus in der Lage, das kritisch wahrzunehmen. Wenn der amerikanische Kongress, der US-Präsident, der Deutsche Bundestag oder das Europaparlament, die amerikanische Notenbank FED, die europäische EZB oder die japanische Notenbank unter dem Beifall der öffentlichen Meinung weichenstellende Strukturentscheidungen für die Wirtschaft treffen oder eine falsche Mentalität verfestigen, neigen wir dazu, diesen Verantwortungsanteil für krisenhafte Entwicklungen gravierend zu unterschätzen und die Verantwortung abzuwälzen auf renditeorientierte Unternehmen.[24]

Zu den Verursachern der 2008 offen ausgebrochenen Weltfinanzkrise wird immerhin ganz zu Recht die amerikanische Zentralbank gerechnet, die mit der Ausdehnung der Geldmenge und künstlich niedrig gehaltenen Zinsen das Wirtschaftswachstum fördern wollte, genauso wie Demokraten und Republikaner im amerikanischen Kongress, die das Wohnungseigentum einkommensschwacher Gruppen und damit die Verschuldung der privaten Haushalte hochtrieben, die Investmentbankbranche, die mit ihren die Risiken verschleiernden Finanzprodukten und ihrem irrwitzigen Boni-System ebenso einen Beitrag leisteten wie die leichtfertig Kredit vergebenden Hypothekenbanken und natürlich auch die überoptimistischen Kunden und die Wähler, die Politikern mit ihren einfachen Rezepturen zur Erhöhung des Wirtschaftswachstums das Mandat gaben.[25] Kann man das alles auf die Rechnung des „Kapitalismus" setzen?

ERSTER TEIL   NÄHERUNGEN AN DEN WESTEN

Falsche Mentalität als Ursache der Krise

Es ist nicht die Marktwirtschaft, nicht der Kapitalismus, es ist auch nicht die Demokratie als Herrschaftsform, sondern eine jahrzehntelang verfestigte falsche Mentalität, die die Institutionen in Misskredit bringt, ohne dass eine andere bessere Institution zur Verfügung stünde.

Die zuerst vielversprechende, dann nur noch viel versprechende Politik der „Globalsteuerung" hat seit den siebziger Jahren des 20. Jahrhunderts zu in Friedenszeiten beispielloser Staatsverschuldung geführt, die ganz erhebliche makroökonomische Auswirkungen hat und auch Finanzmärkte verformen kann.[26] Subkutan hat im dynamischen Prozess der Globalisierung ein Standortwettbewerb stattgefunden (und findet weiter statt), der mit der De-Regulation der Finanzmärkte oder strategischen Verhaltensweisen im Steuerwettbewerb einherging und zur Destabilisierung des an sich hoch leistungsfähigen westlichen Wirtschaftssystems beigetragen hat.

Kluge Globalsteuerung oder Politisierung der Wirtschaft?

Die Verursachung der Weltfinanzkrise „dem Kapitalismus als Wirtschaftssystem" zuzuschreiben, so als säße man in einer Londoner Bibliothek des 19. Jahrhunderts, ist vor allem naiv. Die Demokratien der westlichen Staaten sind Wirtschaftsakteure von ganz erheblichem Gewicht. Enttäuscht über die zu geringe Rolle des Staates gegenüber einem angeblich entfesselten Kapitalismus sind vor allem diejenigen, die der Vorstellung anhängen, man könne wirtschaftliche Ergebnisse politisch einigermaßen exakt bestimmen, Wohlstand an der Wahlurne unmittelbar herbeiwählen. Wer meint, dass wirtschaftliche Prozesse, Investitionsentscheidungen, Rentabilitätsbedingungen, Erwerbseinkommen, Massenkaufkraft und Prosperität politisch *kausal* entschie-

2. KAPITEL DER WESTEN IN DER KRISE

den werden können, wird unentwegt den Steuerungsverlust demokratischer Herrschaft beklagen. Der die europäischen Partner nervende sprunghafte und emotionale Kurs der griechischen Tsipras-Regierung findet eine Ursache in ihrer ideologischen antikapitalistischen Fixierung, die auch bei aller Entschiedenheit keine Marktgesetze und keine Gesetze kooperativer Politik durchbrechen kann, ohne dass Griechen oder andere dafür „zahlen" müssten, Ärmere vermutlich mehr als Reichere.

Funktionale Differenzierung und Trends zur Entdifferenzierung

In Wirklichkeit hat es in der Geschichte noch nie eine erfolgreiche politisch-kausale Steuerung des Marktes jenseits eines vernünftigen (für Politik und Markt beidseitig kompatiblen) Ordnungsrahmens gegeben. Die neuzeitliche Gesellschaft ist organisiert in autonome Funktionssphären, das prägende Prinzip ist *funktionale Differenzierung*.[27] Damit gemeint ist die Herstellung und Verselbständigung von besonders typisierten Handlungssphären (Funktionssysteme), die sich über spezifische einfach getaktete (zweiwertig entscheidbare) Sinnvorgaben organisieren und wachsen: eigentumsbasierter Markt, politische Macht, systematisiertes Recht, empirisch zugängliche Wissenschaft[28]; das alles als notwendige Umwelt für ausdifferenzierte Persönlichkeiten (personale Systeme mit Selbstbewusstsein), die sich (nur) in diesem geordneten Raum als frei begreifen und erleben können.

Durch übermäßigen Einsatz starker Instrumente wie Macht, öffentliche oder religiöse Moral oder auch Geld kann man die Differenzierung „zurückdrängen" und die Autonomie beschränken. Diktaturen brechen ganz offen und markant die Eigengesetzlichkeit von Wirtschaft, Wissenschaft oder Meinungsfreiheit, ohne allerdings die soziale Möglichkeit derartiger Kommunikationen komplett beseitigen zu können. Jedes System, vor allem wenn es mit Zwang arbeitet wie das politische System, kann andere Funktionsbereiche der Gesellschaft

ERSTER TEIL NÄHERUNGEN AN DEN WESTEN

deformieren. Natürlich haben auch die Kapitalismuskritiker ein Argument, wenn sie vor Deformation des politischen Systems oder von Institutionen wie der Familie durch das Wirtschaftssystem warnen. Korrupte Gesellschaftssysteme können mit Geld die Autonomie des politischen Systems zerstören ebenso wie dies beispielsweise religiöser Fanatismus vermag.

Die Rolle der Grundrechte und die Eigensinnigkeiten der modernen Welt

Der Preis aller (tendenziellen) Entdifferenzierung liegt zumindest in Leistungsverlusten und in dem Verlust persönlicher Freiheit und Entfaltungsmöglichkeiten. Deshalb schützen die Grundrechte sowohl individuelle Freiräume als auch institutionelle Autonomie, wie die Wissenschafts- oder die Kunstfreiheit[29], die Tarifautonomie[30], Berufs- und Gewerbefreiheit[31], Privatautonomie, Eigentum und Vertragsfreiheit[32], Wettbewerbsfreiheit[33], Ehe und Familie[34], das Vereinswesen[35], Gründung und Betätigung von Parteien[36], Meinungs-, Presse- und Rundfunkfreiheit[37] als Teil der demokratischen Willensbildung.

Jedes Funktionssystem macht sich für die neuzeitlich verfasste Gesellschaft unentbehrlich: Das bedeutet jedoch auch immer Herausforderung und Zumutung für alles andere. Das gilt nicht nur für Wirtschaft mit ihrer peitschenden Dynamik der Rendite, für Wissenschaft und Technik mit ihrem „Immer-Weiter", sondern auch für Demokratie und Recht, die Segen für die „gute Ordnung" und Plage der Überregulierung zugleich sein können. Gerade aus dem politischen Raum heraus, mit öffentlicher Moral und Emotionalität[38] kann man die autonomen Freiräume verringern, doch zumeist kommt nicht genau das heraus, was man wünscht und wer dann den Druck erhöht, kann Entdifferenzierungprozesse ernten.

Die ideologisch korrekte Wissenschaft beispielsweise würde mit Konformitätszwängen überfordert: Sie verarmte dann an der Hervorbringung objektivierbaren Wissens. Wer will, dass Wissenschaft ge-

2. KAPITEL   DER WESTEN IN DER KRISE

sellschaftlich „nützlich" ist, darf regelmäßig nicht kausal Ergebnisse
herbeiregulieren wollen, sondern muss sich im allgemeinen auf die
freie eigensinnige Entfaltung der Forschung einlassen und lieber institutionell fördern. Dasselbe gilt für das Recht oder die Wirtschaft.
Deformiertes, politisch oder moralisch überangepasstes Recht schafft
kein Vertrauen, sondern säht Misstrauen. Wer wirtschaftlichen Erfolg
will, darf ihn nicht befehlen, sondern sollte Rahmenbedingungen
fördern. Die Kommandowirtschaft wird zur Mangelwirtschaft. Am
Ende der politisch verformten Wirtschaft stehen Leistungsverluste
und politische Unfreiheit. Auch ein Bildungs- und Erziehungssystem,
das auf stures Pauken und überzogene Konformitätszwänge angelegt
ist, wird die Möglichkeit zur Entfaltung von Persönlichkeiten reduzieren und damit die Gesellschaft ärmer und „unmoderner", weniger
westlich werden lassen. Das gilt nicht nur für alte Vorstellungen, die
Schule sei ein Kasernenhof, der brauchbare Untertanen produziert,
sondern auch für Tendenzen zur stromlinienförmigen Zurichtung auf
die angeblichen Anforderungen einer globalisierten Wirtschaft oder
neue standardisierte Sprechzettel der politisch korrekten Nomenkla-
tura, mit denen der neue Mensch gegen alte Rollenfixierungen und
Vorurteile „herbeipädagogisiert" werden soll.

Demokratie und Markt

Demokratie und Markt gehören strukturell gekoppelt zusammen –
das heißt in einem definierten Abstand zueinander. In ihren grundlegenden Operationen müssen sie bei aller Nähe getrennt bleiben, sonst
droht eine politisch verursachte Bürokratisierung der Wirtschaft oder
umgekehrt eine gekaufte Politik. Immer mal wieder hat es Versuche
gegeben und gibt es heute wieder, Marktwirtschaft politisch autoritär
zu organisieren. Aber wer Leistungsverluste vermeiden will, muss
Konzessionen an die Autonomie des Marktes machen und relativiert
damit seinen politischen Machtanspruch.

39

ERSTER TEIL   NÄHERUNGEN AN DEN WESTEN

Dabei kann zwar nicht genau gesagt werden, ob eine wirklich offene Marktwirtschaft die Politik gleichsam gesetzmäßig in Richtung Rechtsstaatlichkeit und Demokratie drängt oder dies nur wahrscheinlicher macht. Es hat aber umgekehrt noch nie in der Geschichte eine Demokratie ohne Markt gegeben. Die wirtschaftliche Selbstständigkeit (gerade auch der Arbeitnehmer) ist eine Funktionsvoraussetzung demokratischer Herrschaft. Anders formuliert, wenn die Bürger vollständig oder überwiegend in ihrer personalen Existenz von politischer Wohlstandsverteilung abhängig sind, so ist dies unvereinbar mit der konzeptionellen Unterscheidung von Gesellschaft und Staat. Wenn Demokratie den Markt ersetzen will, wird sie keine Demokratie bleiben können. Eine Diktatur allerdings wie die des heutigen Chinas, die den Markt in der Breite der Lebensbedingungen entfaltet, ohne ihn fortdauernd deformieren zu wollen, wird erhebliche Schwierigkeiten haben, Diktatur bleiben zu können und muss sich dann irgendwann entweder für die passende strukturelle Kopplung entscheiden oder dauerhaft in einer instabilen Spannungslage bleiben.

Entgrenzungen als Ursache für Krisen

Jede Marktwirtschaft hängt von einer regelgeleiteten Einbettung in demokratisch rechtsstaatliche Strukturen ab, auch wenn die Erfahrungen mit Modernisierungspotentaten etwas anders nahe legen. Eine Diktatur, die ihre Machtbasis verbreitern will, kann Marktwirtschaft und Privateigentum als politisch wohl kalkulierten und limitierten Freiraum fördern, um Potenziale zu erschließen, die dann in Militär und Technik investiert werden können – das taten schon die absolutistischen Fürsten Europas, und China geht heute diesen Weg. Doch die sich entfaltende Wirtschaft und die Menschen, die in ihr handeln und von ihr profitieren, werden schnell eigenwillig, folgen einer Marktrationalität, die in Widerspruch zu Herrschaftsinteressen geraten kann. Autoritär politische Eindämmung erzeugt Widerstand oder belastet die Leistungskraft. Rechtsstaatliche und sozial orientierte Politik hat langfristig deshalb weitaus erfolgreicher autonome Wirtschaft mit

Recht und Politik strukturell gekoppelt – auch wenn das nicht zu einem naiven Vertrauen in die Unfehlbarkeit der Demokratie im Verhältnis zur internationalisierten Marktwirtschaft führen sollte. Umgekehrt verdankt die Demokratie der privatautonomen Wirtschaftsordnung ihre soziokulturelle Grundlage. Selbstregierung der Bürger funktioniert nur in einer vernünftigen *merkantilen* Kultur. Diese merkantile Kultur zeichnet sich dadurch aus, dass es zum Commonsense gehört, in zweckrationaler Weise zu wirtschaften, Arbeitsethos zu pflegen, kreative Potenziale und unternehmerischen Sinn zu entwickeln, dem Erfolg Anerkennung zu zollen und erst im zweiten Schritt auf die soziale Bindung der Privatnützigkeit des Eigentums hinzuweisen, so wie dies verfassungsrechtliche Eigentumsgewährleistungen tun. Wenn diese kulturelle und mentale Disposition wie im Griechenland der letzten Jahrzehnte abnimmt, wenn große Teile der Bevölkerung politischen Umverteilungsversprechen glauben, obwohl sie einfachsten wirtschaftlichen Zusammenhängen widersprechen, gerät die Demokratie in Gefahr. Das rechtlich und gesellschaftspolitisch unbestrittene politische Primat kann weder Naturgesetze brechen noch die Rationalität der Marktwirtschaft, auch wenn diese ein erhebliches Maß an politischer Steuerung verträgt und erträgt. Gefahren entstehen schleichend, wenn die in modernen Gesellschaftstheorien und dem Verfassungsrecht gezogenen sinnvollen Grenzen zwischen Staat und Gesellschaft, Wirtschaft und Regierung, Finanzsystem und Notenbanken sich allmählich auflösen. Risiken für die Stabilität von Demokratien entstehen, wenn den Staaten das Recht abgesprochen wird, über ihre Grenzen und Einwanderungsbedingungen zu verfügen.

Staaten in der Legitimationskrise

Hinter vielen Einzelproblemen lässt sich eine Tendenz zur Delegitimierung des entwickelten Verfassungsstaates beobachten. Hier ist der Pendelschlag vom ostentativ starken Staat der Vergangenheit zu

ERSTER TEIL   NÄHERUNGEN AN DEN WESTEN

einer leisen Regierungstechnik der Defensive erfolgt. Auch eine so-
zialwissenschaftlich und wirtschaftswissenschaftlich nicht hinreichend
orientierte Geisteswissenschaft mit Einwirkungen auf die juristische
Diskussion macht sich daran, Staaten normativ zu dekonstruieren,
wie dies etwa *Simon Caney* mit seiner globalen politischen Theorie in
Angriff nimmt.[39]

Andere Gefahren für die Stabilität des westlichen Gesellschaftsmodells entstehen, wenn sich ein Netzwerk aus großen Unternehmen,
Parteipolitik, überstaatlichen Verhandlungssystemen und öffentlicher
Meinungsmacht bildet, das ganz auf Globalsteuerung der Wirtschaft
ausgerichtet ist, realwirtschaftliche und rechtliche Bindungen lockert,
die teilweise virtuell werden und dann zunehmend in den Modus der
permanenten Krisenbewältigung übergeht wie wir das heute in Europa, den USA oder Japan beobachten können. Die Eliten stehen seit
dem Beben der Weltfinanzkrise und seit der Möglichkeit militärischer
Niederlagen, vielleicht auch angesichts der Sorge vor künftigen inneren Unruhen in der Defensive: Sie lavieren überwiegend vorsichtig,
wagen keine konzeptionellen Neuanfänge, auch keine Wiederherstellung erprobter Ordnungen, weil alles jenseits des prekären Status quo
riskant scheint.

Dabei könnten allmähliche Entgrenzungen der eigentliche Grund für
eine krisenhafte Entwicklung sein, also Entgrenzungen und Verflechtungen, die gerade deshalb stattfinden, um Stabilität im politischen
Netzwerk zu wahren. Ein Staat oder ein transnationaler Herrschafts-
verbund, der übermäßig in die Wirtschaft interveniert, sie nicht konzeptionell ordnet, sondern auf kurzfristige Effekte hin lenkt, wird
selbst zum Getriebenen ökonomischer Prozesse und fällt irgendwann
als objektive Aufsichtsinstanz aus. Die saubere Trennung von Sphären
sowie die Sichtbarkeit von Verantwortungszusammenhängen sind
demgegenüber eine Voraussetzung für den Fortbestand freiheitlicher
Gesellschaften.

2. KAPITEL   DER WESTEN IN DER KRISE

In die Enge getriebener Schiedsrichter

Als Beispiel fehlender Trennung von Funktionssphären darf der hohe Kreditbedarf von Staaten gelten, die dann im Rahmen der Bankenaufsicht dafür sorgen, dass Staatsanleihen als risikolos gelten und nicht mit entsprechenden Eigenmitteln der Bank unterlegt sein müssen. Das senkt die Rendite, also die Zinslast für die Staaten, konzentriert aber Risiken, die im Fall der Insolvenz eines Staates das gesamte vernetzte Weltfinanzsystem erschüttern könnten. Wenn die Staaten im Baseler Ausschuss international gültige Regeln verhandeln, werden sie dabei nur dann als unabhängige Schiedsrichter und Garanten des Gemeinwohls auftreten können, wenn sie ihrerseits nicht Getriebene der eigenen Verschuldungspolitik sind.

Will die internationale Gemeinschaft um jeden Preis die Insolvenz eines Staates verhindern, so treibt sie die Entwicklung in Richtung undemokratischer Solidarhaftung (Einstehen-müssen für die Haushaltsentscheidung einer anderen Volksvertretung) oder legitimationsgefährdender Transfersysteme in heterogenen politischen Räumen, wie wir das im griechischen Schuldendrama beobachten können. Wer solche Risiken vermeiden oder sie jedenfalls in beherrschbarer Weise steuern will, wird bei nachhaltiger Politik Schritt für Schritt die Staatsfinanzen konsolidieren und den Schuldenstand zurückführen. Insofern zeigt das griechische Problem vor allem unter der Tsipras-Regierung auch den Unterschied zwischen pragmatischer Perspektive und hochfliegender Illusion: Die überwältigende Mehrheit der Regierungen hat erkannt, dass tragfähige Haushalte und Anstrengungen zur Erhöhung der eigenen Wettbewerbsfähigkeit unverzichtbare Bedingungen der Währungsunion, der europäischen Einheit und letztlich der Demokratie sind.[40]

Währungsunion und Dynamik zur institutionellen Entgrenzung

Das politisch und wirtschaftlich verflochtene System Europas ebenso wie der globale Westen insgesamt neigen allerdings dazu, auf Strukturprobleme mit weiterer Entdifferenzierung zu reagieren. So kann man etwa mithilfe der Notenbanken das Insolvenzrisiko für Staaten oder systemrelevante Banken oder Großunternehmen praktisch ausschließen, dabei aber neue Risiken für Fehllokationen durch einen deformierten Finanzmarkt begründen.[41] Keines der weltweit operierenden Unternehmen, auch nicht Apple oder Google sind in der Lage, Entscheidungen zu treffen, die derart weit reichen wie beispielsweise die von Notenbanken, die mit einer Nullzinspolitik die Erträge jener Kapitalanlagen schmälern, die wie beispielsweise Lebensversicherungen, Existenzsicherung und Altersvorsorge für die bürgerliche Mitte sind. Wenn Notenbanken mit unüblichen Maßnahmen wie Nullzinspolitik, Strafzinsen und Wertpapierankauf („Quantitative Easing") direkt oder indirekt Staatsfinanzierung und Konjunkturförderung betreiben[42], als Verantwortliche für die Bankenaufsicht mit ELA-Krediten[43] Beiträge zur Bankenrettung oder zur Konsolidierung angeschlagener Wirtschaftsunternehmen leisten, die Staatsbeteiligung aufweisen[44], so handelt es sich um eine starke Tendenz zur Entdifferenzierung im Blick auf die unterschiedlichen Funktionen von Wirtschaftspolitik und Geldpolitik, um eine Dehnung oder Überschreitung des geldpolitischen Mandats.[45]

Die europäische Integration hat Marktprozesse bislang sehr geschickt als politischen Hebel eingesetzt, der die Mitgliedstaaten in den Zwang zur Koordinierung gelenkt hat und in die Bereitschaft, sich harmonisierten Regeln zu unterwerfen. Mit der Einführung der Gemeinschaftswährung sind aber auch Illusionen entstanden, dass eine einheitliche Währung die Heterogenität von Wirtschaftsräumen beseitigen könne. Die Möglichkeiten der Einheitswährung wurden zwar richtig, aber doch einseitig dargestellt, weil die makroökonomischen Anpassungszwänge und Risiken den nationalen Öffentlichkeiten zum Teil vorenthalten blieben.

Vor diesem Hintergrund besteht die Gefahr, dass die Zentralbank eines heterogen bleibenden Wirtschaftsraumes über kurz oder lang (jedenfalls bei krisenhafter Anspannung) ihre geldpolitischen Mittel zumindest objektiv zweckentfremdet. Bei ausgeprägten Ungleichgewichten der Wettbewerbsfähigkeit besteht die Gefahr, dass die Zentralbank hier ausgleichen und wirtschaftspolitisch steuern will. Am Ende steht Entdifferenzierung, also der Verstoß gegen die verfassungsrechtlich und unionsrechtlich vorgeschriebene haushaltspolitische Eigenverantwortung der Mitgliedstaaten sowie Grenzüberschreitungen wie die der Geldpolitik hin zur Wirtschaftspolitik und damit der Verlust von Legitimation der politischen Unabhängigkeit der Notenbank.

3. KAPITEL
REFLEKTIERTE KRISENWAHRNEHMUNG
– AMBIVALENZ UND KONTINGENZ

Zwangsläufiger Abstieg oder behebbare Fehlentwicklung?

Das soeben skizzierte Krisenpanorama ist keine Diagnose, die unzweideutig Abstieg und Verfall des westlichen Gesellschaftsmodells belegt. Es ist ein erstes Angebot, bestimmte Fehlentwicklungen vielleicht schärfer wahrzunehmen als das üblich ist, jedenfalls aber in einem größeren Zusammenhang. Wer den Westen in der Krise sieht, sollte das reflektiert und informiert begründen, vor allem tatsächliche Krisenindikatoren und tagespolitischen Alarmismus kritisch unterscheiden. Um Aufmerksamkeit zu erringen, arbeiten manche Autoren mit plakativen Untergangszenarien und pflegen damit eine sich selbst verstärkende pessimistische Grundstimmung oder nähern sich den einfachen Erklärungen von Verschwörungstheorien. Steter Alarmismus stumpft ab und leitet inhaltlich auf falsche Fährten. Auf der anderen Seite gibt es allerdings auch eine gegenläufige Neigung zum Wegschauen und technischen Kleinreden von Entwicklungen, die in Wirklichkeit Symptome einer Umwälzung sind.

Der Westen ist nach wie vor stark und er sollte von keinem Gegner unterschätzt werden. Aber ökonomische, wissenschaftlich-kognitive und technisch-militärische Kraft kann sich auf Dauer nur entfalten, wenn sie auf einer starken ideellen und sittlichen Grundlage beruht. Die sittliche Grundlage wiederum hängt von einer angemessenen Identität ab, sowohl in persönlicher Hinsicht als auch die sozialen Kollektive betreffend. Es geht darum, ob eine Gesellschaft weiß, wer sie ist, und wie sie ihre Mittel einzusetzen hat, damit ihre Identität gewahrt und wirksam verteidigt wird. Hieran fehlt es dem Westen inzwischen. Vieles deutet sogar darauf hin, dass Europa und Nordamerika intellektuell fehlprogrammiert sind, dass die einstmals so kraftvollen *selbstexpansiven* Tugenden der Persönlichkeitsentfaltung[46] nicht mehr hinreichend gepflegt, dass ihre durchdachten Institutionen vernachlässigt werden, die Alltagskultur sich vom Identitätsfundament abgekoppelt und deformiert zeigt.

Der peruanische Wirtschaftswissenschaftler *Hernando de Soto* hat in der französischen Zeitschrift „Le Point"[47] zu den Thesen *Thomas Pikettys* zur Ungleichverteilung von Kapital[48] ganz bemerkenswerte Einwände formuliert. Für ihn ist europäische Wirtschaftswissenschaft und die der amerikanischen Ostküste im Stile *Pikettys* eine mitunter ideologisch geprägte Veranstaltung gutmeinender Menschen, ohne ausreichende empirisch valide Basis, die nicht genug weiß von Lebensverhältnissen in Ländern wie Ägypten mit ihrer geradezu dominanten Schattenwirtschaft, die mit gängigen Datensätzen statistisch nicht erschließbar ist. Am bemerkenswertesten aber ist *de Sotos* Identifizierung „des Westens" mit alten antikapitalistischen Klischees: „Für die meisten von uns, welche nicht in der Denkweise des Westens und in europäischen Kategorisierungen gefangen sind, sind Kapital und Arbeit nicht natürliche Feinde, sondern miteinander verbundene Facetten ein und desselben Kontinuums."

Warum steht in dieser Sichtweise die Meinung *Pikettys* für den europäisch-nordamerikanischen Westen und warum nicht die Einwände *de Sotos*, der sich viel deutlicher am neuzeitlich westlichen Weltbild orientiert? Hat der Westen sich in seinen Kernregionen vielleicht selbst entwestlicht?

ERSTER TEIL NÄHERUNGEN AN DEN WESTEN

Starker oder schwacher Westen?

Die westliche Welt sollte ihren scharfen Blick bewahren, sonst verpasst sie die Ungleichzeitigkeiten fragmentierter Weltwahrnehmungen, die einen Zeiten- und Epochenumbruch ankündigen. Jenseits des westlichen Wertesystems, das jeden einzelnen Menschen mit seiner angeborenen Würde und Befähigung zur freien Entfaltung seiner Persönlichkeit in die Mitte der legitimen Ordnung rückt, enden Aufklärung und Zivilisation. In der globalisierten, in der *einen* Welt ist der Westen scheinbar überall[49] – allgegenwärtig und unwiderstehlich. Doch in Wirklichkeit ist er ebenso erfolgreich wie gefährdet. Für die eine Seite stehen die protestierenden Menschen in Hongkong im Licht ihrer Mobiltelefone, die moderne Jugend in Istanbul oder in Djakarta, nicht nur die in New York oder London. Auf der anderen Seite steht ein von außen kommendes und von innen herrührendes Bedrohungsszenario. Der starke Westen ist inzwischen beinah überall herausgefordert und bedroht, durch seine Gegner und durch seine eigenen Fehler. Doch Fehler lassen sich korrigieren. Wenn die Einsicht in den Wert der eigenen Ordnung wächst, wird auch der neuzeitliche Westen wieder aufsteigen und sich zugleich verwandeln in die universale Perspektive der Zivilisation.

Wer beurteilen will, ob der Westen in einer dramatischen Krise steckt oder nach wie vor dominant ist, sollte genauer danach fragen, welcher Raum für die persönliche Selbstentfaltung bleibt. Und er sollte kritisch nachfragen, wie hoch der politische und rechtliche Regulierungsanteil am Sozialleben inzwischen ist. Dabei könnte eine Zunahme von politischen Regelsetzungen allerdings auch Kompensation für soziale Ordnungsverluste sein, die entstehen, wenn außerstaatliche sittliche Standards, eine überspannende Werteordnung allmählich verblassen oder dysfunktional werden.

3. KAPITEL   REFLEKTIERTE KRISENWAHRNEHMUNG

Das negative Szenario

Es bieten sich zwei entgegengesetzte, aber letztlich miteinander verschränkte Thesen an. Wählt man ein negatives Szenario, so könnte in Zukunft die Welt heute noch unvorstellbar scheinende Ordnungsverluste erleiden. Es wäre dann vermehrt mit Kriegen und Bürgerkriegen zu rechnen, an die man sich in den Metropolen zu gewöhnen hätte und gewöhnen würde. Die Schusswechsel, die in *Michel Houellebecqs* Roman „Soumission" in einem fiktiven Paris alltäglich sind, könnten wirklich Teil des Alltags werden. Es käme zu einer wachsenden sozialen Fragmentierung, also einer Abschließung sozialer Milieus, die jede republikanische Verständigung unterbräche. Der Fragmentierungsgraben müsste keineswegs nur an der Unterscheidung zwischen „Arm und Reich" verlaufen, es ginge vor allem um die Abschließung von religiös, national oder ideologisch bestimmten Kulturräumen und vielleicht mehr noch um diffuse Alltagswelten, die den Kontakt zu dem, was im politischen, rechtlichen und hochkulturellen Raum diskutiert wird, verlören.

Das zivilisatorische Niveau könnte bei erheblichen Ordnungs- und Orientierungsverlusten dramatisch sinken bis zur Rückkehr eines sanften Analphabetentums und die Ersetzung der individuellen Bildung durch digital vernetzte, an Mechanismen unmittelbarer Bedürfnisbefriedigung andockende kognitive Techniken. All das würde vermutlich geschehen innerhalb der Matrix von globalisierter Marktwirtschaft, formal fortbestehender Demokratien und Rechtsstaaten. Zivilisationsverluste könnten sich abspielen unter dem Dach einer überstaatlich-internationalisierten Herrschaft vernetzter Regierungen. Sie würde bürokratisch und sozialinstrumentell als *transnationale Gubernative* agieren, wäre aber im Wesentlichen der Alltags- und Vorstellungswelt der Menschen entwachsen. Wird die Weltfinanzkrise von 2008 vielleicht in künftiger Betrachtung das definitive Ende der Hegemonie des von den USA geführten Westens markieren? Befinden wir uns nicht längst in einem unaufhaltbaren Prozess der Auflösung moderner neuzeitlicher Sozialstrukturen?

ERSTER TEIL   NÄHERUNGEN AN DEN WESTEN

Das positive Szenario: Fortbestehende Dominanz des Westens

Um zu solch einem bruchlosen negativen Szenario zu gelangen, muss man die gegenläufigen Kraftlinien allerdings schon sehr dünn malen. Schaut man auf wirtschaftliche Kennzahlen und militärische Potenziale, so besteht jedenfalls auf den ersten Blick kein Zweifel an der fortbestehenden Dominanz des Westens. Nordamerika, die EU und Japan verfügen auch heute noch über rund 50 % des globalen Bruttoinlandsprodukts, während das mal fasziniert mal argwöhnisch betrachtete, jedenfalls aber als kommende Macht gesehene China sich erst dem Gewicht der USA oder der EU annähert. Staaten wie Indien oder Brasilien gehören eigentlich auch in den G7-Club der führenden Wirtschaftsmächte, sie sind nicht dezidiert antiwestlich eingestellt, weisen aber erhebliche kulturelle Ambivalenzen auf. Russland steuert zur Zeit einen antiwestlichen Kurs, ohne genuin antiwestlich zu sein. Das Land ist wirtschaftlich gesehen eher eine (relativ bedeutende) Mittelmacht mit einseitiger Abhängigkeit vom Rohstoffexport, dessen militärisches Aufrüstungsprogramm bedrohlich ist, aber sehr relativiert würde, wenn der Westen sich (gewiss widerwillig) entschließen sollte, seine Wirtschaftspotenziale verstärkt in Rüstung zu stecken.

Die westlichen Staaten sind in ihrer Dynamik, ihrer Stabilität, in den wissenschaftlichen und technischen Leistungen heute immer noch deutlich führend. Zwar hat das Europa der EU etwas an relativer Bedeutung eingebüßt, besitzt aber gemessen am globalen Bruttoinlandsprodukt wirtschaftlich noch etwa das Gewicht der USA.[50] Vor allem aber: Wirtschaftliche Potenziale entfalten sich nach wie vor nur optimal, wenn die entsprechenden soziokulturellen und psychologisch mentalen Bedingungen erfüllt sind. Auch hier hat der Westen weniger Konkurrenz als mancher Kulturpessimismus glauben machen will. Die Erziehung zu Kreativität, selbstbewusster Lebensgestaltung und Eigenwilligkeit harmoniert mit den ausdifferenzierten sozialen Systemen, die mit kollektivistischen sozialen Ordnungen nur unzureichend

3. KAPITEL   REFLEKTIERTE KRISENWAHRNEHMUNG

bedient werden können. Allerdings wäre kritisch zu hinterfragen, ob der Westen diese Potenziale tatsächlich noch hinreichend entfaltet oder ob nicht ihre rekonstruktive Erneuerung überfällig ist. Aber was wäre zu rekonstruieren? Welche Bildungsinhalte, welche Erziehungsziele, welche sozialen und fachlichen Kompetenzen sind im 21. Jahrhundert wichtig? Was sind unsere Maßstäbe?

ZWEITER TEIL

NORMATIVE SIGNATUR DER GEGENWART:

AUFKLÄRUNG UND HUMANISMUS

4. KAPITEL
DIE GROSSE ERZÄHLUNG IM BANNE DER AUFKLÄRUNG

Ende der Großen Erzählungen?

In einer kleinen Auftragsarbeit für die Regierung in Quebec hat der französische Philosoph *Jean-Francois Lyotard* 1979 seinen Bericht über das postmoderne Wissen niedergelegt. Die seitdem ebenso gebräuchliche wie umstrittene und inzwischen wieder etwas verblassende Epochenzäsur, die mit dem Begriff „Postmoderne" markiert wird, basiert auf der Annahme, dass die großen neuzeitlichen Erzählungen ihre Wirkung und Gültigkeit verlieren. Eine dieser Erzählungen, ja die große Erzählung überhaupt, sei diejenige, die die Menschheit als Helden der Freiheit zum Thema hat[51] und eine Erzählung der Emanzipation sei.[52] Die Behauptung, diese Erzählung gelte nicht mehr, wird letztlich nicht begründet, sie ist essayistisch in den Raum gestellt. Funktionell betrachtet dürfte feststehen, dass keine Gesellschaft ohne große Erzählung über das Woher und Wohin auskommt, weil dies identitätsstiftend ist. Sollte der Westen demnach seine große Erzählung verlieren und keine neue an seine Stelle setzen, müssten Identitätsverluste die Folge sein: Ein guter Grund sich diese verloren geglaubte Erzählung näher anzusehen.

Keine Gesellschaft funktioniert nur, weil sie gut organisiert ist. Damit der Mensch sich in eine soziale Ordnung fügt, sich in ihr angepasst bewegt, diese Ordnung befördert und gestaltet, muss er von ihrem Sinn überzeugt sein, muss sein eigener Lebensentwurf, sein eigenes Selbstbild mit den normativen Grundaussagen der Gesellschaft übereinstimmen. Die politische Philosophie, die von Gerichten wie selbstverständlich benutzte Folie der Verfassungsinterpretation, die wissenschaftlichen und öffentlichen Gerechtigkeitsdiskurse, die thematischen Selektionsentscheidungen der öffentlichen Meinung: Sie alle ruhen auf einer großen Erzählung. Was ist eine „Große Erzählung"? Warum gilt die Aufklärung als ein solch grundgebendes Narrativ? Vor allem aber, warum wird diese Erzählung angezweifelt oder steht gar in Verdacht, selbstzerstörend zu wirken?

Ideen formen Wirklichkeit

Große Ideen, Weltbilder und Erzählungen sind Prägekräfte gesellschaftlicher Wirklichkeit. Das wusste jede Zivilisation, obwohl es keine wagte, die Idee an den Anfang zu stellen und danach konsequent die Wirklichkeit zu formen.[53] Natürlich schafft sich eine mächtige soziale Wirklichkeit auch Ideen, aber der Zusammenhang von Sein und Bewusstsein, von Tatsache und Idee ist nie eine Einbahnstraße. Die Wirklichkeit lässt Ideen entstehen. Die Ideen formen dann aber wiederum die Wirklichkeit, manchmal begründen, manchmal zerstören sie Traditionen, Rollen und soziale Tatsachen. Wer entweder allein in den Realitäten des Alltags gefangen ist oder wer der geistigen Einbahnstraße folgt, dass (nur) das materielle Sein das Bewusstsein präge[54], wird kaum den Blick dafür freibekommen, was auf einer fundamentalen Ebene unser Denken und Handeln leitet. Wenn wir moralisch urteilen, über Ungerechtigkeit reden, wenn wir guten oder schlechten Geschmack diskutieren, wenn wir zweckrational argumentieren und klug zu handeln meinen, folgen wir unbemerkt großen Wegweisungen, lassen uns von *Horizonten des Sagbaren und Bestreitbaren* ebenso leiten wie von Erfahrungen, Evidenzen und Plausibilitäten. Alles Meinen und Urteilen wirkt immer nur in bestimmten Kontexten, scheint nur dort evident oder plausibel. Gleichgültig, was Realpolitiker und Sozialtechniker – häufig mit gutem Grund – als gegebene Tatsache behaupten: Es geht niemals nur um Funktionsnotwendigkeiten, sondern es geht immer auch um Ideen, Erzählungen und Bilder, um Menschenbilder und Weltbilder.

Reflexive Ausleuchtungstechniken: Normative Gesellschaftsanalyse

Es empfiehlt sich heute, zur Rettung der Moderne auf eine postmoderne Behauptung zurückzugreifen, wonach es gar keinen wirklichen Unterschied zwischen Sein und Sollen, empirischer Wissenschaft und spekulativer Philosophie gäbe.[55] Wirkliche Überraschungen durch empirische Sozialforschung gibt es jenseits der Alltagserfahrung nur selten. Unbeleuchtet bleibt, was die Sozialwissenschaftler gar nicht denken (können), weil es außerhalb ihrer Vorstellung von Welt, jenseits ihrer Weltsicht liegt.[56] Man muss deshalb bereit sein, Verfremdungstechniken einzusetzen, zu abstrahieren und das ausgeschlossene Andere, das Tabuisierte, den negativen Wert mehr ins Licht zu rücken, um etwas mehr zu sehen und zu erkennen.

Die Wissenschaft kann kein unbestechliches Foto der Gesellschaft machen. Sie malt eher. Wer über die Behauptung eines Abstiegs oder einer Erschöpfung des Westens urteilen will, braucht allen Erkenntnisschwierigkeiten zum Trotz ein angemessenes, ein kritisch geweitetes (reflektiertes) Bild seines Gegenstandes. Allzu vieles ist Diagnose unter dem Eindruck des Augenblicks. Valide Aussagen sind nur möglich, wenn man der normativen Identität westlicher Gesellschaften nachspürt und sie zum Maßstab macht. Nur von dort aus ist zu beurteilen, ob ein zivilisatorisches Niveau verfällt oder sich schlicht fortentwickelt. Da der Westen unzweifelhaft erhebliches wirtschaftliches, technisches und wissenschaftliches Potenzial besitzt, wird er mit Gewinn über Korrekturen oder Rettungsmaßnahmen nachdenken, wenn er weiß, was seine Identität ist.

Ein erster Eindruck legt nahe, dass moderne Gesellschaften von einem isolierten Thema zum anderen springen. Bei der thematischen Behandlung verbindet sich hohe Analysefähigkeit mit der Fähigkeit zu zweckrationalem Handeln. Aber dennoch droht die Gefahr, dass das westliche Gesellschaftsmodell in grundsätzlicher Weise unfähig werden könnte, das „Ganze" angemessen in den Blick zu nehmen, wobei angemessen bedeutet, Zusammenhänge ohne verzerrende Schematisierungen hervorzuheben. Es kommt darauf an, Gesellschaft im Kontext von Normativität und Faktizität genauer zu verstehen. Jeder Angehörige einer Gesellschaft – und dazu zählen auch Wissenschaftler – steht vor dem Problem der Objektivität, er vermag nicht ohne weiteres die Distanz zu erlangen, die Beobachtung erfordert.

Aufklärung als kanonisierte Große Erzählung

Manche Intellektuelle nehmen ganz selbstverständlich an, dass die moderne Gesellschaft erst durch die Französische Revolution zur Wirklichkeit geworden sei.[57] Obwohl diese Revolution nicht unmittelbar zu einer Demokratie führte, sondern zunächst zu jakobinischem Terror und zu einer imperial verbrämten Militärdiktatur, war sie ein großes Signal. Sie wirkt ungeheuer markant, weil diese Revolution beanspruchte, die Ideen der Aufklärung und die Erklärung der Menschenrechte zur politischen Wirklichkeit werden zu lassen.

Was will die Aufklärung? Die westliche Moderne mit ihrem zweckrationalen Weltverständnis kennt eine große Erzählung, die bis in die feinsten Verästelungen des Rechts, der Politik, der persönlichen Lebensführung hinein prägt. Sie ist der große Rahmen (Frame), der anderen kleinteiligeren Rahmen ihren Sinnhorizont zuweist.[58] Mit einigem Mut zur Vereinfachung kann man diese große Erzählung, dieses Paradigma westlicher Kultur, das Ideensystem der Aufklärung nennen. Unter Aufklärung versteht man normalerweise die politische Aufklärung („Enlightenment") des späten 17. und des 18. Jahrhunderts, die sich unter Berufung auf die Autonomie des freien Willens

4. KAPITEL DIE GROSSE ERZÄHLUNG IM BANNE DER AUFKLÄRUNG

und die Einsichtsfähigkeit der Vernunft kritisch gegen Autoritäten und Traditionen wendet und sie ausnahmslos auf den Prüfstand der intersubjektiv zugänglichen, auf Klarheit verpflichteten Vernunft stellt.[59] Wer die Wirkung dieser Idee einigermaßen vollständig ermessen und dann in den verfassungsrechtlichen und politischen Gerechtigkeitsdiskurs hinein verfolgen will, muss allerdings Unterschiede zwischen schottischem Utilitarismus, französischem Republikanismus und der amerikanischen Unabhängigkeitsbewegung sehen und auch mit einem weiter gefassten Aufklärungsbegriff arbeiten.

Das Programm der Aufklärung als Paradigma der Gegenwart lässt sich nicht verstehen, und auch nicht rational beurteilen, wenn man nicht die moderne Subjektivierung des Weltzugangs mitdenkt, die naturwissenschaftliche Erkenntnismethode, die Reformation, Staatswerdung und vor allem den Renaissance-Humanismus als die Wurzeln und als das größere, richtunggebende Ideensystem vor und mit der Aufklärung. Die politische Aufklärung des 18. Jahrhunderts ist insofern ein *Epiphänomen* – streng genommen sogar eine Restriktion – der umspannenden Aufklärungstendenz, die wir Neuzeit nennen und die mit dem Humanismus der Renaissance einsetzte. Die Aufklärung seit dem 17. Jahrhundert ist eingebettet in diesen umfassenden neuzeitlichen Weltentwurf, der in Europa geboren und sich heute als universale Zivilisationserrungenschaft über den Globus hinweg präsentiert; zwar nicht unangefochten, aber als weltgesellschaftliche Erzählung bis dato ohne ernsthafte Alternative.

Vernunft als säkularisierte Einheitsfiktion

Die postmodern längst in ihrer Möglichkeit bestrittene Vernunft ist bei allem Streit im Einzelnen jedenfalls die höchste dem Menschen zugängliche Fähigkeit, zum Erfassen übergreifender Ordnungs- und Sinnzusammenhänge. Vernunft ist das Projekt vor allem der Philosophen, um aus letzten, reinsten Prinzipien abgeleitet, die Einheit der Welt zu begründen und sie gleichsam zusammenzuhalten. Dies wird

ZWEITER TEIL   NORMATIVE SIGNATUR DER GEGENWART

bei *Kant* deutlich, der sich in seiner Vorrede zur Grundlegung der Metaphysik der Sitten die reine Vernunft im Sinne von Logik und Rationalität noch vor jeder (empirisch-praktischen) Erfahrung als Grundlage sowohl der Physik (Seinsaussagen der Naturwissenschaft) als auch der Ethik (normativ moralische Aussagen) vorstellt[60]. Vernunft in diesem neuzeitlichen Sinne konkurriert mit dem aus dem Mittelalter stammenden Anspruch der Kirche, gestützt auf Offenbarung, im Besitz absoluter Wahrheit[61] auch über die diesseitige Ordnung zu sein.[62]

Das 18. Jahrhundert war in Europa ein bürgerliches Jahrhundert, aber in den Kleidern und den Formen einer immer fragwürdiger werdenden Ständegesellschaft mit ihren kräftigen mittelalterlichen Wurzeln. Adel und Kirche waren als ehemals gesellschaftlich bestimmende Kräfte immer noch präsent. Sie beherrschten die Repräsentation der Mitte und das Zeremoniell. Und doch waren sie durch den rationalen monarchischen Staat, die Reformation, durch Alphabetisierung und Bildung[63], durch die Erkenntnisfortschritte der Universitäten, den Gewerbefleiß und Bürgersinn der Städte, die sich entwickelnde Geld- und Produktionswirtschaft im Grunde genommen anachronistisch geworden. Die Aufklärung hat zu diesem Bewusstsein erheblich beigetragen. Es ist dieses gestaltende selbstexpansive Bewusstsein, das die Harmonie der Ständegesellschaft dekomponiert, obwohl dies ursprünglich gar nicht einmal auf dieses Ziel hin gerichtet war.

Die Aufklärer halten eine nach Vernunftmaßstäben wohlgeordnete und deshalb gerechte Gesellschaft für möglich und nötig, doch dies war lange Zeit keineswegs ausdrücklich gegen die ständische Ordnung und noch weniger gegen die absolutistische Monarchie gerichtet. Ein Aufklärer wie *Carl Gottlieb Svarez* ist aufgeklärter Absolutist,[64] überzeugt davon, dass der Mensch weltbürgerlich frei und als Untertan zugleich von jeder politischen Mitbestimmung ausgeschlossen sein müsse[65]. „Sein" Allgemeines Preußisches Landrecht von 1794 legt in § 82 noch fest, dass die Rechte der Menschen (neben den Rechtshandlungen) durch Geburt *und Stand* entstehen. Doch dieser Versuch ständisches Herkommen und neues humanistisch und rationalistisch

4. KAPITEL   DIE GROSSE ERZÄHLUNG IM BANNE DER AUFKLÄRUNG

geprägtes Denken unter einen Hut zu bringen, scheitert nicht zuletzt
an den (immanenten) Antriebskräften der Aufklärung selbst.

Reinhart Koselleck hat in seiner bedeutenden Studie „Kritik und Krise",
eine Dissertation aus dem Jahr 1954, die Aufklärung als ein Projekt
von Eliten gekennzeichnet, die immer deutlicher als Vertreter und Er-
zieher einer neuen Gesellschaft Positionen gegen den absolutistischen
Staat und die herrschende Kirche bezogen, selbst wenn sie Adlige waren.[66] Ja, im Grunde wurde die Kritik an den dunklen Verhältnissen,
an Vorurteilen, Traditionen, die Abwendung von Institutionen wie
der Familie, der sakramentalen Ehe und der Kirche zur eigentlichen
Substanz der politischen Aufklärung,[67] bis auf den heutigen Tag. Das
Bürgertum war aber nicht identisch mit der eher intellektualistischen
Aufklärung. Das aus Handel, Gewerbe und Handwerk stammende
bürgerliche Denken suchte ganz ähnliche, pragmatische, auf Selbstbestimmung gerichtete Bahnen wie schon jene finanziell unabhängigen
Handwerker zu Zeiten des *Perikles*, die nicht zufällig maßgebliche
Trägerschicht der ersten geschichtlichen Demokratie war.[68]

Voltaires Candide

Ein Exponent des Übergangs war *Voltaire*. Der aus dem Bürgertum
stammende *Voltaire* betrat die immer noch herrschende Bühne von Hö-
fen, Adelsalons, gepuderten Perücken und des höfischen Zeremoniells,
aber schon unernst, aufrührerisch, mit spitzen Sottisen und frechen
Forderungen. Sein „Candide, ou l'optimisme" von 1756 nimmt weniger den Landadel und seinen weltfremden Geist aufs Korn, sondern
vor allem Kirche, Inquisition und allgemein die schlechten Verhältnisse einer unerleuchteten Welt.

Die Welt als schlecht und besserungsbedürftig zu erleben und nicht
dem Optimismus eines *Leibniz* zu erliegen, ist die eine Botschaft des
„Candide". Dieses populäre Stück ist nicht etwa das Programm der
Aufklärung, sondern der sachlich sehr beschränkte Versuch, dieses
Programm der ständischen Gesellschaft zu entwinden und mit der

ZWEITER TEIL   NORMATIVE SIGNATUR DER GEGENWART

moralischen Anklage der schlechten, der ungerechten Verhältnisse die Plausibilität für einen Umsturz zu erhöhen, die mit der amerikanischen Unabhängigkeit und dann mit der französischen Revolution wirklich wird. Während das Volk der Vereinigten Staaten mit der Unabhängigkeitserklärung von 1776 und der Verfassung von 1787 und den Zusatzartikeln von 1791 im Geist der Aufklärung und der Volkssouveränität unter anderem die Gerechtigkeit und das Glück nach dem Plan eines jeden Einzelnen verwirklichen will, sieht korrespondierend der Dritte Stand in Paris, als selbsternannte Nationalversammlung, die Missachtung der Menschenrechte als Ursache des öffentlichen Unglücks und der Verdorbenheit der Regierungen.[69]

Amerikanische Unabhängigkeit und französische Revolution haben die ständische Gesellschaft überwunden und jedenfalls allmählich dem modernen Republikanismus und der Verfassungsstaatlichkeit auf der Grundlage von staatsbürgerlicher Gleichheit und grundrechtlicher Freiheit Platz gemacht. Was aber hat sich da eigentlich Bahn gebrochen? Was ist jenes manchmal wie bei Freimaurern[70] geradezu – und paradox genug – geheim wirkende ideensystematische Konzept für einen solchen gesellschaftlichen Entwurf? Was ist Aufklärung?

Wie hält es die Aufklärung mit der Religion?

Zum besseren Verständnis jener großen Erzählung, die als tiefe Struktur der westlichen Gesellschaftsordnung zu Grunde liegt, hat vor kurzem *Hans Joas* einen Beitrag geleistet.[71] Er hat an eine wichtige Schrift des bedeutenden Staatsrechtslehrers *Georg Jellinek* erinnert: „Die Erklärung der Menschen- und Bürgerrechte. Ein Beitrag zur modernen Verfassungsgeschichte" von 1895. *Jellinek* hatte sich der im 19. Jahrhundert ausbildenden Überzeugung entgegengestellt, die Französische Revolution sei so etwas wie ein Urknall der modernen Gesellschaft gewesen. Er weist darauf hin, wo andere Wurzeln liegen, etwa in der englischen Verfassungsgeschichte insbesondere des 17. Jahrhunderts.

4. KAPITEL DIE GROSSE ERZÄHLUNG IM BANNE DER AUFKLÄRUNG

Essentiell ist dann auch die in Europa immer etwas im Schatten stehende amerikanische Unabhängigkeitserklärung von 1776.[72] Die historische Durchschlagskraft der Menschenrechte resultierte aus ihrer naturrechtlichen Fundierung. Menschenrechte galten jetzt eben als angeboren und als nicht disponibel durch irgendeine politische Herrschaft. Mit dieser Fixierung der Verlaufsrichtung des normativen Arguments[73] wurde die persönliche Freiheit zur Prämisse und politische Herrschaft zu einem Derivat – nicht etwa umgekehrt. Hinter der naturrechtlichen Grundüberzeugung, die der amerikanischen Unabhängigkeitserklärung und der französischen Menschenrechtserklärung ihre besondere Durchschlagskraft verleiht, stehen religiöse Ableitungen, die im Prozess der Aufklärung teilweise bestärkt, teilweise versteckt, verweltlicht oder abgelehnt werden. Deshalb zitiert *Joas* als zentrale These *Jellineks*, dass die Idee unveräußerlicher, angeborener, geheiligter Rechte des Individuums nicht politischen, sondern religiösen Ursprungs sei:[74]

> „Natürlich war sich Jellinek bewusst, dass der Glaube an die Würde aller Menschen tief reichende Wurzeln in der jahrtausendealten jüdisch-christlichen Tradition hat; doch kann man diese Tradition gleichwohl nicht als eine einzige Reifungsgeschichte der modernen Ideen behandeln, wenn man berücksichtigt, wie häufig ihr Universalismus gebrochen wurde, (…). Die geistesgeschichtlichen Wurzeln der Menschenrechte im Renaissance-Humanismus, der Reformation oder der spanischen Spätscholastik sind überhaupt für das Verständnis der Fragestellung weniger interessant als die Dynamik ihrer plötzlichen Institutionalisierung."[75]

Hans Joas unternimmt den Versuch, den geistesgeschichtlichen Kontext der Aufklärung etwas zu weiten und auf die Grundlegung des liberalen Verfassungsstaates[76] etwa in der nordamerikanischen Siedlerbewegung der ersten Welle, also im kolonialen Maryland unter katholischen Vorzeichen oder unter den calvinistischen Kongregationalisten hinzuweisen.

So wichtig diese Erweiterung des Blicks ist, so wenig will einleuchten, warum nicht einen Schritt weiter gegangen werden soll. Warum die Aufklärung nicht als das nehmen, was sie im ideengeschichtlichen Kern

ZWEITER TEIL   NORMATIVE SIGNATUR DER GEGENWART

ist? Sie ist eben nicht die Geburtsstunde der neuzeitlichen Welt, sondern die erfolgreiche geistige Zuspitzung, aber dadurch auch Reduktion einer ehemals weiter gefassten Idee. Die Zuspitzung erfolgt jetzt konzentriert auf jenes politische System, das nach der absolutistischen Erfahrung als Repräsentant der ganzen Gesellschaft verstanden wird.

Die Aufklärung konzentriert die Aufmerksamkeit auf das politische System und die darin liegenden Möglichkeiten zur Gestaltung der Welt: Damit bleibt sie (und zwar bis auf den heutigen Tag) ein *post-absolutistisches* Unternehmen, nur dass der König geköpft und seine Souveränität durch Volkssouveränität ersetzt ist. Für *Max Horkheimer* verfolgt die Aufklärung ganz im Sinne *Immanuel Kants* (Ausgang aus selbstverschuldeter Unmündigkeit) das Ziel, den Menschen die Furcht zu nehmen und sie als Herren einzusetzen.[77] Aber die für *Horkheimer* schmerzliche Dialektik liegt eben darin, dass sich die Naturbeherrschung und die Verschaffung der Mittel, ein gutes selbstbestimmtes Leben zu führen, nur innerhalb der Funktionslogik der neuzeitlichen Gesellschaft verwirklichen lässt.[78] Wer als Person frei sein will, muss sich auf das System der Privatrechtsordnung, auf die Marktwirtschaft, den Rechtsstaat und die repräsentative Demokratie einlassen. Wer dieses ausdifferenzierte Institutionensystem mit *Karl Marx* zur kapitalistischen Klassenherrschaft destilliert, geschichtsteleologisch und moralisch diskreditiert, bringt sich um die Möglichkeiten einer nüchternen Betrachtung der neuzeitlichen Gesellschaft.

Die Logik der Menschenrechte und der staatlich gewährleisteten Grundrechte erschließen sich in vollem Sinne nur, wenn sie als Hebel gegen die Gefahren einer Blickverengung und gegen die Totalität des politischen Herrschaftssystems verstanden werden – das selbst dann, wenn aus der Fürstenherrschaft Mehrheitsherrschaft geworden ist. Dafür muss der Blick ein weiteres Mal geweitet werden auf die wirkliche Geburtsstunde der Neuzeit. Die Geburtsstunde der neuzeitlichen Welt war eben jener Renaissance-Humanismus und der mit ihm sich auf den Weg machende künstlerische Kreationismus und der zur Wissenschaft werdende Rationalismus, den *Joas* für weniger interessant hält, der aber das Fundament legt für das geltende Menschen- und Weltbild.

64

5. KAPITEL
WÜRDE UND SCHÖNHEIT DES MENSCHEN
– DIE NORMATIVE PRÄMISSE DES
WESTLICHEN GESELLSCHAFTSMODELLS

NZZ: „Wenn Sie vor einem brennenden Haus stünden, in dem sich
200 Schweine und ein Kind befänden, und Sie könnten entweder die
Tiere oder das Kind retten, was täten Sie?"

Peter Singer: „Das Leid der Tiere wird irgendwann so groß, dass man
sich entscheiden sollte, die Tiere zu befreien und nicht das Kind."[79]

Symptom für das Ende des neuzeitlichen
Westens?

Im Frühjahr 2015 sollte der australische Philosoph *Peter Singer* in Köln
auf einem Philosophiefestival eine Rede halten – und zwar über die
Frage, ob Veganer die Welt retten. Der in Princeton lehrende Bioethi-
ker wurde dann aber wieder ausgeladen, weil sein in dem oben zitier-
ten Interview zum Ausdruck kommendes mitfühlendes Engagement
für Tiere mit einer gewissen Gefühllosigkeit gegenüber der Gattung
Mensch verbunden scheint. *Singer* möchte die Hierarchie zwischen
Mensch und Tier aufheben. Er schlägt weiter vor, die Tötung von
Neugeborenen mit gravierenden Geburtsschäden zu legalisieren, nach
der (von ihm erkennbar verfolgten) Maxime „wenn menschliches

ZWEITER TEIL   NORMATIVE SIGNATUR DER GEGENWART

Leben abgetrieben werden darf, darf es auch nach der Geburt getötet werden". Diese von *Singer* als konsequent empfundene, für die meisten aber wohl furchterregende Erweiterung des Anwendungsfeldes des Gleichheitsgrundsatzes hat im Land der Enkel der ideologischen Euthanasieprogramme (noch) Empörung ausgelöst.

Doch seine utilitaristische Argumentation kann auch als Teil einer Selbstzerstörung westlicher Identität verstanden werden. Denn die jedem Menschen unbedingt zustehende Würde macht aus der zur Freiheit berufenen, sich selbst schaffenden Gattung etwas ganz Besonderes. Gewiss: Wenn man diese Prämisse ohne Bedingungen wie Bildung und Urteilskraft in Umlauf bringt, ist die berechtigte Warnung nicht weit, der neuerungssüchtige Mensch neige zur Hybris. Seine schnell errichteten Konstruktionen könnten sich ebenso rasch als Kartenhäuser entpuppen und seine als „evident" erlebten Einsichten als bloße Illusionen (*Wohlrapp*).[80]

Es gehört zur Klugheit einer mit Vernunft gesegneten Gattung, die natürliche Ordnung (theologisch: Schöpfungsordnung) schonend und mit Mitgefühl zu behandeln und nicht zerstörerisch zu Werke zu gehen. Wenn aber Selbstkritik überhand nimmt, kann das Pendel, das zuerst im Sinne einer instrumentellen „Ver-Nutzung" der Welt ausschlug, jetzt in die Gegenrichtung einer Verdrängung des Menschen ausschlagen, hinaus aus dem Mittelpunkt der Weltordnung. Nicht mehr das Subjekt in seiner unvorhersehbaren freien Entscheidung zählt, sondern irgendwann nur noch die Gattung als Diener der Schöpfung, die wiederum von Anwälten vertreten wird.

Die Entwertung der Würde des einzelnen Menschen versteckt sich hinter einer Nivellierung von Mensch und Tier. Jedenfalls versteht es *Singer* so, wenn er sagt:

> „Nicht die Zugehörigkeit zur Spezies Mensch macht es moralisch falsch, ein Lebewesen zu töten. Warum sollten alle Angehörigen der Spezies Homo sapiens ein Recht auf Leben haben und andere Spezies nicht? Diese Idee entspringt bloß unserem religiösen Erbe. Uns ist jahrhundertelang beigebracht worden, dass der Mensch nach dem Bild Gottes geschaffen wurde, dass Gott uns die Herrschaft über die Tiere gegeben hat und dass wir unsterbliche Seelen haben."[81]

5. KAPITEL   WÜRDE UND SCHÖNHEIT DES MENSCHEN

Und wenn einmal die große Erzählung der westlichen Neuzeit herausgefordert ist, warum dann nicht das Argument von der Fauna auf
die Flora ausdehnen? Der italienische Botaniker *Stefano Mancuso* spricht
den Pflanzen Intelligenz und Sozialität zu und hält sie für ein Modell
von Modernität, weil sie den Netzwerkcharakter repräsentieren, der
Intelligenz nicht als Einzelleistung, sondern in der Kommunität entfalten lässt.[82] Die Verdrängung des Individuums aus dem Zentrum der
Welt und die Ablehnung der Sonderstellung des Menschen, entzieht
der Idee von der unantastbaren Würde des einzelnen Menschen die
ideelle Grundlage.

Wenn man den Menschen als Gattung vom Standpunkt eines radikal
zu Ende gedachten Umwelt-, Klima- oder Tierschutzes aus betrachtet,
so kann man sich die Welt als „besser" vorstellen, wenn es den Menschen gar nicht gäbe oder die verdiente Übernahme der Welt durch
die Pflanzen erwarten. Wer nicht ganz so weit gehen und trotzdem
radikal bleiben wollte, müsste sich aber eine Domestizierung und
Einpassung des Menschen in eine höhere Ordnung wünschen, in eine
Ordnung also, die nicht den frei geborenen Menschen als Krone der
Schöpfung, als Maßstab und Mittelpunkt der Welt begreift. Bevor
man mit *Singer* oder den Protagonisten eines „neuen Gesellschaftsver-
trages"[83] die Gleise der humanistischen Neuzeit verlassen und in die
Welt eines neuen Harmonismus aufbrechen möchte, der viel mit dem
europäischen Mittelalter und der Vorliebe gegenwärtiger chinesischer
Funktionäre für Konfuzius zu tun hat, sollte man das bislang tragende
Fundament noch einmal näher betrachten.

Posttotalitäre Verfassung und Geist der Aufklärung

Das Bundesverfassungsgericht hat in seinen großen systematischen
Entscheidungen den Menschen mit seiner Würde und seinem Entfal-
tungsanspruch in den Mittelpunkt der Rechtsordnung gerückt, jeden
Menschen aus gleichem Recht. Das Grundgesetz hat damit 1949 auf

ZWEITER TEIL   NORMATIVE SIGNATUR DER GEGENWART

die Erfahrung der nationalsozialistischen Diktatur und der totalitären Bedrohungen des 20. Jahrhunderts reagiert. Das Grundgesetz wollte zu den Wurzeln neuzeitlicher Freiheit zurück. Diese Wurzeln finden sich im Renaissance-Humanismus des 15. Jahrhunderts und sie haben einer ganzen Epoche, sie haben dem was wir Westen und westliche Werte nennen, ihre Signatur gegeben. Das 1949 in Kraft getretene Grundgesetz atmet den Geist einer durch die Totalitarismen des 20. Jahrhunderts aufgeklärten Verfassung und schlägt kontrolliert, aber bewusst den Funken des außerrechtlichen normativen Diskurses. Die Präambel stellt die verfassungsgebende Gewalt des Volkes in die höhere Verantwortung vor Gott und den Menschen. Sie richtet die konzeptionell unbegrenzte Souveränität auf die Einheit der Staatenwelt und den Frieden der Völker. Der Vorspruch verzichtet damit auf das, was noch der preußische Staatsphilosoph *Hegel* für das eigentliche Kennzeichen des souveränen Staates hielt: Frei über den Krieg zu entscheiden.[84]

Das überpositive Recht wird darüber hinaus nicht nur in der Rede von Gesetz und Recht in Artikel 20 Abs. 3 GG und im (später eingefügten) Widerstandsrecht des nachfolgenden Absatzes deutlich, sondern vor allem in der einzigartigen Stellung der Würde des Menschen. Jene so verletzliche, aber in Artikel 1 Abs. 1 Satz 1 GG trotzig als „unantastbar" erklärte Würde eines jeden, ausnahmslos jeden einzelnen Menschen. Das Grundgesetz hat ein Menschenbild, und von dort abgeleitet ein Gesellschaftsbild verfasst, das im Angesicht der Hölle von Auschwitz auf jene Grundfesten der westlichen Neuzeit, auf die Dignatas Humana zurückführt. In den erklärenden Worten des Bundesverfassungsgerichts:

> „Gegenüber der Allmacht des totalitären Staates, der schrankenlose Herrschaft über alle Bereiche des sozialen Lebens für sich beanspruchte und dem bei der Verfolgung seiner Staatsziele die Rücksicht auch auf das Leben des einzelnen nichts bedeutete, hat das Grundgesetz eine wertgebundene Ordnung aufgerichtet, die den einzelnen Menschen und seine Würde in den Mittelpunkt aller seiner Regelungen stellt. Dem liegt die Vorstellung zugrunde, dass der Mensch in der Schöpfungsordnung einen eigenen selbständigen Wert besitzt [...]."[85]

5. KAPITEL WÜRDE UND SCHÖNHEIT DES MENSCHEN

Gründungsdokumente der republikanischen Demokratie und naturrechtliches Menschenbild

Wenn man verfassungsgeschichtlich sucht, ist das eine Anknüpfung an andere große Menschenrechts- und Verfassungsdokumente der naturrechtlich sich fundierenden Aufklärung und eine Neuformulierung dieser bekannten Quellen. An Präzision unübertroffen ist dabei die französische Erklärung der Menschen- und Bürgerrechte[86] mit ihrem Artikel 1 Satz 1:

> „Die Menschen sind und bleiben von Geburt frei und gleich an Rechten."

Das ist die Prämisse auf der alles ruht, auch die Republik:

> „Das Ziel jeder politischen Vereinigung ist die Erhaltung der natürlichen und unveräußerlichen Menschenrechte. Diese Rechte sind Freiheit, Eigentum, Sicherheit und Widerstand gegen Unterdrückung."[87]

Das Leitbild der Französischen Revolution war nicht die gängige Parole „Freiheit, Gleichheit, Brüderlichkeit", die erst im 19. Jahrhundert virulent gemacht wurde. Es war vielmehr das Diktum, dass die Menschen frei und gleich an Rechten geboren sind. Das ist der mit der politischen Aufklärung neu markierte Ausgangspunkt der neuzeitlichen Gesellschaft. Diese Ordnung hat ihre bis heute gültige Gestalt im Zeitalter der Aufklärung, des englischen Parlamentarismus, der amerikanischen Unabhängigkeit und der französischen Revolution gefunden. Das Grundkonzept liegt in einer Gesellschaft der gleichberechtigten Individuen, die sich selbst nach ihren Plänen entfalten und entwerfen, dabei den jeweils anderen mit seinen korrespondierenden Rechten zu achten haben.[88] Der Staat – sofern er überhaupt konzeptionell als bedeutsam auftritt – ist dabei auf seine Kernfunktion beschränkt, diese Ordnung der persönlichen Freiheit zu garantieren und zu schützen.

ZWEITER TEIL   NORMATIVE SIGNATUR DER GEGENWART

Aufklärung als Zwischenetappe des neuzeitlichen Entfaltungsprogramms

Die amerikanische Unabhängigkeitserklärung und die französische Menschenrechtserklärung schöpfen ihre enthusiastische Festigkeit aus einem naturrechtlich beglaubigten Menschenbild. Dieses Menschenbild hat – insoweit hat *Singer* Recht – religiöse Wurzeln.[89] In der Aufklärung des 17. und 18. Jahrhunderts sind diese religiösen Wurzeln aber längst zu einer naturrechtlich verweltlichten Überzeugung kondensiert, die nicht länger mehr theonom argumentiert. Und doch lohnt es sich, ideengeschichtlich in die Zeit zurückzugehen, aus der auch die politische Aufklärung ihre geistigen Impulse bezieht. Denn bei all ihrer Prägekraft auf die Gegenwart ist die Aufklärung des 17. und 18. Jahrhunderts nur *eine* Etappe in der 500-jährigen Geschichte der Neuzeit.

Die Aufklärung fixiert den bis dahin erreichten Entwicklungsstand, transformiert ihn zu einem politisch wirkmächtigen Programm. Dabei verengt die politische Aufklärung im 18. Jahrhundert (wie jede erfolgreiche evolutionäre Selektion) auch den geistigen Bestand, wie er seit Renaissance, Reformation und rationalem Zeitalter in die Welt gekommen war. Wer nach den eigentlichen Wurzeln der westlichen Neuzeit sucht, stößt auf den Renaissance-Humanismus, der sich im 14. und 15. Jahrhundert vor allem in Oberitalien, aber auch in Flandern und anderen europäischen Handelsgegenden entwickelt hat.

Die Zeit des Renaissance-Humanismus als eigentliche Geburtsstunde der westlichen Neuzeit

Der Renaissance-Humanismus insbesondere des 15. Jahrhunderts ist der geistige Boden, der das Mittelalter beendet und die Neuzeit gerade auch durch ein neues Menschen- und Weltbild beginnen lässt.[90] Ent-

5. KAPITEL WÜRDE UND SCHÖNHEIT DES MENSCHEN

scheidend ist das Selbstbild des Menschen. Bei allem kühnen Rückbe-
zug auf antike Vorstellungen des edlen Menschentums bei *Aristoteles*,
Platon und der *Stoa*, wird doch etwas tatkräftig Neues daraus, das mit
dem Mittelalter epochal bricht. Das Mittelalter war zwar reicher,
bunter und vielfältiger, als es seine demagogische Herabsetzung als
„dunkles Zeitalter"[91] suggeriert. Aber als „aetas christiana"[92] hatte
das Mittelalter doch neben optimistisch frommen Zügen auch starke
Tendenzen zu überzogenem Glaubenseifer und vor allem (in Kon-
frontation mit allgegenwärtiger Gewalt und Sünde) auch zu einem
negativen Menschenbild.

Die religiös nahegelegte Distanz zum *Diesseits* verschärfte das negative Menschenbild. Die diesseitige Welt geriet zum Warte- und
Bewährungsraum der „Kinder Gottes".[93] Der christliche Glaube an
Erlösung, an den Jüngsten Tag und das Jenseits im Sinne einer Heils-
erwartung korrespondierte mit der Betonung der „Erbsünde" und
der Sündhaftigkeit der menschlichen Natur: Positive und negative
Wertsetzung von Jenseits und Diesseits prägten paradigmatisch die
Weltwahrnehmung. Das antike lateinische geistige Erbe war dabei
über *Augustinus* auf eine christliche Verengung des *Aristoteles* sowohl
bewahrt wie auch reduziert.

Merkantilisierung, Kunst und Wissenschaft

Die Reduktion sowie das kirchlich und theologisch gehaltene Zu-
gangsmonopol zu den geistigen Schätzen der Antike wurden durch
das wachsende Selbstbewusstsein der merkantilen Zentren des spät-
mittelalterlichen Europas, vor allem[94] in den oberitalienischen Städten
durchbrochen. Der Niedergang des byzantinischen Reiches brachte
Intellektuelle wie *Manuel Chrysoloras*, den Lehrer *Giannozzo Manettis*[95]
nach Italien und mit ihnen den verstärkten sprachlichen und praktischen Zugang zur antiken griechischen Philosophie, aber etwa auch
zu Schriften des *Cicero* und damit zur römisch-republikanischen
Denkweise. Dort in Florenz oder Venedig trafen die Ideen auf das

ZWEITER TEIL   NORMATIVE SIGNATUR DER GEGENWART

wirtschaftliche, politische, künstlerische Interesse und auf die Möglichkeiten der wohlhabenden Stadtrepubliken sowie auf einen geistig fruchtbaren Boden, der seit dem 13. Jahrhundert etwa mit der Dichtung *Dante Alighieris* gut bestellt war.[96] Im stadtstaatlich fruchtbaren Klima von Rendite und Konkurrenz, Herrschaft und Kampf, Religion und Laster, Handwerk, Kunst und Vergnügen, Wissenschaft und Aberglaube wuchs das, was *Jürgen Mittelstraß* als Leonardo-Welt bezeichnet: Das Zusammentreffen von akademischer Schultradition und Handwerkskunst als Voraussetzung für die Verselbständigung und den Erfolg des rationalen wissenschaftlich-empirischen Weltbildes.[97]

Die Lebenswelt des merkantilen Stadtbürgertums

Der Renaissance-Mensch beobachtet nicht allein kontemplativ. Er handelt,[98] und zwar aus der selbstbezüglichen Perspektive seines Bewusstseins heraus. Dieser humanistische Ansatzpunkt macht es erst fraglich, was denn außerhalb des eigenen Bewusstseins überhaupt mit Wirklichkeitsanspruch behauptet werden kann: Der Zweifel entsteht mit der Vereinzelung der Perspektive und das naturwissenschaftliche Experiment, der Empirismus, wird zu einer deshalb notwendigen Rückversicherung für Realitäts- und Sozialitätsbezug.

Wie kam man in den oberitalienischen Stadtrepubliken mitten aus der Realität eines noch in weiten Teilen Europas mittelalterlich integrierten Sozialverbandes heraus zu solch umstürzenden Einsichten und zu solch konstruktivistischen, kontrafaktischen Entwürfen? War nicht auch die soziale Welt Oberitaliens noch genauso wie der überwiegende Rest Europas von kirchlich typisierter Frömmigkeit, Familiengebundenheit und den Wechselfällen politischer Gewalt beherrscht? Wie konnte man in dieser kulturellen Matrix überhaupt darauf kommen, das Individuum zu verherrlichen und gegen alle offenkundige Gemeinschaftsprägung, gegen seine erwiesene Sündhaftigkeit und die tagtägliche Erfahrung des Ausgeliefertseins die selbstbestimmte persönliche Freiheit als das entscheidende Gattungsmerkmal behaupten?

In den oberitalienischen Städten, vor allem in Florenz und Venedig, war – mit langer Vorlaufzeit merkantiler und scholastischer Prägung – seit dem 13. Jahrhundert, im kulturellen Ausdruck angefangen mit *Dante* über *Francesco Petrarca*, wie in einem Labor etwas Neues gewachsen. Die Macht der Kirche und des Kaisers waren nicht vernachlässigenswert, aber auch nicht determinierend. Die großen politischen und geistlichen Autoritäten ließen – mehr durch eigene Konkurrenz erzwungen als aus freien Stücken gewährt – eine genügend lange Leine. Durch Fernhandel und Kreuzzüge waren die Städte reich und selbstbewusst geworden, mit handfester ökonomischer, politischer und maritimer Perspektive.[99] Kaufleute, Seefahrer und Republikfürsten hatten im Wirtschaftsleben und der Politik das Rechnen und Kalkulieren gelernt, das Finassieren, die Lust am Expandieren und die machtpolitische Durchsetzung der eigenen Interessen. Hier wächst eine – in der Vitalität den antiken Republiken Griechenlands und Roms ähnliche – stadtbürgerliche Kultur neu. Es handelt sich um eine Kultur, der ihre praktischen Interessen klar vor Augen stehen. Auch die tonangebenden Schichten dieser Stadtrepubliken haben keineswegs mit dem christlichen Deutungssystem der Welt gebrochen, sondern suchen in dieser Tradition nach einem Sinn, der mit ihrer neuen Lebenswelt in Einklang zu bringen ist.

Antike Philosophie und Geldwirtschaft

Der oberitalienische Kontakt mit der im Mittelmeer vorherrschenden arabischen Kultur, ebenso wie mit der griechisch-oströmischen von Byzanz,[100] brachte Anregungen und geistige Weite. Die Eroberung Konstantinopels im Jahr 1204 macht die klassischen Texte der Antike vermehrt zugänglich.[101] Die räumliche und sprachliche Nähe zur eigenen großen römischen Geschichte ließ das Interesse an den antiken Quellen und kulturellen Ausdrucksformen erwachen: Rinascimento. Die früh deutlich entwickelte Geldwirtschaft der Banken und Handelshäuser erreichte ein Niveau, das man bereits in durchaus modernem Sinne als Ausdifferenzierung des finanzwirtschaftlichen Systems bezeichnen kann: Wer Geld hatte, konnte prinzipiell nach eigenen Vorstellungen leben, aus der ganz anderen Perspektive des Mittelalters keineswegs selbstverständlich. Und Geld konnte man erwerben, nicht nur als Künstler durch Auftraggeber und Mäzene, sondern durch eigene Geschäfte, eigene riskante Unternehmungen, auch auf Kredit und Wechsel. Individuelle Freiheit in unserem modernen Sinne konnte erst gedacht, weil erfahren werden, als die entwickelte Geldwirtschaft und die Institutionen des geschützten, aber verkehrsfähigen Eigentums, die Vertragsautonomie und ein Minimum an Rechtssicherheit es erlaubten, strategisch eigenwillig zu handeln.

Die Geldwirtschaft verleiht bereits der antiken Polis ihre Eigentümlichkeit, als maßgeblicher „Teilaspekt eines Prozesses der Verrechtlichung, Quantifizierung und letztlich Rationalisierung von sozialen Beziehungen, in dessen Verlauf die Polis sich Zugriff auf immer mehr Lebensbereiche verschafft".[102] Für *Aristoteles* ist Geld immerhin ein Instrument, wenn nicht Ausdruck der gerechten Verfassung in der Polis.[103] Und das zwischen den Zeitaltern existierende Byzanz bleibt dem spätrömischen Geldsystem verhaftet und diskutiert Abwertungen und die Begrenzung des Wuchers auf der Grundlage der von *Justinian* erlaubten Zinssätze.[104] Die Geldwirtschaft war immer ambivalent, das ewige Problem des Wuchers und die heftige Kritik bis hin zu Pogromen sind Vorläufer der Kapitalismuskritik des 19. Jahrhunderts. Zugleich aber − und das ist entscheidend − ist die Tauschgerechtigkeit des Geldes das maßgebliche sich immer stärker gesellschaftlich einschleifende Muster für die Förmlichkeit einer vertragsbasierten Privatrechtsgesellschaft.

Das, was sich dann in allen Städten des europäischen Mittelalters abzeichnete, das Wachsen und Wiedererwachen einer eigenwilligen stadtbürgerlichen Kultur − merkantil, nach Außen gerichtet, utilitaristisch, zweckrational, mitunter auch kriegerisch −, war in Venedig, Genua und Florenz, aber auch in London, Brügge, Lübeck oder Paris über Jahrhunderte besonders kraftvoll gewachsen und wechselte in Oberitalien den Aggregatzustand, wurde innovativ, interferierte mit der niederländischen Handelskultur und dem der Hanse und wurde ebenso herausfordernd wie beispielgebend vor allem für die neuen westlichen Territorialstaaten England und Frankreich, trieb die Gier nach Gold und Silber in Spanien und Portugal.

Freiheit als besondere Würde der Gattung

In diesem Umfeld veröffentlichte der junge, umfassend gebildete *Pico della Mirandola* seine knappe Programmschrift „Oratio de hominis dignitate", die gegen Ende des 15. Jahrhunderts veröffentlicht wurde und wohl die Einleitungsrede zu einer großen Disputation von über 900 Thesen mit den Gelehrten Europas und Roms sein sollte.[105] Wenn man nach einer Quelle sucht, die die Würde des Menschen beschreibt, so wird man vermutlich keinen konziseren Text finden, der zugleich den Aufbruch in die Neuzeit markiert. Den humanistischen Aufbruchsgeist seiner Zeit hat *Pico della Mirandola* so beschrieben:

> „Ein heiliger Ehrgeiz dringe in unsere Seele, dass wir, nicht zufrieden mit dem Mittelmäßigen, nach dem Höchsten verlangen und uns mit ganzer Kraft bemühen es zu erreichen – denn wir können es wenn wir wollen."

„Quando possumus si volumus" ist ein Leitsatz in der programmatischen Schrift *Picos* „Über die Würde des Menschen", die *Jacob Burckhardt* als eines „der edelsten Vermächtnisse jener Kulturepoche" bezeichnet hat.

Es ist schwer zu sagen, was bei *Pico* Prämisse, Konstituens (Substanz) oder Akzidenz ist.[106] Vielleicht war damals manche theonome Begründung eine Konzession an Rom. Wahrscheinlicher aber spiegeln sie seine durch Bildung und Kontakt zu anderen Religionen sublimierte Glaubensüberzeugung im Geist der Zeit,[107] einen Geist, der die scharfen Unterscheidungen der Neuzeit aus der thomasischen Einheit christlichen Glaubens und menschlicher Vernunft gewinnt und zunächst noch innerhalb dieses Horizonts argumentiert.[108]

ZWEITER TEIL   NORMATIVE SIGNATUR DER GEGENWART

Das Grund-gebende, das Axiomatische[109] bei *Pico* ist der Glaube an die Gottesebenbildlichkeit des Menschen als sinnerfüllende Krone der Schöpfung: Das ist der Ausgangspunkt, den jemand wie *Peter Singer* heute frontal angreift. In der Geburtsstunde der Neuzeit wird der Mensch nach der Genesis als Beherrscher der Natur in die Welt gesetzt und von Gott als ihm gleich beseelt ausgezeichnet. Die biblische Botschaft ist, auch wenn keine Gottes*identität* gemeint sein kann (also der Mensch sich nicht selbstüberschätzend als Gott begreifen darf), in diesem Verständnis eigentlich etwas für die damalige Zeit Ungeheuerliches. Denn die Schöpfungsgeschichte wird nicht als abgeschlossene Erzählung und ein für alle Mal fixierte und kausal alles Zukünftige determinierende Ursache menschlichen Seins verstanden, sondern als offener Gestaltungsauftrag an die Zukunft. Der Mensch ist danach von Gott *unbestimmt* geschaffen, mithin schon im Schöpfungsauftrag dazu verpflichtet, etwas aus sich zu machen, über sich hinaus zu wachsen, sich den göttlich mitgegebenen und maßstabgebenden Anlagen als würdig zu erweisen.

Schöpfungsgeschichte als Auftrag zur Selbstschöpfung

Die Schöpfungsgeschichte wird so zu einem permanenten Selbst-Schöpfungsauftrag umgedeutet. Die dem Menschen mitgegebenen Qualitäten sind nicht nur Schicksal, das jeder in Demut hinzunehmen hat. Jede Frau und jeder Mann haben die Fähigkeit und den Auftrag zur „Weiterschöpfung" der Welt. Sich selbst zu bilden, zu lernen, zu bessern und von da aus die Welt zu gestalten, ihr ein menschliches Antlitz zu verleihen: Das ist der mächtige Antrieb für Malerei, Bildhauerei und Literatur. Aus dem fernen unerreichbaren Gott, der auf die Menschen wie unmündige Kinder herabschaut und ihr Schicksal lenkt, wird ein Geist, der in den Menschen nach vorne drängt, sie selbstexpansiv über sich hinaus wachsen lässt. Gesetze der Natur entdecken und nach dem Bauplan die vorgefundene und erkannte

Welt neu vermessen und neu erbauen: Das ist der Humus der Leonardo-Welt.[110] Aus der Transzendenz der Jenseitserwartung wird die selbsttranszendierende Tugend des Menschen als Künstler, die in der Gottesebenbildlichkeit gestiftet ist.

Dieser Ur-Impuls des westlichen Menschenbildes betrachtet demnach den Menschen nicht als fertiges, von Gott so determiniertes Geschöpf, genetisch begrenzt wie die Pflanze oder das Tier, sondern als von Gott so unbestimmt mit der Freiheit eigenen Willens geschaffen. Theologisch gesehen hieße das: Die Menschen müssen sich selbst bestimmen, um zu dem zu werden, was Gott ihnen als offenen Auftrag zugedacht hat. In der Sprache des 20. Jahrhunderts: Der Mensch ist im Gegensatz zu der biologischen Eindeutigkeit des Tieres „zu biologischer Mehrdeutigkeit emanzipiert" *(Plessner)*.[111] Man spürt an dieser Wurzel der westlichen Identität, warum Freiheit nicht irgendein Attribut oder ein Wert unter vielen ist, sondern das erkennende Selbstverständnis der Gattung schlechthin ausdrückt. Wenn der Mensch sich nicht mehr selbst entfalten kann, sich nicht täglich neu erfinden und deshalb nicht über sich hinaus wachsen kann, weil die Enge der Gesellschaft oder konkrete Machtlagen ihn daran hindern, wenn ihm bürgerliche Freiheiten und das Recht auf demokratische Selbstregierung vorenthalten werden, dann kann er nicht aufrecht und in Würde leben.

Und (noch immer im theologischen Horizont): Weil das Ergebnis der menschlichen Weiterführung der Schöpfung offen, nicht determiniert ist, kann Gott nicht eingreifen in seine Schöpfung, er kann nur Zeichen geben, andernfalls würde er die Idee des Menschenwesens dementieren und müsste den Irrtum seiner offenen Schöpfung eingestehen.[112]

Freiheit und ihre faustische Verführung

Das *mirandolische Axiom* gewinnt seine weltverändernde Wucht aus der religiösen Grundierung, der Mensch sei gottesebenbildlich geschaffen. Das konnte *Pico* in seiner Zeit des späten 15. Jahrhunderts

ZWEITER TEIL   NORMATIVE SIGNATUR DER GEGENWART

mit seinem talmudischen, theologischen und philosophischen Wissen aus Bibel und Autoritäten überzeugend ableiten. Wenn der Mensch gottesebenbildlich ist – und da beginnt schon die raffinierte *neuzeitliche* Methode des Schlussfolgerns – dann muss er doch eigentlich auch in dieser Welt die verliehene Schöpferkraft anwenden. Dann kann er auch den wesensverwandten Bauplan Gottes erkennen und mit diesem Wissen der Naturgesetze nach seinem Willen die Welt schaffen: Und hat nicht deshalb Gott den Menschen jene Freiheit mit ihren faustischen Verführungen gegeben, damit sie ihre Welt schaffen und in ihrer Unbestimmtheit den Schöpfungstelos erfüllen? Die Faustische Verführung der Freiheit ist ebenso ein notwendiger Begleiter, wie es die Möglichkeit des Scheiterns sein muss. Sein Schicksal selbstbewusst gestalten, verlangt die Fähigkeit zur Demut. Wer sein Herkunftswissen verliert, der überschätzt die Möglichkeiten des Wissens, des Wollens und des Bewirkens. Sein Wille wird reiner Wille zur Macht.[113] Je mehr die technischen Möglichkeiten des Menschen wachsen, desto gefährlicher werden die Folgen des stets mitlaufenden Irrtums und desto größer die Gefahr der Selbstüberschätzung und Selbstvergöttlichung des Menschen.[114] Als *Goethe* den Faust schrieb, hat er ganz im letztlich rezeptiven Stil der Aufklärung etwas aus den Fundamenten der Neuzeit herausgegriffen und genial modelliert. Die „Historia von D. Johann Fausten" war eine Überlieferung, die 1587 in einem Volksbuch erstmals publiziert wurde.[115]

Die Warnung vor Selbstüberschätzung und die Mahnung zur Demut ist ein ständiger Begleiter der neuzeitlich-westlichen Entwicklung. Die Präambel der deutschen Verfassung kann in ihrem Gottesbezug genauso gelesen werden.[116] Wobei manch aktuelle Mahnung, wie insbesondere des Papstes, in der Formulierung so stark ausfällt, dass womöglich zu dem Missverständnis eingeladen wird, es handele sich um ein Dementi der Prämisse:

> „Wenn der Mensch sich selbst ins Zentrum stellt, gibt er am Ende seinen durch die Umstände bedingten Vorteilen absoluten Vorrang, und alles Übrige wird relativ. Daher dürfte es nicht verwundern, dass sich mit der Allgegenwart des technokratischen Paradigmas und der Verherrlichung der grenzenlosen menschlichen Macht in den Menschen

dieser Relativismus entwickelt, bei dem alles irrelevant wird, wenn es nicht den unmittelbaren eigenen Interessen dient."[117]

Ist das Oberhaupt der Römischen Kirche damit auch bei den postmodernen Kritikern angelangt und wird er einer der sich mehrenden Herausforderer der neuzeitlichen Großen Erzählung? Geschichtlich gesehen, wäre das nichts Neues, immerhin hat die Katholische Kirche der neuzeitlichen Erzählung beinah fortwährend die Stirn geboten, sie antipodisch gefordert, obwohl (oder weil?) wesentliche Aussagen aus ihrem theologischen Bestand stammen. Doch da auch der Papst mit dieser und anderen Botschaften nicht allein zum Beten anleitet, sondern vor allem politische Strategien empfiehlt und lebenskluge Ratschläge erteilt, hält er ganz offenbar an der Berufung zur Freiheit und an der Vernunft des Menschen fest, er bleibt also in der bekannten Rolle des begleitenden Ermahners.

Für den normativen Code der Neuzeit entscheidend ist die Schöpferkraft der Gattung und des Einzelnen, der aus eigenem Entschluss heraus die Welt nach seinem Bilde schafft. Freiheit ist demnach nicht ein Wert unter vielen. Sie ist streng genommen gar kein Wert, sondern mehr. Persönliche Freiheit, das Recht auf freie Entfaltung der Persönlichkeit ist das schlechthin bestimmende Gattungsmerkmal. Es ist die angeborene Freiheit, die das Menschsein ausmacht, die als Glanz jedem Menschen seine Würde gibt, selbst wenn er nicht in der Lage ist, oder zu sein scheint, sich selbst zu entwerfen. Auch wer nicht einsichts- und handlungsfähig ist oder der Sklaverei oder Tyrannei unterworfen bleibt, trägt die Potenz des Freiseins in sich, weil er aus gleichem Recht zur Gattung gehört. Weil es Gattungsmerkmal ist, kommt es nicht darauf an, ob jemand konkret und praktisch fähig ist, von der Freiheit Gebrauch zu machen, es kommt darauf an, dass er von anderen als Mensch und als Subjekt erkannt wird. Zu den Bedingungen urteilsfähigen Freiseins, gehört auch die Befähigung, die Umwelt und Mitwelt zu erkennen und zu respektieren – doch das ist nicht auf derselben konstitutiven Ebene angelegt. Der humanistisch-individuelle Imperativ, rückt eben den Menschen wegen seiner

ZWEITER TEIL   NORMATIVE SIGNATUR DER GEGENWART

(potentiellen) Einsichtsfähigkeit und seiner Begabung zur Freiheit in den Mittelpunkt.

Der Mensch ist danach dazu berufen, sich zu entwerfen, nach eigenem Bauplan. Er ist nicht fremdbestimmt durch ein Kollektiv, aber er kann ein Kollektiv wählen nach seinen Zwecken und es (mit)gestalten, von der Familie bis zur Weltrepublik. Das Erkenntnisvermögen und die instrumentell-technischen Fähigkeiten werden damit zentral, denn wer die Welt nach seinem Plan erschaffen will, braucht im Grunde (unerreichbare) Allwissenheit, jedenfalls genügende Erkenntnis von der Beschaffenheit der Welt. Das moderne Wissen ist nicht, jedenfalls nicht vorrangig, kontemplativ und selbstgenügsam. Es entwickelt sich instrumentell im Sinne technischer Naturbeherrschung, weil damit die Welt nach dem Bauplan der Menschen neu erschaffen wird. Kenntnis der Naturgesetze und technische Fertigkeiten nach dem Vorbild der Kunst werden als Bedingung der selbstschöpferischen Freiheit in den Mittelpunkt gerückt. „Natura parendo vincitur": Indem wir der Natur und ihren Gesetzen gehorchen, erkennen wir, wie wir die Natur beherrschen können, meinte der große *Francis Bacon* zu Beginn des 17. Jahrhunderts.[118]

Ästhetischer Geist der Renaissance und Konflikt mit dem Glauben

Sobald sich die humanistisch-rationale Idee durchgesetzt hatte, konnte die Leiter der Schöpfungsgeschichte weggestoßen oder die Quelle allmählich vergessen werden. Denn einmal als Prämisse der menschlichen Selbstdefinition akzeptiert, liegt hier eine axiomatische Gewissheit, die sich allein in der (selbstreferentiellen) Existenz des Menschen gründet, der Dignitas der Gattung, der Schönheit des frei geborenen und zu seinem Glück und in eine offene Zukunft hinein strebenden Menschen. Man könnte auch sagen, dass die in *Picos* Zeitalter geistig präsente aristotelische Metaphysik, wonach es einen unbewegten

5. KAPITEL WÜRDE UND SCHÖNHEIT DES MENSCHEN

Beweger gebe, in die alltägliche Welt geholt und damit zugleich das Kausalitätsdenken auf dem neuzeitlichen Weg unterstützt wurde. Dahinter wirkt aber auch der ästhetische Geist der Renaissance. Diese Ästhetik gewinnt ihre Maßstäbe aus den Proportionen des schönen, weil geistig und körperlich gebildeten Menschen. Der Geist sucht die harmonische Ordnung der Welt. Er hat sie in der Heiligen Schrift, der Offenbarung noch nicht ein für alle Mal gefunden, nicht fertig vorgefunden, sondern muss sie in den Dingen suchen und erforschen. Der Mensch betrachtet nicht einfach, dem staunenden Kinde gleich, die Schöpfungsordnung, sondern durchdringt sie forschend, auf der Suche nach ihren Geheimnissen und Bauplänen, aber auch nach den Proportionen der Schönheit, er eignet sich die Welt geistig an, damit er sie nach seinem Willen planvoll umgestalten kann.

Ein Humanismus, der sich ernst nimmt, gerät in seinem Ableitungskontext, also *nach* der Prämisse der zur Welt hin geöffneten Gottesebenbildlichkeit, unweigerlich in Konflikt mit den traditionellen Glaubensgewissheiten. Göttliche Gnade, Wunder, Offenbarung, Priestertum, Gemeinschaft der Gläubigen und die Kraft des Gebetes werden jetzt als religions- und bekenntnisspezifisch differenziert und damit aus der Mitte der Gesellschaft hinausgeschoben. Jede Religion wird mit dieser personalen Art unbeschränkter Freiheit und der unbestimmten Geworfenheit Probleme haben. Deshalb musste die römische Kirche, aber auch die Reformation[119] sich schwer tun mit dem Renaissance-Humanismus, aus dem – aus ihrer Sicht – die Hybris des Menschseins in der Unbegrenztheit der wissenschaftlich-technischen Aneignung der Welt entstand.[120] Wer die faustische Verführung nicht als notwendiges Risiko der Freiheit begreift, der wird dazu neigen, die Rolle des neuzeitlichen Menschen negativ zu sehen. Wenn der Mensch sich selbst *ohne Grenzen* zu schaffen vermag, dann können dem Freiheitsaxiom die Selbstüberschätzungen der Geschichte zugerechnet werden:

- die politische Arroganz des Absolutismus,
- die Brutalität des Imperialismus, Nationalismus und Sozialdarwinismus,

- die Menschenverachtung des kommunistischen und faschistischen Totalitarismus,
- die Gefährdung der natürlichen Lebensgrundlagen und des ausgeglichenen Weltklimas,
- die Manipulation des genetischen Quellcodes,
- die Schaffung kreativer Maschinenintelligenz,
- und die Einpassung des Menschen in seine verselbständigten technischen Artefakte, die uns vielleicht schon morgen als neue Krone der Schöpfung entgegentreten.

Kommt nach der Postmoderne das Neue Mittelalter?

Die Selbstermächtigung des Menschen kann zur Zerstörung der eigenen Prämissen humanistischer Weltdeutung führen. *Pico* selbst räumt diese Möglichkeit als Konsequenz der Freiheit ein. Wer all das bereits als Möglichkeit verhindern will, muss einen anderen Weltentwurf wählen. Er muss zurück zum harmonistischen Weltbild, das den Menschen einen zugewiesenen Platz einräumt mit dem Vorrang kollektiver Weltdeutung vor individuellem Streben nach Glück. Einiges in der Entwicklung des 21. Jahrhunderts deutet in diese Richtung einer *neo-mediävalen Harmonie*. Das christliche Mittelalter konnte anders als das vorangehende Römische Imperium oder der kommende Territorialstaat der Neuzeit nie den Frieden einer konsistenten politisch-rechtlichen Ordnung sichern und musste deshalb ideell das Ganze als harmonisch beschwören, die Einheit der Christenheit. Könnte es sein, dass unsere Zeit angesichts von Friedens- und Ordnungsverlusten ebenso geneigt ist, in harmonistische, beschwichtigende Rhetorik und Sprachregelungen mehr zu investieren als beispielsweise in den funktionsfähigen Rechtsstaat? Dass damit allerdings weniger Evolutionsrisiken verbunden sind, dürfte lediglich ein neuer frommer Glaube sein.

Christliche Weltsicht verschlungen mit antiker Philosophie

Es liegt auf der Hand, dass die religiöse und die christliche Herleitung aus der Gottesebenbildlichkeit zwar die besondere Selbstachtung der Gattung und das Gebot der Nächstenliebe als Beweis der Gottesfürchtigkeit keineswegs ausschließt, aber die Entfaltung der Prämisse in die Welt hinein nicht theonom, nicht religiös sein muss.[121] Viel spricht im Gegenteil dafür, dass der Humanismus (unabhängig vom Willen seiner Protagonisten) sich im Laufe der Entwicklung „objektiv" gegen den transzendenten Glauben richten muss. Denn das Bild vom schöpferischen Menschen kollidiert mit dem Glauben, der eine jenseitige Schicksalsbestimmung des Diesseits zumindest nahelegt. Damit entsteht eine Spannung mit der Vorstellung einer vollständigen Verantwortlichkeit des freien Menschen – ein Problem das zwischen *Erasmus von Rotterdam* und *Martin Luther* debattiert wurde. Es ist hochinteressant wie *Stefan Zweig* vor den Ruinen der totalitären Verirrungen des 20. Jahrhunderts *Erasmus von Rotterdam* als den einzigen wahren Reformator gelten lässt, weil alle anderen wie *Luther*, *Zwingli* oder *Calvin* keine Reformatoren, sondern Revolutionäre ihrer Zeit waren, denen es nicht um filigrane Reform des bestehenden, sondern um Sturz und um Rechthaben ging.[122]

Die Freiheitsprämisse *Picos* ist nicht erst mit dem Christentum in die Geschichte gekommen. Vielmehr sind die Wege der Koevolution der älteren antiken Philosophie mit dem jüngeren Christentum verschlungen.[123] Wie schon in der frühen und mittleren Kirchengeschichte hat die Ambiguität des spätantiken neoplatonischen Gedankenguts es nicht ausgeschlossen, Philosophie und Theologie zusammenzuführen oder auch gegenläufig aus ihrer Einheit heraus eine separate nicht-theonome Weltsicht zu begründen. Dabei spielt die neoplatonische Vorstellung eine beträchtliche Rolle, wonach die oberste Seinsstufe (Hypostase), der höchste Bereich der rein geistigen Welt diese *aus dem Nichts* (ex nihilo) erschafft, also unabgeleitet am Anfang steht, aber der Entwicklung ihren (konditionierten) Gang lässt. „Creatio ex

ZWEITER TEIL   NORMATIVE SIGNATUR DER GEGENWART

nihilo", die göttliche Schöpfung aus dem Nichts wurde bei *Thomas von Aquin* bereits als voraussetzungsloser Übergang vom *Nicht-Sein zum Sein* betrachtet[124] und liefert im Grunde dem Renaissance-Humanismus den Glauben an die Kraft des Konstruktivismus.[125] Im jüdisch-christlichen Verständnis wird die Schöpfung somit nicht als definierte Kreation jedes Einzeldings gesehen, sondern als Setzung der ersten Ursache – eine Art materiell-ideeller Urknall – der dann eine folgerichtige, aber nicht im Ergebnis determinierte Entwicklung in Gang setzt, die auch und in kulminierender Weise den zur Freiheit berufenen menschlichen Geist zum Gipfelpunkt des Geschehens werden lässt. Damit ist dann der Mensch in der Tat die Krone der Schöpfung, weil er seine besondere Konditionalität in der Nicht-Konditionalität (Freiheit) seiner Gattung findet.[126] Zugleich wird so der Sinn einer Schöpfung plausibel, der die kosmologische Entwicklung aus der ersten Ursache heraus entfaltet, womit allerdings der eigentliche Sinn der Schöpfung erst offenbar wird, wenn die Menschen erkennen, dass sie in einem offenen, unentschiedenen Prozess stehen.

6. KAPITEL
IMMANENTE BEDINGUNGEN DER
NEUZEITLICHEN FREIHEITSIDEE

Universalität der humanistischen Prämisse

„Du kannst zum Niedrigen, zum Tierischen entarten; du kannst aber
auch zum Höheren, zum Göttlichen wiedergeboren werden, wenn
deine Seele es beschließt."[127]

Das „Du" bei *Pico* ist jede und jeder. Keine Einschränkung nach Geschlecht, Herkunft, Religion, keine Beschränkung auf Kontext und
Zeit: Das ist universelle Selbsttranszendenz. In dieser Ursprünglich-
keit einer ersten richtunggebenden Kausalität liegt die Rechtfertigung
der humanistischen Idee und ihres wuchtigen Universalitätsanspruchs.
Denn Universalität im ernsthaften Sinne des Wortes meint sachlich
und temporär unbeschränkte Gültigkeit, ewig und allgegenwärtig in
Zeit und Raum. Durch die Wiederaufnahme des Schöpfungsimpetus
durch die Selbsterkenntnis des Menschen – d. h. als gattungsspezifisch
zur personalen Freiheit befähigt – schließt sich ein Ring. Und mit
dieser Schließung wird wegen der Undeterminiertheit des freien Willens zugleich alles zum Unbestimmten geöffnet. Solche scheinbaren
Widersprüche sind in Wirklichkeit bewusst erzeugte konstruktive
Spannungsbögen, die aus einem einzigartigen Menschenbild ihre Energie
beziehen. Sie setzen sich fort als Spannung zwischen Eigenverantwortung und Solidarität, Privatnützigkeit des Eigentums und Sozi-

ZWEITER TEIL NORMATIVE SIGNATUR DER GEGENWART

albindung, zwischen staatlicher Souveränität und völkervertraglicher Bindungsfähigkeit.

Zur Freiheit der ersten Stunde gehört dabei nicht nur, die Religion, die Konfession, die Glaubensrichtung zu wählen, sondern Gottesglaube auch gänzlich abzulehnen. Für *Erasmus von Rotterdam* bleibt Gott in seiner Gnade noch wichtig – vielleicht sogar gesteigert, weil das Unbestimmte durch Gnade auch den Freiheitsgebrauch bestimmen mag. Doch letztlich ist der humanistische Weg der Neuzeit kein theonomer mehr: Er erlaubt gerade durch die theonome Begründung der Gottesebenbildlichkeit die Lösung von seinen religiösen Bezügen.

Würde der Person, Wert der Gattung und Gleichheit der Menschen

Die neuzeitliche Bestimmung des Menschen zum Sich-selbst-Bestimmenden ist strikt personell gedacht, gerade weil sie gattungsspezifisch angelegt ist.[128] Der Mensch wird nicht in bestehenden konkreten Ordnungen (in die er hineingeboren wird) und nicht in empirisch zugänglichen Gemeinschaften gefunden, sondern kontrafaktisch frei von all seinen sozialen Bezügen gedacht: Das ist für die Vorstellung einer Gleichheit zentral, die aus dem exakt gleich bemessenen Recht zur Entfaltung folgt, und es erklärt auch die Sprengkraft eines Denkens, das alle Sozialität unter Legitimationsdruck des Archetyps des freien Menschen setzt.

Für den Renaissance-Humanismus *Picos* wird der Mensch aus allen sozial bestimmenden Prägeformen gelöst, er wird nicht als Produkt oder Element einer möglichst perfekten sozialen Ordnung verstanden. Umgekehrt ist der freie Wille die Quelle und der Bestimmungsgrund aller sozialen Artefakte. Natürlich weiß auch *Pico*, dass der Mensch nicht fertig und schon gar nicht kunstfertig auf die Welt kommt. Doch die Abstrahierung der conditio humana orientiert sich am wesensbestimmenden und wesensbestimmten Leitbild des gebildeten, wissenden, künstlerischen Menschen und an der – jedem offen stehenden – Möglichkeit, sich aus eigener Einsicht und Willensentscheidung einem solchem Ziel zu nähern: zum Höheren, zum Göttlichen wiedergeboren werden, „wenn deine Seele es beschließt".

Damit fallen die Faktizität der menschlichen Natur und die Normativität der humanistischen Prämissen zusammen. Konsequenz dieser abstrahierenden Idealisierung der gattungsspezifischen schöpferischen Potenz des Menschen ist ein aus heutiger Sicht wohltuend *indifferentes* Menschenbild, das aber zumindest subkutan die gesamte Neuzeit prägt, alles Entgegenstehende herausfordert: Keine Rasse, keine Klasse, keine Nationalität, kein Geschlecht und keine Hautfarbe, keine Herkunft und kein Stand sind in *Picos* Programmschrift entscheidend (konstitutiv). Der Humanismus redet eben nur und bewusst ganz allgemein vom Menschen, was ihm von den Anhängern konkreten Ordnungsdenkens,[129] materialistischer Geschichtsgewissheiten und den Ingenieuren perfekter Sozialzustände als arge Naivität angekreidet wird, als „bürgerliche" Formal-Liberalität, als weltferner Idealismus oder als Quelle für „Humanitätsduselei".

Der Traum vom Homo Novus als Alptraum des neuzeitlichen Menschenbildes

Wer jenseits der humanistischen Gleise der Bildung, der sozialen Offenheit, des sittlichen Strebens zur Anerkennung des Anderen und der eigenen Vervollkommnung einen neuen Menschentyp erst produzieren will, um seine perfekte Gesellschaft zu verwirklichen und das Ziel des *homo novus* dann mit politischer Herrschaftsgewalt, mit sozial- oder gentechnischen Methoden verfolgt, stellt sich außerhalb des Paradigmas von Humanismus, Rationalismus und Aufklärung.

Natürlich darf und muss sich ein politisches Gemeinwesen selbst konkret in seiner Existenz begreifen und Menschen in ihren konkreten Lebenslagen sehen und auch unterschiedlich behandeln; den einen vielleicht besser fördern, den anderen stärker belasten. Immer wieder zum Augenmaß mahnender normativer Ausgangspunkt sollte aber

ZWEITER TEIL   NORMATIVE SIGNATUR DER GEGENWART

stets die schöpferische und unberechenbare Freiheit des einzelnen Menschen und nicht die *societas perfecta* sein: Keine alles vorherbestimmende, lenkende, präsupponierende konkrete Ordnung steht am Anfang, noch nicht einmal die Bestimmung zum Frieden. Denn der wahre, erste und letzte Grund aller normativen Deduktionen ist die gattungsspezifische Würde des Einzelnen, aus der Beseeltheit zur schöpferischen Freiheit resultierend. Es versteht sich beinah von selbst, dass diese Entfaltungsfreiheit auf Friedlichkeit angewiesen ist, daraus bezieht das *hobbessche* Argument seine Überzeugungskraft. Aber funktional – und das hätte *Thomas Hobbes* sofort eingeräumt – ist der Frieden von der Freiheit abgeleitet, mag er dann auch gerade durch die Freiheit gefährdet sein. Letztlich gründet der Staat nicht auf Furcht vor dem Chaos der Freiheit, sondern auf Einsicht in seine Notwendigkeit: Der Weg zu *John Locke* und *Thomas Jefferson* ist bei *Hobbes* bereits geebnet, weil er im neuzeitlichen Paradigma auf der Basis des Renaissance-Humanismus und des anbrechenden Rationalismus argumentiert. Eine Friedensordnung ist eben auf sehr unterschiedliche Weise zu erzielen – gewiss mit dem Leviathan, aber notfalls auch ohne ihn. Ganz so wie Artikel 2 der Französischen Erklärung der Menschen- und Bürgerrechte es sagt – jede politische Vereinigung muss den natürlichen und unveräußerlichen Menschenrechten dienen, also Freiheit und Eigentum, dem Anspruch auf Sicherheit und dem Recht auf Widerstand gegen Unterdrückung.

Ursprung der Gleichheit aus der Gabe zur Freiheit

Es ist gerade die Indifferenz in *Picos* Menschenbild, die den unerschütterlichen Grund für eine Freiheit bildet, *die jedem in gleicher Weise zusteht.* Die angeborene, der Gattung eigentümliche Freiheit wird nur wirklich und kann sich entfalten, wenn Menschen nicht nach Gruppen und Merkmalen präformiert sind. Andererseits gehört aber zur Freiheit der Menschen, dass die Unterschiede der Ergebnisse ihres Handelns prinzipiell akzeptiert werden, weil andernfalls ein Gebot materieller Ergebnisgleichheit die persönliche Freiheit ad absurdum führen würde. Das Kollektiv, das die Ergebnisgleichheit zu garantieren hätte, wäre konstruktiv wichtiger als die persönliche Entfaltungsfreiheit, die nur noch zu dienen, weil die Ressourcen der Gleichverteilung zu liefern hätte.

Das Recht hat deshalb die Rechtsgleichheit („Alle Menschen sind vor dem Gesetz gleich"[130]) als förmliches Freiheitsversprechen vor der vertraglichen und gegenüber der gesetzlichen Bindung formuliert, damit eine entfaltete Ordnung der Ergebnisse als differente möglich wird. Selbst wenn der Staat diese Ergebnisse im Sozialstaatsauftrag maßvoll ausgleichen darf, so ist es ihm jedoch nicht gestattet, sie nivellierend zu beseitigen oder ihr Verhältnis umzukehren. Das Bundesverfassungsgericht hat insoweit beispielsweise zur Verhältnismäßigkeit von Steuerbelastungen geurteilt, dass als Grenze der Besteuerung die Privatnützigkeit des erworbenen Eigentums und die Unterschiede in der Leistung der Einzelnen auch nach der Besteuerung erhalten bleiben müssen.[131]

Rechtfertigung inklusiven Handelns aus der gleichbemessenen Entfaltungsfreiheit

Der Gleichheitssatz, wonach alle Menschen vor dem Gesetz gleich sind,[132] aber auch aktuelle Forderungen nach Inklusion oder Antidiskriminierungspolitik, werden nur verständlich und gerechtfertigt als Konsequenz des neuzeitlichen Menschenbildes. Die Werteordnung des Grundgesetzes basiert auf dem Anspruch eines jeden einzelnen, sich als Persönlichkeit frei zu entfalten, sofern er den anderen als gleichrangiges Subjekt achtet und insofern auch im harten Streit jene Toleranz zeigt, die die Substanz einer Republik der Freien ausmacht. Der Gleichheitsgrundsatz seinerseits stammt aus dem Menschenbild des Selbst-Schöpfungstelos und ist deshalb nicht ergebniszentriert, sondern freiheitszentriert. Die Ordnung, die der Verfassungsstaat gewährleistet, ist nicht in einem gleichsam postabsolutistischen Sinne

ZWEITER TEIL   NORMATIVE SIGNATUR DER GEGENWART

beliebig, auch nicht für die demokratische Mehrheitsentscheidung.
Die Grundrechte sichern Privatsphäre und einen Ordnungsraum der
Freiheitsentfaltung; diesen hat der Staat zu garantieren, er darf ihn
nicht deformieren. Die bürgerliche Privatautonomie, die Institution
des Privateigentums und des Vertragsrechts sind gewiss demokratisch
gestaltbar. In ihrem freiheitsgewährleistenden Kern sind sie allerdings auch für den Gesetzgeber nicht disponibel, weil sie insoweit
notwendige Bedingungen für die auf Willensfreiheit zurückgehende
freie Entfaltung der Persönlichkeit sind. Alle politisch festgelegten
Ausgleichsmaßnahmen und Gleichstellungsanordnungen sind in diesem Sinne nicht nur Eingriffe in Freiheitsrechte, sondern auch in das
Gleichheitsrecht des Art. 3 Abs. 1 GG. Das sagt zwar – wie dogmatisch
üblich – gerade im Falle eines speziellen Gestaltungsauftrags wie Art. 3
Abs. 2 Satz 2 GG noch nichts über die Verfassungswidrigkeit, wohl
aber über den Prüfungsablauf aus.

Gleichstellungspolitik und Vollbetreuung

Im richtigen Verständnis des Gleichheitsgrundsatzes als Freiheits-
voraussetzung liegt auch die Rechtfertigung – aber ebenso das Problem – einer Gleichstellungspolitik, die bestehende Unterschiede mit
dem staatlichen Gewaltmonopol aufbrechen will, weil diese als überkommene Herrschaftsverhältnisse ausgemacht werden, die sich einer
gleichheitsgerechten freien Entfaltung der Persönlichkeit entgegen-
stellen. Eine solche Politik ist freiheitsgerecht möglich, wenn sie nach
Gründen und Motiven fragt und fördernd, argumentierend darauf
eingeht. Demgegenüber sind ein starres Gruppen- und Quotenden-
ken, gar die Forderung nach kulturrevolutionärem Mainstreaming,
ein Problem gemessen an der humanistischen Ausgangsprämisse. Das
Heranwachsen und Reifen der Menschen kann nicht allein in ver-
tragsrechtlichen und politischen Rationalitätsräumen stattfinden,
sondern bleibt auf emotionale Gemeinschaften angewiesen, wie die
Familie, unter Einfluss von Herkommen, Tradition und Religion.

6. KAPITEL IMMANENTE BEDINGUNGEN DER NEUZEITLICHEN FREIHEITSIDEE

Die Gesellschaft darf zwar mit Bildung, vorschulischer und schulischer Erziehung hierauf einwirken, sie hat aber auch aus der humanistischen Prämisse kein Mandat, diese traditionellen Gemeinschaften zu bekämpfen oder funktionell zu unterlaufen. Wenn in religiös, moralisch oder politisch umstrittenes Gebiet eingedrungen wird, ist von Erziehungsinstanzen Zurückhaltung, Ausgewogenheit und die Vermittlung kritischer Urteilskraft in der Auseinandersetzung verschiedener Auffassungen notwendig. Nicht jedes Schulbuch mag diesen Anforderungen entsprechen. In einem Fall wird vielleicht der Wert von Institutionen mehr in Zweifel gezogen als kritisch erklärt. In dem anderen Fall wird womöglich eine politische Sicht dominant dargestellt und andere Sichtweisen marginalisiert oder verschwiegen.

Die Forderung nach 24-Stunden-Kitas ist für bestimmte berufstypische Zwangslagen (Schichtarbeit) in einer mobilen Gesellschaft gewiss verständlich, aber am Ende des Horizonts könnte an die Stelle der alten Aufgabenteilung für Erziehung und Bildung zwischen Familie und Schule (Art. 6 Abs. 2, Art. 7 Abs. 1 GG) eine öffentliche Komplett-Betreuungskultur treten, die über kurz oder lang den eigensinnigen, manchmal widerständigen Raum der Familie einebnet. Im Übrigen kann sich in dem redlichen Bemühen, bestimmte Probleme (Integrationsprobleme etwa) durch Verlagerung in die öffentliche Erziehungsverantwortung zu lösen, auch eine immerwährende Tendenz verstärken, die der kontinentaleuropäischen politischen Aufklärung eigentümlich ist. Das Streben nach einer von Traditionsbeständen gereinigten Gesellschaft des rationalen Neuanfangs ist jedenfalls typisch für ein verengtes Verständnis von Aufklärung im Stile *Rousseaus*,[133] aber nicht für den ideengeschichtlich tiefer greifenden Humanismus, auch nicht für die ursprüngliche amerikanische Variante politisch verwirklichter Aufklärung.

Elitäre Selbstgewissheit oder Respekt vor dem anderen?

Übereifer kann schaden. Wenn in Medien, dem Netz, den Schulen an die Stelle von ausgewogener Pluralität gesellschaftsverändernder Eifer tritt, sollte immerhin die Tücke der mitlaufenden Negation berücksichtigt werden. Sie wird umso wahrscheinlicher artikuliert, desto betonter eine bestehende Differenz abgelehnt wird. Die guten Gründe und emanzipatorischen Inhalte einer Toleranzbotschaft, alle legitime Werbung für positive Werte können die sich abzeichnende Fragmentierung der Gesellschaft nicht verhindern, aber Ablehnung provozieren und subkulturelle Abwendung wie im Salafismus oder auch im christlichen Fundamentalismus produzieren.

Wer in Kitas und Schulen mit einem Erziehungsprogramm antritt, das nicht die notwendige Sensibilität für Institutionen oder traditionelle Verhaftung der Menschen mitbringt, also nicht intelligent, sondern grob zu Werke geht, wird im Ergebnis keinen überzeugen. Dann droht die Selbstabschließung der tonangebenden Eliten, die sich in ihrem umzäunten Garten der harmonischen und gut bestellten herrschenden Meinung gegenseitig bestätigen, während weiter draußen giftige Kräuter sprießen. Der bekämpfte Unterschied etwa zwischen Frauen und Männern wird jedenfalls durch jede politische Gleichstellungsmaßnahme immer auch neu verstetigt und überraschende Negation oder unerwarteter Protest durch Betonung des positiven Wertes nach systemtheoretischer Logik wahrscheinlicher. Wichtiger als eine unreflektierte Befreiungsideologie und die politische Verordnung gesellschaftlicher Zielzustände gegen das Freiheits- und das Gleichheitsprinzip, wäre eine überzeugte, nachdrückliche Erklärung des westlichen Menschenbildes. Dazu gehört die Gleichberechtigung von Mann und Frau und das verfassungsrechtliche Gleichstellungsanliegen (Art. 3 Abs. 2 Satz 2 GG), in respektvoller, aber nicht indifferenter Auseinandersetzung mit anderem Denken und Empfinden.

6. KAPITEL   IMMANENTE BEDINGUNGEN DER NEUZEITLICHEN FREIHEITSIDEE

Freiheit und Solidarität

Die einfache verfassungsrechtliche Botschaft der persönlichen Entfaltungsfreiheit als Ausgangspunkt der Dignitas humana: Das ist für die herrschende politische Auffassung kein einfaches Unternehmen. Denn beinah sofort betritt der Verdacht die Bühne, es handele sich um ein neoliberales Konstrukt oder um ein historisch längst versunkenes Menschenbild, das schon im 19. Jahrhundert durch die industrielle Revolution weggespült war und nichts mit der sozialen Wirklichkeit des 21. Jahrhunderts zu tun haben kann.

Ein tieferes, angemessenes Verständnis gelingt nur, wenn man die Ideengeschichte der Neuzeit nicht verzerrt, sie nicht bereits im Ansatz ihrer Sprengkraft beraubt, also nicht gleich von der personalen Fähigkeit zum Freisein umschaltet auf Solidarität. Der Einwand lautet dann häufig, der Mensch sei nicht zur Selbstherrlichkeit geboren, sondern ein soziales Wesen, das in Gemeinschaftsstrukturen eingebunden ist und *Solidarität* als *eigentliches* Gattungsmerkmal aufweise. Der Zusammenhalt, das Zusammenstehen wird zum Schicksalsschwur der Gattung, die sich als Gemeinschaft konstituiert.[134] Es liegt auf der Hand, dass das neuzeitliche Menschenbild nicht bereits für den vollen Ableitungszusammenhang steht, sondern eben nur Prämisse ist. Denn jedes Bild vom Menschen, das fortgezeichnet werden soll zu einem Bild der Gesellschaft, muss die Interaktion freier Subjekte und den sozialen Bindungswillen der Menschen, ihr Streben zur Gemeinschaft einblenden, genauso wie ihre soziale Empathie des Helfen-Wollens und Mitleidens. Zum komplizierten Bild gehört auch der Umstand, dass Menschen nicht sozial und kognitiv kompetent auf die Welt gelangen, sondern geboren, behütet, geliebt, erzogen und gebildet werden müssen.

Die personale Freiheit als Prämisse jedoch ist individuell und gattungsspezifisch zugleich. Das personale Freisein wird somit in seinem Wesen bestimmend für das, was den Menschen im Kern ausmacht, entweder als Stiftung eines externalisierten Schöpfers oder als Konsequenz einer impliziten Schöpfungsidee. Damit wäre dann allerdings der freie menschliche Geist, der nur im Individuum – das in seinem Selbst-Bewusstsein und in seinem Gewissen eine erste und eine letzte Instanz aller Ableitungen findet – in besonderer Weise mit der Allgemeinheit der Gattung verwoben. Es gehört eben zur Dialektik der neuzeitlichen Ideengeschichte, dass sich die Würde des Menschen in vollem Sinne als sein eigenes Streben nach Glück nur verwirklichen kann, wenn er in wechselseitiger sozialer Bindung einen öffentlichen Raum schafft und bewahrt, der diese Entfaltungsfähigkeit zum Ordnungsentwurf macht und chancengerecht ausgestaltet. Wechselbezüglich heißt dabei, dass sich der freie Wille in der Gattungsidee und der sozialen Wirklichkeit, also in der Achtung vor dem Anderen, spiegelt und konstituiert.

Die Konstituierung der eigenen Identität in der Achtung des Anderen

Den Anderen als ebenso willensfrei zu begreifen, wie man sich selbst erlebt: Das bedeutet über die transzendentalen Bedingungen eigener Existenz im Stile praktischer Vernunft nachzudenken. Das ist wesentlich, schöpft aber das Thema nicht aus. Für die Renaissance bedeutet die Erkenntnis der Gottesebenbildlichkeit in jedem Einzelnen ohne Ansehen der konkreten Person nicht nur die Anerkennung des Anderen als gleich, weil er ebenfalls über einen freien Willen verfügt. Es geht immer auch um die Empathie zum Anderen, weil jeder Mensch Angehöriger der besonders ausgezeichneten, beseelten Gattung ist. Im religiösen Kontext würde man vielleicht sagen, dass der Mensch sich im anderen Menschen nicht nur (im transzendentalen Sinn notwendig) selber achtet, sondern auch Gottes Schöpfung erkennt und die Auszeichnung der menschlichen Gattung, den Widerglanz des Göttlichen begreift und als Grund der Dignitas achtet. Man kann dieses Argument zugunsten eines verstärkten Tierschutzes und der Naturbewahrung ohne Probleme weiterdenken – ohne den kategorialen Unterschied über Bord zu werfen. An dieser Stelle wird jedenfalls die unüberbrückbare Distanz sichtbar, die das humanistische Denken vom totalitären Denken des 20. Jahrhunderts, vom Kollektivismus oder auch von *Singers* Ent-Menschlichung der Natur trennt.[135]

Aus der Würde des Einzelnen zur Würde des Menschseins

Der selbstreflexive Umgang mit einer individuellen Freiheitsdefinition, die zugleich Freiheit als Schenkung und Gnade für die ganze Gattung begreift, lässt eine Einheit entstehen, die personale Freiheit und Gattungssolidarität zusammenführt. Die Achtung der Würde für diejenigen Gattungswesen, die nicht zur Willensfreiheit fähig sind,[136] fällt dann (unabhängig von der theonomen Herkunft) auch der säkularen Rezeption etwa naturrechtlicher oder vernunftbezogener Provenienz nicht schwer. Die Übertragung von *Picos* Würdekonzeption bleibt also auch hier nicht notwendig religiös bestimmt. Letztlich stammt Sozialität aus einer doppelten personellen Leistung:

• aus selbstreflexiver Vernunft, das heißt Einsichtsfähigkeit in die soziale Bedingtheit eigenen Freiseins (Achtung des Anderen als gleichberechtigtes Subjekt)
• und der sittlichen Achtung eines jeden einzelnen Menschen – ungeachtet seiner Handlungsfähigkeiten oder Qualitäten – als Gattungszugehörigen.

Positive Anthropologie und Bedeutung der Bildung

Der Humanismus als normatives Fundament der Neuzeit ist eine *positive Anthropologie*. Er hält es für möglich, dass der Mensch sich in Freiheit zu dem macht, was er werden will, und zwar jeder Einzelne nach seinen Fähigkeiten und seinem Willen.[137] Und er glaubt, dass daraus eine helle, freundliche Welt werden kann. Natürlich weiß auch

ZWEITER TEIL   NORMATIVE SIGNATUR DER GEGENWART

der größte Optimist, dass so etwas nur gelingt in einem förderlichen
gesellschaftlichen Ambiente der guten Erziehung, der Bildung, der
Verständigung und der gegenseitigen Achtung. Dieses Ambiente ist
wichtig, ohne dass dadurch die persönliche Verantwortung für Bildung und Selbstentfaltung in den Hintergrund geraten darf. Umstän-
de können günstig oder ungünstig sein. Die soziale Ordnung ermutigt
gegen jeden Fatalismus dazu, das eigene Schicksal zu gestalten, sie
muss demnach so beschaffen sein, dass sie eine chancengerechte Entfaltungsordnung ist. Der Kreativität wird Raum gelassen im Grund-
vertrauen auf die positive Anthropologie, auf die Kräfte der Freiheit.
Gewiss: Das sittlich „Gute" muss im Horizont zumindest gut sichtbar
sein, die persönliche Urteilskraft erst einmal entstehen. Das macht eine
Rechtsordnung der Grenzziehung erforderlich, es macht Bildung und
Erziehung im neuzeitlich westlichen Gesellschaftskonzept so zentral
und so schwierig. Denn es geht um Erziehung zur Selbstverantwortung und zur Überschreitung dessen, was Lehrer mitgeben können.

Verblassende Bildungsidee

Es darf getrost als Zeichen der Schwäche des westlichen Gesellschaftsmodells gewertet werden, dass wir – von Nischen abgesehen – seit
Jahrzehnten keine Bildungsdebatte mehr führen, die diesen Namen
verdient. Eine Bildungsdebatte entsteht gerade nicht, wenn man
darüber diskutiert, wie viel Schuljahre das Gymnasium haben sollte
oder ob die Gesamtschule das dreigliedrige Schulsystem beerben soll.
Solche Strukturdebatten belasten vor allem die Praxis ohne größeren
Nutzen. Strukturelle Reformprojekte oder auch gegenläufige Vertei-
digungskämpfe sind politisch gut operationalisierbar und sozialtechnisch evaluierungsfähig, ohne etwas mit substantiellem Erfolg zu tun
haben zu müssen.

Obwohl die vielen Schulgesetze in Deutschland wortreich und an
großen Traditionen anknüpfend Bildungsziele formulieren[138], breitet
sich doch Schweigen aus, wenn gefragt wird, was der Bildungskanon

des 21. Jahrhunderts in einer globalisierten und digitalisierten Gesellschaft sein soll, mit all den Tendenzen zur Beliebigkeit und Identitätsverlusten. Die Antwort auf die schwierige Frage nach Bildung wird von Steuerungstechnikern gegeben, die aus dem wirtschaftlichen, wissenschaftlichen oder politischen System stammen. Ihre jeweils fachliche Rationalität ist wichtig, aber im Horizont begrenzt. Ein Wirtschaftsvertreter schaut auf den für ihn erkennbaren Bedarf und fordert dann beispielsweise Verjüngung der Akademiker oder internationale Harmonisierung von Bildungsabschlüssen, ein Minimum an Sprachkompetenz und mathematische oder informatische Fähigkeiten und man tut gut daran, hier zuzuhören.

Doch die Anforderungen der Wirtschaft, einer veränderten Familienwirklichkeit, der Einbruch digitaler Benutzeroberflächen in den Lebensalltag, die Internationalisierung des Wirtschaftens, Regierens und Kommunizierens können nicht einfach als Input in ein Schulsystem hineingegeben werden, ohne es Schritt für Schritt zu überfrachten und entweder klassische Bildungsgehalte ohne Prüfung ihres Wertes zu verdrängen oder aber die neuen kognitiven Anforderungen zu verfehlen. Jede substantielle Bildungsdebatte wird Maß nehmen an den normativen Grundlagen des westlichen Gesellschaftssystems und sollte fähig sein, schleichende Veränderungen im Paradigma selbstbestimmter Freiheitsentfaltung zu erkennen und ihnen entgegenzuwirken – mit der Leidenschaft jener großen neuzeitlich-humanistischen Idee, schöpferisch über sich hinauszuwachsen.

Menschenmaß und methodischer Individualismus

Der selbstexpansive, der kreative Mensch ist das inzwischen arg verblasste Maß westlicher Identität. Damit sind nicht nur Künstler gemeint. Der Handwerker wächst über sich hinaus, in dem er besser wird, seine Erträge klug investiert, eine Familie gründet, liest, diskutiert. Ebenso die Ingenieurin, der Techniker, das kleine Kind und der greise Mensch – wir sehen ihre Potenziale mehr als ihre Schwä-

ZWEITER TEIL   NORMATIVE SIGNATUR DER GEGENWART

chen und achten ihre Ich-Identität, ihr personales Bewusstsein, sehen selbst dann noch Optionen, wenn keine Möglichkeiten offen scheinen. Weil wir als freiheitliche Gesellschaft an die Möglichkeit des Wahrnehmens, des Reagierens und des Wachsens glauben (hier wirkt die Vorstellung der „Seele" fort), reden Eltern mit dem Embryo zärtlich im Mutterleib, spielen ihm vielleicht wunderbare Klänge *Mozarts* vor. Deswegen reden Angehörige und Freunde mit dem Menschen im Koma, der scheinbar ohne jedes Bewusstsein daliegt, erzählen ihm, lassen ihn teilhaben an der Welt. So *achten wir den Menschen in jeder Lebenslage als Subjekt*, als jemanden, der unwiderruflich zu uns gehört.

Funktion und Anfälligkeit des Rechtsstaats

Genauso behandelt die westliche Gesellschaftsordnung den Straffälligen, gewiss mit erzieherischer Konsequenz, Prävention und geleitet auch vom legitimen Vergeltungszweck der Strafe, aber immer mit dem nur scheinbar technisch klingenden Ziel der „Resozialisierung", also dem Weg zurück in die Mitte der Gesellschaft. Dabei sollte der Zusammenhang von Rechtsstaat und Achtung der Würde des Menschen nie aus dem Blick geraten. Nur ein handlungsfähiger Rechtsstaat, der auf gesetzlicher Grundlage effektiv handelt, dem Prävention und Strafverfolgung wirksam gelingen, kann gegenüber Störern oder Straftätern jene Gelassenheit und Besonnenheit im Verfahren zeigen, die einen funktionsfähigen Verfassungsstaat auszeichnet. Erodiert die Institution des Rechtsstaats, so breitet sich nicht nur in der Gesellschaft Kriminalität und Gewalt aus, sondern dies droht auch im Staatsapparat selbst. Wenn in jüngster Zeit aus Mexiko berichtet wird, dass das Militär organisierte Kriminalität bekämpft, weil der korrupten Polizei effektives Handeln nicht zugetraut wird, und das Militär sich verhält und tötet wie in einem Kampfeinsatz, dann macht das deutlich, was jedem westlichen Land droht, wenn der Rechtsstaat erodiert. Über die Anfänge solchen Abstiegs fehlt es häufig an Bewusstsein. Wer als Bürger in Europa einer Polizeibeamtin keinen Respekt zeigt, Polizisten beleidigt, ihre Einsätze verzerrt darstellt, wer das Recht bricht, wenn keine Entdeckung droht, arbeitet bereits an der Erosion des Rechtsstaates.

Zusammenhalt als Konsequenz des Freiseins

Den Menschen als zur Änderung fähiges Subjekt zu betrachten, ist ebenso humanistisch wie die Achtung menschlichen Lebens als Gattungszugehörigen – vor allen Verdiensten und Handlungen. Eine freie Gesellschaft ist deshalb frei, weil sie die Solidarität nicht als Prämisse, sondern als Konsequenz persönlichen Freiseins begreift. Das ist ein feiner, aber wichtiger Unterschied, der in der Vergangenheit nicht immer in seiner Bedeutung erkannt wurde. Für die öffentliche Diskussion und das politische wie rechtliche Handeln ist es von entscheidender Bedeutung, ob sie im westlichen Paradigma bleibt und sich deshalb einem methodischen Individualismus verpflichtet fühlt oder aber zum methodischen Kollektivismus und damit letztlich antiwestlich tendiert. Weil die Linie verblasst ist, merkt man häufig gar nicht, wenn sie überschritten wird. So wird methodischer Kollektivismus inmitten einer betont individualistisch eingestellten Gesellschaft unbemerkt zu einer alltäglichen Einstellung und untergräbt das normative Fundament.

Beispiel: Sozialversicherung gegen bedingungsloses Grundeinkommen

Als *Bismarcks* Sozialversicherungsprojekt ab 1883 auf den Weg gebracht wurde, ging man von privatrechtlicher Freiheit im Wirtschaftsleben aus, aber auch – und das war neu – von gemeinsamer korporativer Verantwortung, damit die Existenzsicherung der Arbeiter als Anstrengung von Arbeitnehmern und Arbeitgebern geschultert und nicht einfach dem Staat als Wohlfahrtsaufgabe übertragen wurde. Das

ZWEITER TEIL   NORMATIVE SIGNATUR DER GEGENWART

Versicherungsprinzip und die gemeinsame Selbstverwaltung sind in
Deutschland wie in den meisten anderen westlichen Ländern bis heute
die festen Säulen der sozialen Sicherung. Doch der Anteil des Staates
und die von ihm angeordneten versicherungsfremden Leistungen vor
allem in der Rentenversicherung wachsen und dies lässt die normativen und institutionellen Systemvoraussetzungen verschwimmen.
Wenn das System der Renten- und Krankenversicherung zu komplex
wird, „über-steuert" erscheint, dann kommen die großen Vereinfa-
chungsvorschläge. Zum Beispiel der Vorschlag, das ganze ausdifferenzierte Sozialversicherungssystem durch einen allgemeinen Anspruch
gegen den Staat zu ersetzen, wonach jeder, vom Neugeborenen bis
zum pflegebedürftigen Menschen, einen Anspruch auf Existenzsicherung hat, der bedingungslos ist, also an keine Vorleistung und
keine Gegenleistung anknüpft.[139] Ein solcher Anspruch wird sogar
von der aktuellen Rechtsprechung des Bundesverfassungsgerichts
nahegelegt, wenn der Erste Senat das Grundrecht auf Gewährleistung eines menschenwürdigen Existenzminimums aus Art. 1 Abs. 1
GG, also aus der unantastbaren Würde des Menschen *unmittelbar* ableitet.[140] Hier changiert die Argumentation zwischen methodischem
Individualismus einer Entfaltungsgesellschaft und dem methodischen
Kollektivismus einer Anspruchsgesellschaft, ohne dass das Gericht zur
Kennzeichnung des Unterschieds viel beiträgt.

Der Verfassungsstaat ist ohne Wenn und Aber verpflichtet, die Würde
des Menschen auch dort zu schützen, wo es um dessen Existenz geht:
Der soziale Rechtsstaat wendet sich nicht ab, wenn ein Obdachloser
in einer kalten Nacht zu erfrieren droht. Hilfe und vor allem Hilfe
zur Selbsthilfe ist sozialstaatlich als Staatsziel konstituiert und konkretisiert damit letztlich die Pflicht der staatlichen Gemeinschaft, die
Würde des Einzelnen zu schützen. Doch bevor bedingungslos gehol-
fen wird, müssen mit dem Gedanken einer freiheitsorientierten Subsidiarität die Potenziale persönlichen Engagements des Betroffenen und
seiner Umgebung ausgeschöpft sein. Die Hilfe muss sobald möglich
wieder auf Übernahme der Eigenverantwortung ausgerichtet werden, denn das für Erwerbsfähige geltende Leitbild des freiheitlichen

6. KAPITEL IMMANENTE BEDINGUNGEN DER NEUZEITLICHEN FREIHEITSIDEE

Sozialstaates ist nicht die dauerhaft transferabhängige und verwaltete Existenz, sondern die effektive Hilfestellung zur Rückkehr in die staatsfreie Mitte der Gesellschaft.

Aber auch hier ist der Grenzverlauf zwischen wirksamer Hilfe und paternalistischer Fürsorge nur undeutlich gezeichnet. Wenn aus der Würde des Menschen apodiktisch ein Leistungsgrundrecht gegen das Kollektiv gemacht wird, ganz ohne Erwähnung des methodischen Freiheitsprinzips der Verfassung, verführt dies leicht zu Irrtümern. Es entsteht der Eindruck, dass nicht aus der angeborenen Freiheit aller Menschen und ihrer alltäglichen Gestaltungskraft heraus die soziale Ordnung begründet wird, sondern die normative Ordnung umgekehrt von der Schutzbedürftigkeit und den Schutzansprüchen gegen das Kollektiv her entworfen wird. Dann aber wäre das politische Kollektiv, gegen das die Ansprüche gerichtet werden, letztlich wichtiger als die freie Entfaltung der einzelnen Menschen. Das Kollektiv wäre methodisch wichtiger als der Einzelne.[141]

7. KAPITEL
DER WESTEN UND DIE RELIGION –
ZUR KOEVOLUTION VON VERNUNFT
UND GLAUBE

Die politische Tendenz zur negativen Anthropologie

Gleichgültig, welche Details sozialpolitischer Diskussionen, des Verbraucherschutzes oder eines lenkenden Steuerrechts normativ analysiert werden, die Frage lautet stets: Von welchem Menschenbild geht die westliche Gesellschaftsordnung aus? Es geht insoweit nicht nur um die Unterscheidung zwischen negativer und positiver Anthropologie, sondern – darin verwoben – um die Frage, ob eine Gesellschaft ihren Ursprung im Vertrauen auf die freie Entfaltung der Menschen und ihre Urteilskraft findet. Ob sie prinzipiell auf die Fähigkeit setzt, dass die Existenz eigenverantwortlich oder zivilgesellschaftlich gesichert wird und die staatliche Gemeinschaft oder ein Herrschaftskollektiv nur fördernd oder subsidiär eintritt. Die Existenzansprüche und die Freiheiten der jeweils Anderen zu achten, ist eine Ausübungsbedingung eigener Freiheit.

Entwirft man dagegen das Gesellschaftsmodell von der Schutzbedürftigkeit her, von der Sicherheit, von Gefahren und Existenzrisiken her oder beginnt man jede Problemwahrnehmung mit der Diagnose von Benachteiligungen, dem Scheitern der Menschen, so ist das in manchen Fällen richtig und angemessen, aber man nähert sich bei undifferenzierter Ursachensuche rasch einer negativen Anthropologie und landet bei einem konstruktiven Vorrang kollektiver Einheiten, die solche Gefahren vom zerbrechlichen Individuum fernhalten. Hier laufen einige Tendenzen des Konservatismus, des Sozialismus, die Akzentuierung des Wohlfahrtsstaates oder ökologische Transformationsideen im Stile *Polanyis*[142] zusammen.

Die Politik als Funktionssystem der modernen Gesellschaft drängt immer wieder in diese Richtung, weil solche Debatten operationalisierbar (mit Verbots- oder Leistungsgesetzen regelbar) und im Blick auf die bereits bestehende Kommunikationslandschaft gut anschlussfähig sind. Im politischen Kommunikationssystem weniger gut anschlussfähig und emotional als Gemeinschaftsprojekt nur schwer für Herrschaftszwecke mobilisierbar ist jeder Liberalismus (gleich in welcher politischen Partei). Er wirkt am überzeugendsten, wenn es um Befreiung gegen repressive Akteure geht, nicht aber in einer bereits befreiten, demokratischen Gesellschaft. Dann scheint die liberale Position mitunter sogar darauf angewiesen zu sein, alte Gegner wie die katholische Kirche oder den Obrigkeitsstaat künstlich am Leben zu halten, um sie weiter bekämpfen zu können.

Negative Anthropologie als willkommene Herrschaftstechnik

Eine Überbetonung der Boshaftigkeit des Menschen ist ebenso wie die Überbetonung seiner Schutzbedürftigkeit eine paradigmatisch wesentliche Verschiebung, die in den einzelnen Debatten kaum auffällt, weil sowohl das Böse als auch die Not (nicht nur die materielle, sondern auch die seelische) in keiner Gesellschaft gänzlich verhindert, also immer thematisiert werden kann.

Jede Form politischer Herrschaft oder (allgemeiner) sozialer Ordnungsbildung mit ihren ideologischen, religiösen oder sozialtech-

ZWEITER TEIL   NORMATIVE SIGNATUR DER GEGENWART

nischen Begründungen hat die Tendenz, entweder das Negative im menschlichen Wesen oder seine Schutzbedürftigkeit hervorzuheben, um das Kollektiv und damit die jeweilige Herrschaftsordnung zu rechtfertigen und zu stärken, so wie dies der Staatsphilosoph der frühen Neuzeit *Thomas Hobbes* vor dem Hintergrund der religiösen Bürgerkriege wirkmächtig in seinem Leviathan entfaltet hat.

Der Ägyptologe *Jan Assmann* hat unter Verweis auf *Elaine Pagels*[143] dabei einen wichtigen Punkt hervorgehoben, wenn er die *negative* Anthropologie vor allem des mittelalterlichen Papsttums betont – und ihre Funktion erhellt: Danach hat die theologische Überbetonung der Erbsünde schon seit (und gerade durch) *Augustinus* den Zweck, das Christentum für staatsreligiöse Zwecke kompatibel zu machen.

> „Denn Gott, der Urheber der Naturen, nicht der Gebrechen, hatte den Menschen wohl gut erschaffen, doch der, durch eigene Schuld verderbt und dafür von Gott gerecht verdammt, hat verderbte und verdammte Nachkommen erzeugt. Denn wir alle waren in jenem einen, waren damals alle jener eine, der durch das Weib in Sünde fiel, das aus ihm erschaffen ward, ehe es Sünde gab." ... Da diese (die Fortpflanzung) „nunmehr durch Sünde verdorben, von Todesbanden umstrickt und gerechterweise verdammt war, musste hinfort ein Mensch vom anderen in dieselbe Lage hineingeboren werden. So ist denn aus dem verkehrten Gebrauch des freien Willens die ganze Kette des Unheils entstanden, die mit nicht abreißendem Jammer das Menschengeschlecht, dessen Ursprung verderbt und gleichsam an Wurzelfäulnis erkrankt war, bis zum endgültigen Untergang im zweiten Tode führen sollte, ausgenommen nur diejenigen, die durch Gottes Gnade erlöst werden."[144]

Es ist diese Interpretation des Sündenfalls, der den Menschen armselig und furchtsam, ihn klein macht und entmündigt, damit er in die Arme eines Herrschaftskollektivs getrieben werden kann, zuerst (seit *Konstantin*) in die des römischen Staates und dann die der päpstlichen Kirche. Demgegenüber knüpft der Geist der Renaissance wieder an das rabbinische Judentum und an das frühe Christentum an, die den Menschen keine Angst vor ihrer ererbten Sündhaftigkeit und Verdammnis machen. Den Menschen ins Gewissen reden, kann ein bedeutsamer Anstoß für die Bildung persönlicher Urteilskraft sein. Den

7. KAPITEL   DER WESTEN UND DIE RELIGION

Menschen aber als gewissenlos voraussetzen, ist ein altes Besteck aus dem Instrumentenkasten der Herrschaftstechnik.

Jan Assmann jedenfalls weist auf die herrschaftsbegünstigende Struktur einer negativen Anthropologie hin:

> „Elaine Pagels hat in einer meisterhaften Studie herausgearbeitet, dass diese Deutung des Sündenfalls dem rabbinischen Judentum und frühen Christentum diametral entgegengesetzt ist. Beide waren sich einig darin, dass Gott die Herrschaft der Menschheit überlassen hat und nicht – wie in Ägypten und Mesopotamien – dem König oder Kaiser. Der Mensch ist frei geschaffen und keiner Macht unterworfen."[145]

Der humanistische Ansatz, der im 15. Jahrhundert wirkmächtig wird, kann sich also mit vollem Recht als Wiedergeburt bezeichnen, als Wiedergeburt des Menschen in Unschuld und nicht in Schuld, Geburt in Freiheit und nicht in Ketten, als Herren und nicht als Knecht, als Schöpfer und nicht als Baustein. Das zur Staatskirche gewordene Christentum hatte den ethischen Intellektualismus der Griechen verdrängt, wonach derjenige am gerechtesten sei, der die größte Einsicht in die Dinge habe, nach *Sokrates* also die Philosophen. Manche mittelalterliche Position schien jene Aussage der Bergpredigt ins trivial-materielle Missverständnis zu verbiegen, wonach diejenigen selig seien, die geistig arm sind.[146] Die Renaissance begehrt dagegen auf: Der neue edle Mensch ist wieder intellektuell, Bildung die Voraussetzung für Tugend. Und die Vernunftphilosophie macht sich das positive Menschenbild bereits im Glauben an die Vernunft zu Eigen.[147]

Renaissance und Reformation: Die Koevolution von Menschenbild und Gottesglauben

Die Gegenwart meint womöglich, eine solche Erschütterung kirchlicher Autokratie habe den Humanismus und später die Aufklärung sogleich oder zwangsläufig (infolge seiner ideellen Entfaltung) auf die Bahnen des Agnostischen oder des Atheismus gelenkt, also einen naturgegebenen Kampf gegen die Religion geführt. Das trifft nicht

ZWEITER TEIL   NORMATIVE SIGNATUR DER GEGENWART

zu. Schon die alte römische Kirche wurde von der kulturellen Vitalität der Renaissance angesteckt, investierte allerdings zunächst mehr in Architektur und Kunst als in Glaubensfragen. Die neue dignitas humana, die immerhin auch im humanistischen Narrativ aus der Gnade göttlicher Schöpfung argumentiert, führte Menschen und Gott einander wieder näher: Die Freiheit zur moralischen Entscheidung war auch die Entscheidung für oder gegen Gott.

Wer glaubt, das halbe Jahrtausend der Neuzeit sei eine *lineare* Säkularisierungsgeschichte, der irrt. Der Bericht, wonach die Menschen mit Ausnahme einer Hochzeit nicht mehr in die Kirche gehen oder sich zum wöchentlichen Gebet kein einziger Besucher einfindet und dass das Alltagsverhalten viel mit Vergnügungssucht, aber nichts mit christlicher Ethik zu tun hat, stammt nicht etwa aus dem Jahr 2015 sondern aus dem Bericht eines Prädikanten in Geislingen bei Ulm aus dem Jahr 1544.[148] Wellenschläge und Pendelschläge in der Ko-Evolutionsgeschichte von Glauben und Vernunft können bessere Metaphern liefern als die gängigen linearen Formeln von der stetigen Entchristlichung, Rationalisierung und Entzauberung Europas. Damit soll nicht bestritten werden, dass sich die westlichen Gesellschaften der Gegenwart mitten in einer kräftigen Säkularisierungstendenz bewegen, aber das ist keine folgerichtige Entwicklung der gesamten Neuzeit und schließt auch nicht die Wiederkehr des Religiösen in vertrauten oder neuen Formen aus.

Es lohnt in Vorbereitung auf die kritische Darstellung des politischen Systems jedenfalls, den Konsequenzen der Dialektik von Menschenbild und Gottesfrage nachzugehen, wie das *Assmann* im vergleichenden Blick auf das alte Ägypten tut:

> „Die natürliche Staatsangewiesenheit des Menschen wird in Ägypten aber nicht nur anthropologisch, sondern auch theologisch begründet: durch die Vorstellung der Gottesferne. Auch dieser Gedanke wird mit menschlicher Schuld in Verbindung gebracht. … In einer Welt, die auf der Trennung von Menschen und Göttern basiert, bedarf es des Staates, um die Kommunikation mit der Götterwelt aufrecht zu erhalten."

106

Die Reformation reagierte auf das Problem der Gottesferne und damit auf die Herausforderung des Renaissance-Humanismus. Bei *Martin Luther* bricht sich der neue subjektive Zugang und die neue Nähe zu Gott zwar deutlich Bahn, aber er hält doch an der augustinischen Überbetonung der Erbsünde fest, weswegen er nicht nahtlos an das für den Humanismus konstitutive Prinzip individueller Willensfreiheit und positiver Anthropologie anschließen konnte. Grund und Richtung der Freiheit stammen für den revolutionären Reformator nicht aus der Verweltlichung eines im Ergebnis unbestimmten Schöpfungsaktes, *creatio ex nihilo*, sondern aus dem Wort Gottes, dem Evangelium.[149] Es ist für *Luther* in seiner Freiheitsschrift der Glaube, der gerecht macht[150]. *Erasmus von Rotterdam* antwortet mit der Schrift „de libero arbitrio diatribae sive collatio"[151] und betont die tätige Entscheidung zum Guten.

Entkräftung des Glaubens durch zivilreligiöse Tendenzen?

Können westliche Gesellschaften der Gegenwart etwas aus dieser ideengeschichtlichen Rückschau lernen? Eine Frage jedenfalls ist spannend: Könnte die Entchristlichung Europas durch Säkularisierung ebenso wie im alten Ägypten zu einer stärkeren mentalen „Staatsangewiesenheit" werden? Könnte der Staat nicht vielleicht schon unmerklich religiöse Funktionen übernommen, die Religion thematisch beerbt haben?[152] Ist das vielleicht ein Grund, warum die politische öffentliche Meinung die Kirchen unentwegt in politische Bahnen zu lenken sucht, obwohl sich diese als Religionsgemeinschaften beinah zwangsläufig aufgeben (weil dem politischen System anverwandeln), wenn sie diesen Sirensängen folgen?[153]

Christliche Kirchen nähern sich der politischen Welt und können dabei auf vormoderne historische Vorbilder zurückgreifen, riskieren aber ihre Autonomie als ausdifferenziertes Religionssystem. Dahinter steckt das Dilemma einer säkularisierten Gesellschaft, die beginnt,

ZWEITER TEIL   NORMATIVE SIGNATUR DER GEGENWART

christliche Inhalte in einer politischen Moral zu kanonisieren. Bei
funktionaler Betrachtung dürfte die Religion dem politischen System
dabei nicht folgen, sondern müsste das Seelenheil gerade jenseits der
politischen, wirtschaftlichen und rechtlichen Rationalitäten suchen
und würde in der Einsamkeit, der camouflierten Verzweiflung und
der Ortlosigkeit des zweckrational zugerichteten Menschen ein grö-
ßeres Feld finden, als die üblichen Thematisierungen der öffentlichen
Meinung glauben machen.

Salafistische Wendung im Islam als Bruch mit dem westlichen Ideensystem

Während die übermäßige Beteiligung der christlichen Gemeinschaften am politischen Prozess im Westen regelmäßig zulasten des Glaubens geht, hat der Islam mit seiner salafistischen Wendung und nach
dem politischen Sieg im schiitischen Iran seit Ende der siebziger Jahre seinen Glaubenseifer durch politische Ideologisierung exportiert.
Der Perspektivwechsel im Islam deformiert dort, wo er erfolgreich
oder gewalttätig ist, das politische System, weil er als „geschlossenes Erklärungs- und Normensystem für die Gesellschaft" (*Reinhard
Schulze*)[154], seine ganzheitliche Gesellschaftsvorstellung, in Konflikt
mit der westlichen Trennung von Rationalitätssphären geraten muss.
Die westliche Selbstwahrnehmung hat jedenfalls nicht hinreichend
verstanden, was sich mit dem Sieg *Khomeinis* und der zeitlich parallel
verlaufenden salafistischen Wende veränderte. Die traditionelle Vorstellung, der Islam sei eine religiöse Sprache, in der westliche Ideen
kulturtypisch regional übersetzt werden könnten, wurde von dieser
Tendenz aufgegeben. Der Islam sollte nicht länger ein Rezeptions-
medium für westliche Ideen sein, er sollte selbst die „Vollendung allen
ideologischen Denkens darstellen".[155] Vielleicht hat der Westen selbst
zu dieser Entwicklung beigetragen, weil seit Mitte des 19. Jahrhunderts die europäischen Staaten nicht nur handfeste Interessenpolitik
als Kolonialmächte durchsetzten, sondern auch ihre klassische Idee

7. KAPITEL DER WESTEN UND DIE RELIGION

der persönlichen Selbstentfaltung in einem marktwirtschaftlichen, bürgerlichen, rechtsstaatlich und demokratisch organisierten Raum den sozialistischen, nationalistischen und imperialistischen Ideologien wichen, die im arabischen Raum kopiert wurden, aber als Ideologien ohne ausgewogene Vernunft nur zum Scheitern führen konnten und den Ansehensverlust des Westens dramatisch beschleunigt haben. Aber die westliche Neigung selbstanklagend auf eigene Schuld hinzuweisen, verharmlost die Herausforderung, dass eine große Weltreligion erhebliche Tendenzen aufweist, sich kulturell gegen den liberalen Westen in Stellung zu bringen. Man mag in der politischen Radikalisierung des Islams seit Ende der siebziger Jahre ein letztes Aufbäumen sehen, einen letzten verzweifelten Versuch der Selbstbehauptung eines Kulturraums gegen den Sog westlicher Modernisierung: „Today radical Islamists are the last holdout against these powerful forces of modernity."[156] Doch es könnte auch mehr sein als eine Art Nachhutgefecht im Evolutionsprozess unwiderstehlicher westlicher Universalisierung der Welt. Es könnte ein Kampf um das Bild vom Menschen und seiner Gesellschaft sein, die den Westen in seiner Prämisse, seiner tiefsten Grundlegung herausfordert. Fatal wäre es nicht nur, wenn der Westen diesen Kampf falsch führt, fatal wäre es auch, wenn gerade zum Zeitpunkt der Herausforderung eine Dynamik der Selbstdemontage einsetzte.

DRITTER TEIL

GEMEINSCHAFT UND VERTRAGSGESELLSCHAFT

8. KAPITEL
GEMEINSCHAFT UND GESELLSCHAFT

Die Willkür der Einzelnen und der Ruf nach dem Staat

Wer personale Freiheit als Prämisse akzeptiert, muss erklären wie soziale Ordnung funktionieren soll. Wie soll eine Gesellschaft zusammenhalten, deren Grundmodell von der gleichberechtigten Willkür aller Teilnehmer ausgeht? Wenn jeder nach seinen Eingebungen und Plänen handelt: Auf was kann man sich verlassen, wie sollen Erwartungen erfüllt, Arbeitsteilung möglich sein, was ist mit den Kindern, den Gebrechlichen, den Schwachen? Die Aporie einer Gesellschaft der privaten Koordination, die auf dem unbedingten Vorrang persönlicher Willensfreiheit basiert, scheint auf der Hand zu liegen.

Der Staatsphilosoph des Absolutismus – *Thomas Hobbes* – beschrieb dieses Grundmodell absoluter Freiheiten der Personen im Grunde als einen Horror, als die Unfreiheit eines Naturzustandes, der letztlich Gewalt prämiert und das Faustrecht des Starken regieren lässt. Eine Gesellschaft, in der alle nach gleichem Maße frei sind, scheint weder Freiheit noch Gleichheit zu garantieren, sondern ruft übermächtig nach dem „Leviathan", nach dem starken Staat, der mit dem Gewaltmonopol, mit Regeln auch für Privatautonomie und Vertragsfreiheit, mit unabhängigen Gerichten und innerer Sicherheit die Bedingungen

DRITTER TEIL   GEMEINSCHAFT UND VERTRAGSGESELLSCHAFT

schafft, damit von freier Entfaltung der Persönlichkeit überhaupt die Rede sein kann.[157]

Das *hobbessche* Argument mit dem Ruf nach dem Staat als Bedingung des Freiseins ist letztlich richtig. Wenn die voraussetzungsvollen Bedingungen einer rechtsstaatlichen Friedensordnung entfallen oder zerstört werden, entstehen Failed States[158] und damit Räume für Gewalt und Willkür wie im Jemen, im Sudan, in Afghanistan. Es ist sogar ein Defizit westlicher Weltwahrnehmung, dass der Wert staatlicher Strukturen in einer funktionsfähigen Verwaltung, Gesetzlichkeit politischen Handelns, individuellen Rechtsschutz und allgemein in der Regierbarkeit des Landes unterschätzt wird, dennoch kommt der Ruf nach dem Staat für das Verständnis der modernen Gesellschaftsordnung viel zu schnell und unvermittelt. Der tief sitzende Reflex von der persönlichen Freiheit und ihren Voraussetzungen, ihren Begrenzungs- und Koordinationsproblemen unmittelbar auf die Notwendigkeit des Staates zu schließen, ist eine typische – und inzwischen gefährlich werdende – Verengung der Aufklärung des 18. Jahrhunderts. Im Renaissance-Humanismus ist der Blick noch weiter, schon weil es den Staat im modernen Sinne nicht gab.

Individuelle Freiheit in eine unvermittelte Beziehung zum Staat zu setzen, macht blind für andere Funktionsvoraussetzungen der modernen Gesellschaft und trübt den Blick auf subsidiäre kollektive Einheiten. Die kontinentaleuropäische Debatte in großen Ländern wie Spanien, Frankreich, Italien oder Deutschland ist sogar ein wenig neoabsolutistisch veranlagt, sie schaut immer sofort auf den Staat und traut der Gesellschaft nicht viel zu. Aber auch in Transformationsgesellschaften wie im arabischen Frühling leidet der Weg in die Demokratie unter der überzogenen Staatsfixierung gerade auch im Hinblick auf das Verhältnis von Politik und Wirtschaft: Von der Wahl erhoffen sich die Wähler unmittelbar Wohlstand im Wege einer politischen Verteilungsentscheidung und nicht als kluge ordnungspolitische Regelung der gesellschaftlichen Verhältnisse.

8. KAPITEL GEMEINSCHAFT UND GESELLSCHAFT

Kann man Gesellschaft ohne Staat denken?

Lassen wir also den Staat zunächst einfach außen vor und denken uns eine Gesellschaft, die sich selbst organisiert, vielleicht weil es sich so als naturwüchsige Ordnung ergeben hat oder sei es weil sie aus lauter vernünftigen und rücksichtsvollen Menschen besteht. Letzteres wäre eine Utopie, gewiss. Denn schon eine kleine Minderheit, die bereit ist, Gewalt einzusetzen, bringt die Mehrheit in die Defensive, lässt nach organisierter Gegen-Gewalt rufen und schon wären wir wieder bei politischer Herrschaft. Und selbst wenn man nicht gleich Gewalt in Rechnung stellt, so braucht doch jede Gemeinschaft ab einer gewissen Größenordnung, in der nicht mehr jeder jeden kennt, abstrakte Regeln und Instanzen.

Doch bleiben wir bei der Miniatur, bei der kleinen Gemeinschaft, wo jeder sich kennt und Regeln spontan änderbar sind oder unter Anwesenden durchgesetzt werden kraft moralischer Autorität. Stellen wir uns mit den Utopisten, sagen wir mit einem *Thomas Morus*[159] vor, eine kleine Gemeinschaft von Menschen wäre anders getaktet als die modernen Bewohner westlicher Metropolen, etwa weil sie unter dem Bann einer deutlich definierten und beachteten Sittlichkeit stehen, wie die *Amish People*[160], die religiöse Regeln mit Lebensregeln, sozialer Kontrolle und Gemeinschaftsethos verbinden. Menschen sind in der Lage, unter bestimmten kulturellen Voraussetzungen (meist überschaubare) staatsfreie Gemeinschaften zu bilden, deren normatives Gerüst die Folgen der Freiheit – vielleicht auch die Freiheit selbst – eng reglementiert. In solchen Gemeinschaften zählen sittliche Standards sehr viel, man weiß, wie man sich zu verhalten hat, welche Höflichkeitsregeln und Umgangsformen zu beachten sind, das Maß sozialer Kontrolle, aber auch wechselseitige Fürsorge, die Solidarität ist hoch.

Wer genauer hinschaut sieht allerdings, dass starke, zur Autonomie fähige staatsfreie Gemeinschaften je stärker sie sind, desto unvereinbarer mit dem Prinzip freier Entfaltung ihrer Mitglieder sind. Theoretisch könnten die Menschen Kraft ihrer Vernunft, ihrer Einsicht, ihrer Traditionen und ihrer moralischen Auffassungen eine Gesellschaft bilden.

Es sind weniger das Böse und die Gewalt, die einer solchen idealen Assoziation, die in kleinen Einheiten möglich ist, entgegenstehen. Mit unmittelbarer Abstimmung untereinander verliert man viel Zeit oder braucht hohen Konformitätsdruck gleichförmigen Handelns. Beides beschränkt das Komplexitätswachstum und letztlich die praktische Möglichkeit von Individualität.

Gemeinschaften auf der Basis mitgliedschaftlicher Willensfreiheit?

Das Problem wird erneut sichtbar, wenn man sich solche Gemeinschaften nicht als archaische, als emotionale, nicht als religiös fundierte, sondern als säkular-moderne denkt, und zwar bereits aufgrund der personellen Freiheitsprämisse. Sozialität kann auch auf der Grundlage von Koordination vernünftiger, gleichgeordneter Subjekte[161] in einem „entinstitutionalisierten Verständigungshandeln" (*Habermas*) entstehen. Das verlangt (wenn man nicht die Hierarchie und starke Rollenbindung traditioneller Großfamilien zur Grundlage nimmt) ein Ensemble von urteilsfähigen, verantwortlichen Persönlichkeiten, die miteinander fair in Kontakt treten. Wenn man das starke Band religiösen Glaubens, die enge und repressive Weltdeutung von Sekten, traditionelle Familienverbände oder existentielle Notgemeinschaften mit ihrem starken Kollektivdruck ausnimmt, müsste dann nicht auch eine Gemeinschaft als nüchterne Privatrechtsgesellschaft funktionieren?

Gemeinschaft und Gesellschaft

Der Soziologe *Ferdinand Tönnies* hat in seinem 1887 erschienenen Grundlagenwerk „Gemeinschaft und Gesellschaft" zwei Grundtypen der Sozialbildung unterschieden.[162] In der Gemeinschaft darf und muss sich der Einzelne als Teil eines größeren Ganzen fühlen und

8. KAPITEL GEMEINSCHAFT UND GESELLSCHAFT

sich von ihm bestimmen lassen; es zählt das Wesen der Gemeinschaft, die eine des „Blutes (Verwandtschaft) sein kann, des Ortes (Nachbarschaft) oder des Geistes (Freundschaft/Religion/Nation). Wer sich entscheidet, einer solchen Gemeinschaft (neu oder weiter) anzugehören, handelt sozial integrativ, er baut ein kleines Stück Gesellschaft als Gemeinschaft.

Sozial integrativ werden allerdings auch diejenigen, die einen Kaufvertrag oder einen Arbeitsvertrag schließen oder ihre Wählerstimme abgeben: Auch dadurch kommen Menschen zusammen, handeln durch Sinn, vermittelt mit Folgen. Im zweiten Fall ist die soziale Integration allerdings augenblicksbezogen, förmlich, vielleicht sogar kalt. Es wird keine Gemeinschaft begründet, sondern Gesellschaft technisch hergestellt. Im Fall dieser gesellschaftlichen Sozialbildung „nutzt" der Einzelne den Anderen auf instrumentelle Weise, etwa im Vertragsschluss, es entsteht zwar eine Verbindung, aber eine im unterschwellig fortbestehenden Interessengegensatz. Es handelt sich um eine (materiell eher dissonante) formelle Verbindung und keine dauerhafte Gemeinschaft, schon gar keine Schicksalsgemeinschaft mit hohen Solidaritätserwartungen.

Es bringt hier keinen Gewinn dem vielleicht ersten deutschen Soziologen bis in die Verästelungen seines Arguments zu folgen, vieles ist Begriffsmetaphysik, die keinen Ertrag verspricht. Aber die Unterscheidung zwischen zwei sozial integrativen Grundtypen, dem der Gemeinschaftsbildung und der gesellschaftlichen Integration, kann zum Verständnis der westlichen Gesellschaften konstruktiv genutzt werden. Nützlich wird die Unterscheidung besonders, wenn man sie im Sinne *Max Webers* als Idealtypus[163] versteht, wobei die Typen nicht in reiner Form empirisch vorkommen, sondern in Mischverhältnissen.

DRITTER TEIL   GEMEINSCHAFT UND VERTRAGSGESELLSCHAFT

Schwach integrierte Gemeinschaften mit gesellschaftlichen Koordinationsmechanismen

Es sind auch Gemeinschaften denkbar wie die bürgerliche Ehe, die letztlich so wie sie heute ausgestaltet ist, als freiwilliger Zusammenschluss wirkt, der beidseitig aufgekündigt werden kann. Die heutige westliche (Zivil)Ehe ist im Vergleich zur patriarchalischen Dominanz der Zwangsehe eine schwache Gemeinschaft, weil sie der freien Entfaltung der Persönlichkeit der Eheleute großen Raum lässt und Vertragsähnlichkeit aufweist, in der Eingehung der Ehe also (auch) dem Typus *gesellschaftlicher* Integration folgt. Die emotionale Grundlage der modernen bürgerlichen Ehe – zuletzt erneuert mit der Romantik – ist aber womöglich auch wieder stärker gemeinschaftsbezogen als eine adlige oder agrarische Zweckheirat, die vom Vertrag als Austauschverhältnis dominiert wird.

„Starke" Gemeinschaften können den Einzelnen dominieren, ja als Individuum dementieren, schwach integrierte Gemeinschaften dagegen hängen von der Zustimmung der Gemeinschaftsmitglieder stärker ab, ohne den Vorrang der Gemeinschaft dadurch bereits in Frage zu stellen. Sie sind aber anfälliger für das Auseinanderbrechen und für eine Abschwächung emotionaler Bänder. Der Westen bevorzugt als soziale Ordnung gesellschaftliche, formelle Integration (vor allem über Vertragsbeziehung oder Verwaltungsrecht), weil damit größere Mobilität und eine bessere Vereinbarkeit mit der Prämisse personaler Entfaltungsfreiheit erreicht werden kann. Doch die Integration über Gemeinschaft verschwindet nicht einfach. Dieser Typ bleibt hartnäckig in traditioneller Form erhalten und kann sich immer wieder (auch überraschend) neu bilden. Wenn man den preußischen König Friedrich II. gegen Ende seines Lebens am Vorabend der französischen Revolution gefragt hätte, ob er sich die nationalistische Aufheizung der Stimmungen etwa vor 1914 vorstellen könne, so hätte er gewiss verständnislos reagiert. Im sachlichen Preußen des 18. Jahrhunderts konnte man nur schwach registrieren, welches Gemeinschaftsgefühl, welche Energien, Emotionen und welchen Hass der Nationalismus nur

8. KAPITEL GEMEINSCHAFT UND GESELLSCHAFT

wenige Jahrzehnte später entfesseln würde. Es handelte sich um eine in dieser Intensität überraschend auftretende Gemeinschaftsbildung inmitten der sich industrialisierenden und liberalisierenden Gesellschaft. Wären solche Überraschungen auch heute möglich?

9. KAPITEL
DIE PRIVATRECHTSGESELLSCHAFT

Die Rolle des Zivilrechts: Persönliche Entfaltungsfreiheit und Privatautonomie

Der entscheidende Integrationsmechanismus des neuzeitlich-westlichen Gesellschaftstyps ist die formelle Vergesellschaftung. Aus den wirtschaftlichen Verkehrsbedürfnissen heraus hat sich die Privatrechtsordnung als unentbehrlich, stabil und paradigmatisch ergeben. Die Privatrechtsordnung koppelt strukturell die normative Grundentscheidung mit Tausch- und Koordinierungsbedürfnissen auf der Grundlage von Privateigentum und Rechtssubjektivität.

Diese Kopplung war in der attischen und römischen Antike über Jahrhunderte erprobt und wurde mit der Entwicklung der Geldwirtschaft im Hochmittelalter wiederbelebt, schon weil wirtschaftliche und politische Bedürfnisse in diese Richtung drängten. Mit Beginn der Neuzeit interagierten die Privatrechtsidee und das neue Menschenbild; sie koppelten sich miteinander. Wenn der einzelne Mensch als causa prima zum Maß aller Dinge gemacht wird, ungeachtet seiner Herkunft, seines Geschlechts, seiner Hautfarbe und seiner Religion, muss Sozialität theoretisch und praktisch als Konstruktion dem nachgeführt werden. Im Laufe der Neuzeit haben sich die maßgeblichen intellektuellen Anführer in ihrem fachlichen Horizont verschoben. Waren es zunächst Theologen und Philosophen, so wurden es mit der

9. KAPITEL   DIE PRIVATRECHTSGESELLSCHAFT

Aufklärung politische Aktivisten und Juristen, die den Ton angaben. Juristen, sowohl im Dienst der mittelalterlichen Kirche, als auch der Fürsten waren von Anfang an beteiligt.

Ihre Vorstellungswelt hatte einen erheblichen Einfluss auf die großen ideellen Fundamente der neuzeitlichen Gesellschaft. Das begann schon seit dem 12. Jahrhundert mit der Wiederentdeckung und Erschließung des Römischen Zivilrechts vor allem in der Rechtsschule von Bologna.[164] Seit der sich bei Gelehrten verbreitenden Kenntnis der *littera Florentina*, also der handschriftlichen Überlieferung der römischen Rechtssammlung Kaiser *Justinians* (Digesten) erschloss sich dem Mittelalter mit dem römischen Zivilrecht und seiner nahezu tausendjährigen Fallerfahrung der Antike ein intellektueller Schatz an abstraktem und institutionellem Denken.

Über die Digesten und die Arbeit der Glossatoren[165] erschloss sich auch der merkantile Geist hoch entwickelter römischer Marktprozesse und ihrer Begriffsschärfe mit ausdifferenzierten Vorstellungen von Privateigentum, Vertragsfreiheit und Familien- und Erbrecht.[166] Das war für die Handelsstädte in Oberitalien, Flandern oder der Hanse mit ihren wirtschaftlichen Verkehrsbedürfnissen wie ein ungemein wertvoller Blick auf eine fortgeschrittene Zivilisation, die aber nicht mit einem Raumschiff aus der Zukunft in die Welt kam, sondern als ein verschütteter Schatz aus einer reichen Vergangenheit, die Papst und Kaisertum in ihren rituellen Selbstdefinitionen nach dem Muster des imperium romanum im Prinzip ebenfalls hochhielten. Man ahnt schon an dieser Stelle – ohne an die Literatur zu denken, an die Göttliche Komödie, die Entdeckung der Perspektive in der Malerei oder die Entwicklung der bildenden Kunst – warum die Rückbesinnung auf ein goldenes Zeitalter zum Programm der Neuzeit werden konnte: Renaissance als Neugeburt – eine der seltsamen Widersprüche der neuzeitlichen Epoche, die alles neu erschaffen will, indem sie das Alte mit dem noch Älteren bekämpft, das daraufhin zur Klassik ausgerufen wird. Als Kinder der Neuzeit sollten wir dieses Konzept kennen, wenn wir unsere eigenen geistigen Quellen wiedergewinnen und den Westen neu erfinden wollen.

DRITTER TEIL GEMEINSCHAFT UND VERTRAGSGESELLSCHAFT

Das heute geltende Privatrecht ruht jedenfalls auf einem Verständnis von Privatautonomie, die wiederum auf Personalität und Willensfreiheit basiert. Die politische Philosophie ist spätestens seit den englischen Verfassungskämpfen des 17. Jahrhunderts ebenfalls vom Vertragsdenken beherrscht.[167] Die entscheidende Weichenstellung für die moderne westliche Gesellschaftsverfassung ist die Freiheit des einzelnen, seinen Willen zu bilden, zu artikulieren und daran Rechtsfolgen zu knüpfen. Aus der Rechtspersönlichkeit eines jeden einsichtsfähigen Menschen folgen seine Geschäftsfähigkeit und die Vertragsfreiheit, mit der Willensbekundungen über rechtsverbindliche Bindung koordiniert werden, woraus dann eine rationale willensbestimmte soziale Ordnung entsteht.

Prägung der gesamten Rechts- und Sozialordnung durch das Personalitätsprinzip

Privatautonomie und Vertragsfreiheit stehen nahe an den liberalen Bildern einer Gesellschaft, die sich über den Vertragsschluss konstituiert (kontraktualistische Staatsphilosophie) und sich dann in der Privatrechtsordnung wie auch der demokratischen Selbstregierung entfaltet.[168] Das neuzeitliche Strafrecht steht mit dem Schuldprinzip und dem personalen Gedanken der Würde nicht nur des Opfers, sondern auch des Täters, schließlich mit dem Strafvollstreckungsgrundsatz der Resozialisierung ebenfalls in dieser Linie. Das Verfassungsrecht wiederum kann Regeln der Staatsorganisation und die Grundrechte als Werteordnung[169] zu einer normativen Systementscheidung zusammenfassen und dann als Verfassungsidentität besonders vor Veränderung schützen.[170]

Normativität meint dabei immer etwas mehr als nur das Recht. Denn auch Moral, Alltagsüberzeugungen oder die Anforderungen eines konsistenten Theoriedesigns liefern Argumente zur Konstruktion sozialer Ordnungen. Wenn beispielsweise der Markt als rationales Entdeckungsverfahren (*Hayek*)[171] grundsätzlich anerkannt ist, kann eine

122

9. KAPITEL DIE PRIVATRECHTSGESELLSCHAFT

ordnungspolitische Theorie entscheiden, ob bestimmte staatliche Eingriffe in die Wirtschaft – wie Mietpreisbremsen oder Mindestlöhne – Sündenfälle oder nur Anwendungsfälle vernünftiger Ordnungspolitik sind und damit Fragen normativ (nicht unbedingt rechtlich) entscheidbar machen. Wobei gerade hier die Nähe zur Faktizität durchscheint.

Befreiung der Person aus dem Zugriff der Kollektive

Der einzelne Mensch wird als natürliche Person und als *originärer* Träger von Rechten und Pflichten herrschend, er wird aus der Herrschaft von vorrangigen Kollektiven befreit. Ideell war das bereits seit dem Renaissance-Humanismus angelegt, es dauerte aber Jahrhunderte bis die soziale Wirklichkeit Schritt für Schritt der Idee folgte. Die Bauernbefreiung in Europa und die Sklavenbefreiung in den USA wurden erst im 19. Jahrhundert vollendet und die Befreiung der Frau zur vollen Geschäftsfähigkeit erst im 20. Jahrhundert verwirklicht,[172] aber das ändert nichts an der neuzeitlichen Prägekraft des Prinzips der Rechtssubjektivität natürlicher Personen als maßgebliches Element der Sozialordnung. Die Vertragsgesellschaft als alleinige Form gesellschaftlicher Integration hat es weder in den entwickelten Handelsstädten der frühen Neuzeit noch im Bürgertum zu Zeiten der französischen Revolution oder im modernen Industriestaat gegeben, aber ihr Modell und ihre wirtschaftliche Funktionsweise bildeten ein Zentrum gesellschaftlicher Dynamik und Komplexitätszunahme.

Andere gesellschaftliche Integrationsformen, insbesondere nach Art des gemeinschaftsbildenden Idealtypus mussten sich dazu verhalten, wurden reaktiv. Kollektiv verankerte Rollenmuster lebten praktisch die ganze Neuzeit über fort, befanden sich aber ideell in der Defensive. Traditionell, funktionell, charismatisch oder religiös beglaubigte Kollektive (Großfamilien, Sippen, Stämme, Zünfte oder Glaubensgemeinschaften) konnten lange mit Verhaltensritualen, Moral oder Einzelweisungen den Individualwillen determinieren, doch Schritt für Schritt etablierte sich mit dem Privatrecht als Flaggschiff die Rechtssubjektivität des Einzelnen.[173] Allerdings – und das gilt es im Auge zu behalten – gab es auch immer wieder Versuche, „organische" Kollektive als determinierende Akteure mit gemeinschaftstypischen Wärmeströmen neu zu begründen und sie der individualisierten formal über den Vertrag – und damit kalt – integrierten Gesellschaft gegenüberzustellen. Solche Versuche wurden von links in der Logik der Klassenkämpfe und der Vorstellung einer Determination des Menschen durch Klassenangehörigkeit nahegelegt oder durch die Vorstellung des Nationalismus („du bist nichts, dein Volk ist alles") oder durch den rechtsextremen Rassismus, der Kollektive der Rasse als Bestimmungsfaktoren der Geschichte ausmachen will.

Personale Freiheit und persönliche Haftung

Die Zurechnung der Rechtsordnung auf den Einzelnen (das gilt sowohl im Zivilrecht, im Strafrecht als auch im Öffentlichen Recht) ist heute so elementar, dass sie wie selbstverständlich angesehen wird und alles damit nicht Vereinbare wie aus der Vergangenheit kommend fremd wirkt. Ein Beispiel für das Fremde ist das *Fideikommiss*. Diese überkommene Rechtseinrichtung des Adels verselbständigt ein Sondervermögen einer Familie, meist Grundeigentum „auf ewig", weil die Familie das eigentliche Rechtssubjekt ist und das jeweilige Familienoberhaupt nur als Treuhänder, die Familienangehörigen als Nutznießer, aber nicht als voll verfügungsberechtigte Rechtssubjekte agieren. Das maßgebliche Rechtssubjekt ist also nicht die Summe der jeweils lebenden Familienangehörigen, die dann wie bei einem Verein oder einer Wohnungseigentümergemeinschaft zusammenkommen und Beschlüsse fassen, sondern eben die Familie in einem überindividuellen Sinne.[174] Das heutige Stiftungsrecht hat eine ähnliche Struktur, insoweit der Wille des Stifters im Stiftungszeck „verewigt" wird.[175]

9. KAPITEL   DIE PRIVATRECHTSGESELLSCHAFT

Das neuzeitliche Prinzip personaler Freiheit und persönlicher Verantwortung ist nach wie vor beherrschend, aber es gibt auch Beispiele einer normativen oder jedenfalls tatsächlichen Abkehr von dieser personalen Ausrichtung. Diskutiert wird etwa unter fast ausschließlich kriminalpolitischen oder sozialtechnischen Motivationen, ob die Verselbständigung von Funktionssystemen im Wirtschaftsbereich, im Bereich großer Kapitalgesellschaften etwa oder in der Finanzwirtschaft, nicht dazu nötigt, neuartige Formen der Haftungs- und Verantwortungszurechnung zu etablieren. Die Bestrafung einer Aktiengesellschaft beispielsweise, bis hin zur „Todesstrafe" (Zwangsliquidation) wäre eine solche „Neuerung", die sich von der bisherigen Vorstellung einer Haftung der Vertretungsorgane lösen würde.[176] Eine andere postmoderne Entwicklung ist die Verbandsklage[177], die Verbände zum Anwalt der Umwelt oder politischer Ziele macht, ohne dass es eigener Betroffenheit bedarf. Das wirtschaftliche Interesse der Anwälte wird nicht verlangt, darf aber als gegeben vorausgesetzt werden.

Sozialität durch Form

Die neuzeitliche Sozialordnung setzt Schritt für Schritt auf die freie Selbstentfaltungsfähigkeit und Verantwortlichkeit aller Menschen. Für eine Gesellschaft, die sich in einem Umfeld rationaler Weltbetrachtung evolutionär auf das personale Freiheitsprinzip umstellt, wird eine entsprechende Erziehung und Bildung zentral. Mit Wert- und Wissensvermittlung gelingt die Zivilisierung personaler „Willkür" in einer offenen Weise, wobei der Rahmen durch allgemeine moralische Standards, Pflichtethos, Toleranzprinzip und Rechtsgehorsam weit (also eher formell als materiell) gezogen ist. Das die ganze Neuzeit mitlaufende Gegenmodell findet sich im Drill von Befehl und Gehorsam im militärischen Bereich. Doch auch hier rationalisierte das öffentliche Dienstrecht das Verfahren, beispielsweise mit einem Remonstrationsrecht (sogar einer Pflicht) des Untergebenen, weil selbst die Weisung

125

DRITTER TEIL   GEMEINSCHAFT UND VERTRAGSGESELLSCHAFT

ihn nicht gänzlich von eigener Verantwortung (als typisch individuelle Rechtszurechnung) freistellt.[178] Entwicklungstheoretisch gesehen, stehen Kontinuität und Varietät von sozialen Ordnungen immer unter dem Kalkül von Chancen und Risiken. Die moderne Gesellschaft lebt gut davon, dass aus individuellen Freiheiten ununterbrochen Überraschungen, Impulse und Anreize des Wachstums entstehen. Andererseits müssen auch Erwartungen stabilisiert werden und Spontanität mit Anschlussfähigkeit verbunden sein. Das überraschende, inhaltlich nicht festgelegte Verhalten, muss sich letztlich in den Horizont gemeinsam verstehbaren Sinns einordnen und wird durch formalisierte Ordnungen auf anderes Verhalten *abgestimmt*, jedoch nicht inhaltlich-sachlich *bestimmt*.

Schrumpfender Sinn für Form und Institution

Die Gegenwart allerdings ist ungeduldig und für den Umweg über die Form und die Institution kaum zu begeistern. So verliert sich der Sinn für Institutionen, wenn man all zu oft unmittelbaren materiellen Rechtsgüterschutz und prompte Zielverwirklichung will. Nicht die gute Organisation freiheitsermöglichender Entfaltungsräume wie in der Universität, der Wirtschaft, der Erziehung wird erstrebt, sondern direkte Handlungsvorgaben oder aber unauffällige Verhaltenslenkung wie „Nudging"[179] mit demselben Ziel, das sich nur das von der politischen Moral für richtig erkannte Verhalten durchsetzt.

Sollte in einer Gesellschaft der Umfang inhaltlich-sachlicher Verhaltenslenkung zunehmen und dagegen das Vertrauen in die Kraft (Rationalität) von Institutionen wie Privatautonomie, Markt, demokratische und rechtstaatliche Verfahren abnehmen, so wäre das ein alarmierendes Signal. Der politische und rechtliche Regelungsbedarf, ja der Bedarf nach einer politisch vorgeschriebenen Alltagsmoral könnte in dem Maße wachsen, wie traditionelle Rollenfixierungen unter der Logik einer auf Befreiung eingestellten Aufklärung verschwinden. An die Stelle tradierter Ordnungen tritt dann ein

126

9. KAPITEL   DIE PRIVATRECHTSGESELLSCHAFT

politisches Meinungsklima, das wiederum enge Standardisierungen produziert. Dabei ist die Ambivalenz offensichtlich. Befreiung von starren Rollenklischees und hartnäckigen Vorurteilen war noch in den vergangenen Jahrzehnten in bestimmten Bereichen dringend angezeigt und auch für die Zukunft ist nicht auszuschließen, dass es befreiende Korrekturen geben muss. Westliche Gesellschaften mit dem liberalen Lebensstil der späten fünfziger und der sechziger Jahre (American way of life) hatten einen großen Horizont an Möglichkeiten eröffnet, allerdings mit noch erheblichen Restriktionen für Minderheiten, vor allem Homosexuelle oder ethnische Minderheiten in den USA. Diese Ausnahmen werden heute nachholend beseitigt, aber zeitgleich mit der Fortsetzung gesellschaftlicher Liberalisierung ist auch eine unterschwellig gegenläufige Neuformatierung von Verhaltensstandards zu beobachten, die politische Codices in Alltagsverhalten übersetzen wollen, etwa wenn es um die Sexualerziehung in der Schule[180], oder um die Rollenbilder von Einwandererkindern geht.

Verständnis für Institutionen und Pluralität im Meinungsstreit

Inhaltliche Verhaltensregeln und Orientierungen sind auch in einer freiheitlichen Gesellschaft erlaubt und für die Erziehung schlechthin notwendig, aber das Grundgesetz will seine abstrakte Werteordnung verteidigen und nicht unbedingt konkrete Inhalte der gerade herrschenden Überzeugungen durchgesetzt wissen. Wer beispielsweise ein Schulbuch gestaltet, muss den Wert von Institutionen hervorheben, weil das notwendiger Bildungsinhalt zum Verständnis der Welt ist.

Die Verständigung und Toleranz werden durch Institutionen und verselbständigte Regelwerke eingeübt. Die Überlegenheit einer förmlichen Ordnung entsteht gerade aus der Unberechenbarkeit und den kreativen Potenzialen, die aus der Selbstentfaltung eines jeden einzelnen Menschen resultieren, sofern sie sinnvoll in einer förmlichen

Ordnung miteinander verbunden sind. Bei großer inhaltlicher Unbestimmtheit von Verhalten[181] kommt es darauf an, auf welchem Wege sinnhafte, anschlussfähige Kommunikation wahrscheinlicher gemacht wird, beispielsweise durch markt- oder rechtsförmige Regelsysteme. Der Inhalt eines Arbeitsvertrages kann gewiss sehr detaillierte Verhaltensanweisungen wie den Beginn und das Ende der Arbeitszeit oder bestimmte Arbeitsabläufe exakt festlegen. Dies unterliegt der prinzipiell freien Vereinbarung, der Privatautonomie. Wichtiger aber noch sind die allgemeinen Rechtsfolgen und Konsequenzen der Vertragsbindung, der normative Rahmen, der sachlich weitgehend unbestimmtes Verhalten umgibt. Was ein Vertrag ist, dass man an ihn gebunden ist, wird institutionell eingeübt und stabil gehalten, weil ansonsten die Freiheitsentfaltung an einem Übermaß an Unbestimmtheit scheitert.

Leistung der Zivilrechtsordnung und Prägemuster politischer Philosophie

Die Ordnung des Zivilrechts und der auf Privateigentum gestützte Markt sind insofern die wichtigsten, miteinander gekoppelten formalisierten Ordnungen: Das Kaufrecht sagt nichts Konkretes über die Ware, die verkauft wird, auch nicht über den Kaufpreis,[182] es gibt keine Pflicht zum Kauf und keine zum Verkauf. Es wird lediglich eine rationale Form, ein durchdachtes Rechtsinstitut, eine (normative) Ordnung zur Verfügung gestellt, die abstrakt Kriterien wie etwa der Mängelfreiheit oder der Gewährleistung festlegt. Das Ziel der zivilrechtlichen Institutionen ist die Achtung, Durchsetzung und Entfaltung der individuellen Willensfreiheit, die dann vor allem im Vertrag mit übereinstimmenden Willenserklärungen eine emergente Koordinationsordnung hervorbringt.

Die Tauschlogik des Marktes, der noch einmal höhere Abstraktionsgrad der Geldwirtschaft und die vertragsförmige Regelung sozialer Interaktionen ist seit den hoch entwickelten Marktgesellschaften der

Antike eine spezifische Verbindung eingegangen, die der politischen Idee der Vertragsgesellschaft (dem Kontraktualismus) in der Neuzeit seine Überzeugungskraft verliehen hat. Es ist insofern kein Zufall, dass die geistigen Strömungen vor der Renaissance aus dem Römischen Recht und seiner reichen Fallerfahrung und seinen abstrakten Rechtsvorstellungen ein rationales Modell vorfanden, das die Entstehung der frühneuzeitlichen Idee vom Vertragsschluss als Grundprinzip des Gesellschaftsaufbaus fördert. Dabei geht es namentlich um die Vorstellung, dass auch politische Herrschaftsverhältnisse von Rechtssubjekten begründet werden und politische Gesellschaft über den (Gesellschafts-)Vertrag mit übereinstimmenden Willenserklärungen zustande kommt.

Die Unwahrscheinlichkeit persönlicher Willensfreiheit als Prämisse für soziale Ordnung

Entscheidend kommt es beim Verständnis des „bürgerlichen" Privatrechts darauf an, dass die Menschen sich als Einzelakteure frei und aus gleichem Recht gegenübertreten. Sie sind nicht Repräsentanten vorrangiger, herrschender Kollektive: Jeder einzelne voll Geschäftsfähige ist eine handlungsfähige Rechtsperson. Der Wille des Einzelnen ist eine zur rechtlichen Bindung fähige Quelle des Rechts, die Person kann Adressat und Gestalter von Rechten und Pflichten sein. Zwei übereinstimmende Willenserklärungen können weitreichende Folgen haben und sind dem Grunde nach sachlich für alles offen. Recht entsteht nicht originär als staatliches Gesetz, sondern die originäre Quelle ist der Vertrag, weswegen später in der Aufklärung mit der volonté générale (volonte de tous)[183] eine fingierte Übertragung in die politische Herrschaftssphäre stattfindet.

Gesellschaftliche Ordnung entsteht so über die Koordinierung privatautonomer Entschlüsse. Das mag innerhalb des westlichen Paradigmas ganz selbstverständlich klingen, ist aber im Hinblick auf die Evolutionsgeschichte eher unwahrscheinlich und riskant, schon weil das

Ergebnis nicht vorhersehbar ist. Archaische Gemeinschaften und frühe Hochkulturen würden immer die kollektiv beglaubigte Ordnung unmittelbar als Voraussetzung des Zusammenlebens in den Vordergrund rücken und durch Standardisierung von Verhaltenserwartungen Vorkehrungen treffen, damit die wirtschaftlichen und politischen Mittel erhalten bleiben, denn es muss ja jeder menschlichen Gemeinschaft um Stabilität gehen.

Stellt man sich ein parastaatliches Gebilde wie die Mafia vor, so geht es um „Respekt" vor dem Patron, um unbedingten Gehorsam, um die Erhaltung der Geschäfte, um Schutz der Mitglieder und Freunde der Familie. Keine kriminelle oder terroristische Organisation, keine Gruppe von religiös oder politisch argumentierenden Fanatikern käme auf die Idee, als Herrschaftsprinzip von der gleich bemessenen Freiheit jedes einzelnen Mitglieds auszugehen und die freie Entfaltung der Persönlichkeit als das maßgebliche Ziel und Instrument der Gemeinschaft zu verstehen. Nimmt man die Welt im Feindmodus, als feindliche Umwelt wahr, so geht es immer um das Überleben des Kollektivs.[184] Die Unterordnung des Einzelnen unter das Kollektivinteresse, die Einfügung in die heilige Ordnung, die Unterwerfung unter ihr Regel- und Befehlssystem ist dann ganz selbstverständlich, eine unausweichlich scheinende funktionale Konsequenz.

Wenn dagegen die Traditionen des Soziallebens, wenn Rollenmuster und Geschlechtsbilder, überlieferte Muster der biologischen und wirtschaftlichen Reproduktion, kurz wenn die durch maßgebliche soziale Mächte (Könige, Priester, Alte, Weise) beglaubigten Ordnungen nicht mehr Priorität genießen, sondern der einzelne Wille entscheidend sein soll, dann bedeutet das aus dem Blickwinkel der Vormoderne nichts weniger als eine bizarre Dementierung jeder Möglichkeit von menschlicher Gemeinschaft.[185]

9. KAPITEL DIE PRIVATRECHTSGESELLSCHAFT

Die Umstellung vom Kollektivvorrang auf das Personalitätsprinzip

Solange die Repräsentanten und Vollstrecker der alten Ordnungen über genügend Willen und Mittel verfügen, können sie die Menschen in ein soziales Korsett zwingen, so wie angekettete, durch Takt und Peitsche befeuerte Galeerensklaven sehr exakt einer Ordnung entsprechen und damit eine römische Trireme wunderbar (jedenfalls aus Sicht des Kommandanten) antreiben konnten. Alle frühen Hochkulturen brauchen den Zwang, den kollektiven Mythos, die enge soziale Rollenbindung, um sich als Ordnung zu stabilisieren und zu entfalten. Kollektive waren als Familien, Sippen, Stämme, Gemeinschaften religiöser, ethnischer oder politischer Art die zentralen Orte; weswegen solche Gesellschaften hierarchischen und deterministischen Aufbauprinzipien folgen. Die Fähigkeit zu stabiler Ordnungsbildung bei beginnender wirtschaftlicher Arbeitsteilung wurde seit den ersten Hochkulturen zu einem evolutionären Erfolgsrezept.

Etwas allgemeiner noch: Jede Gesellschaft benötigt soziale Normen. Die Beschaffenheit dieser Normen gibt Auskunft über die Art der Gesellschaft. Sie können entweder von persönlicher Freiheit ausgehen oder von Zwang. Die neuzeitliche Gesellschaft Europas überschritt die (nie vollständig durchgesetzten) kollektivistischen Ordnungsprinzipien des Mittelalters, weil in ihrem Schoß mit der sich entfaltenden städtischen Geldwirtschaft, den wirtschaftlichen Erfolgen von Landwirtschaft, Handwerk und Handel, den demografischen Zuwächsen, der Zunahme der intellektuellen Potenzen, aber auch den aus all dem folgenden Krisen, ein Bedarf nach neuer Gesellschaftsorganisation erwuchs. Ohne die allmähliche Revolutionierung des grundlegenden Aufbauprinzips einer Gesellschaft nach dem *Grundsatz allgemeiner personaler Freiheit* lassen sich die epochalen Ereignisse und Innovationen wie Reformation, Staatsbildung, koloniale Expansion, Rationalismus, Naturwissenschaft, Naturrecht und Aufklärung nicht verstehen.

131

DRITTER TEIL   GEMEINSCHAFT UND VERTRAGSGESELLSCHAFT

Persönliche Freiheit als Grundelement eines normativen Gesellschaftsentwurfs

Das Gesellschaftsmodell der westlichen Neuzeit markiert deshalb eine Epochenzäsur, weil es im Bruch mit stärker holistisch integrierten (also weniger ausdifferenzierten Gesellschaftsformen) konstitutiv auf personale Freiheit (für alle) setzt. Privatautonomie und Vertragsfreiheit, Freiheiten für Städte, Herren, Stände, Händler und Zünfte gab es natürlich auch zuvor, sonst hätte das Konzept für seine Wurzeln keine Lebenspraxis als Nährboden vorgefunden. Handlungsfreiheiten besaßen attische Bürger nicht nur zu Zeiten eines *Perikles* und das komplexe römische Zivilrecht ging ein ganzes Jahrtausend ganz selbstverständlich von der Privatautonomie aus. Doch in entscheidenden Belangen, gerade der wirtschaftlichen Reproduktion, herrschten originäre, vom freien Willen noch nicht einmal formal gestaltbare Zwangsverhältnisse etwa in der antiken Sklaverei oder der feudalen Leibeigenschaft.

Der republikanische Gedanke wurde in signifikanter Weise mit einem neuen (christlich reformulierten, aber ideengeschichtlich ebenfalls in die Antike zurückgreifenden)[186] humanistischen Menschenbild verbunden, das Würde, Potenz, Urteilskraft und Legitimation originär in den Willen und das Vermögen eines (jeden) Einzelnen verlagerte und damit einen *personalen Imperativ* formulierte, von dem aus die gesamte Gesellschaftsordnung auf das Prinzip allgemeiner personaler Freiheit hin umgestellt, jedenfalls von dort aus hinterfragbar wurde.

Entfaltungsschritte der großen Erzählung persönlicher Freiheit

Man kann demnach die europäische Geschichte seit dem 15. Jahrhundert, ab dem 18. Jahrhundert dann unter Einschluss Nordamerikas und schließlich ab dem 19. Jahrhundert mit weltweiten Effekten begreifen als die Entfaltung des Personalitätsprinzips in den Grundformen der

Privatautonomie und der Vertragsfreiheit. Dies geschieht immer unter erheblichen Widerständen, Anomien und Rückschlägen, aber letztlich doch als das vorwärtsdrängende Moment einer maßgeblichen Logik des Gesellschaftsaufbaus.

Das Legitimationsprinzip der personalen Willensfreiheit auf der grundgebenden Ebene des Menschenbildes gehört zusammen mit der bewussten Verselbständigung von Teilsystemen der Gesellschaft, wie für die Politik am deutlichsten in *Machiavellis* „Il principe" formuliert, für die Naturwissenschaft bei *Descartes* und *Bacon*, für die Religion bei *Luther* und *Calvin*: Das eine kann es in letzter Konsequenz ohne das andere nicht geben.

VIERTER TEIL

DIE POLITIK DER GESELLSCHAFT

10. KAPITEL
DIE NORMATIVE DOPPELHELIX: FREIE ENTFALTUNG UND SELBSTREGIERUNG

„Jeder Mensch also, der mit anderen übereinkommt, einen einzigen politischen Körper unter einer Regierung zu bilden, verpflichtet sich gegenüber jedem einzelnen dieser Gesellschaft, sich dem Beschluss der Mehrheit zu unterwerfen und sich ihm zu fügen." (*John Locke*, Zwei Abhandlungen über die Regierung, II § 97).

„Obwohl der Wunsch nach Freiheit des Individuums und der Wunsch nach Freiheit der Gruppe, der das Individuum angehört, auf denselben Gefühlen beruhen mögen, ist es doch notwendig, diese beiden Begriffe klar auseinanderzuhalten." (*Friedrich A. von Hayek*, Die Verfassung der Freiheit, 3. Aufl. 1991, S. 20)

Persönliche und politische Freiheit: Die Verflechtung von Selbstbestimmung und Selbstregierung

Wenn das angeborene Recht auf freie Entfaltung der Persönlichkeit, wenn der Mensch eigenverantwortlich, selbstexpansiv über sich hinausweisend und mit Vernunft begabt, den eigentlichen Ankerpunkt des Gesellschaftsmodells bildet, dann kann politische Herrschaft nur als Demokratie legitim sein. Die angeborene persönliche Freiheit wird zum Bürgerrecht auf Selbstregierung[187]. Die großen Philosophen der Aufklärung haben eine politische Gemeinschaft deshalb als vertragliche Übereinkunft von Personen angesehen, die damit so etwas wie den Staat erst ins Leben rufen. Als freiheits- und gleichheitsgerechte Mehrheitsherrschaft, die auf einem solchen Grundvertrag (Verfassung) gründet, ist sie vereinbar mit dem Personalitätsprinzip. Das gilt allerdings nur, wenn die Mehrheitsherrschaft genügend Freiraum zur Entfaltung lässt und Menschenrechte und Grundrechte in ihrem Wesenskern (Art. 19 Abs. 2 GG) unangetastet bleiben. Die Spannungslage zwischen dem Anspruch, sich eigenverantwortlich zu entfalten und der Tatsache des „Regiertwerdens" bleibt demnach auch in einer Demokratie erhalten.

Nicht persönliche Freiheit bedarf der Legitimation, sondern jede Form politischer Herrschaft

Nicht für die Person, wohl aber für kollektive Akteure wie den Staat oder überstaatliche Gemeinschaften entsteht ein spezifisches *Legitimationsproblem*. Denn nach der Prämisse des Renaissance-Humanismus und der Aufklärung ist der Mensch frei geboren, jeder vollkommen gleich, ohne Unterschied.[188] Erst was dann an Gesellschaft entsteht, bedarf auf der Grundlage dieser personalen Freiheitssphäre einer Erklärung und Begründung. Theoretisch könnte man sich eine liberale Idealgesellschaft vorstellen, die ganz ohne Staat und irgendwelche Zwangsgesetze auskommt. Eine solche Idealgesellschaft gelänge, wenn alle Menschen, gestützt auf Vernunft, Urteilskraft und sittlicher Selbstbeschränkung, klugen Gebrauch von ihrer Freiheit machen und dabei andere Menschen als gleiche Rechtssubjekte achten und deren Interessen bei der eigenen Freiheitsausübung mit berücksichtigten. Aber ein solches rein liberales Gesellschaftsmodell muss sehr viel Wert auf die Urteilskraft, das Gewissen und die Fähigkeit zum sittlichen Handeln legen und kann insofern leicht durch das enttäuscht werden, was man früher als die „wölfische Natur" des Menschen bezeichnet hat. Staatslose Gesellschaftsmodelle ohne Kollektivzwang wären zudem zur kleinen Einheit verurteilt, sie könnten nicht wachsen, ohne staatsersetzende Zentralisierungen. Deshalb kommt individuelle

Freiheit nicht ohne einen politisch zugänglichen, politisch geprägten Rechtsraum aus, der Frieden und wechselseitige Achtung der als Rechtssubjekte vorgestellten Personen und Sittlichkeit als Mindestordnung garantiert.[189]

Personalität und Politik: Eine im Abstand definierte Doppelhelix

Das westliche Gesellschaftssystem, wie es seit dem Zeitalter der Aufklärung entstanden ist, koppelt zwei grundlegende Perspektiven aneinander: Personalität und Politik, individuelle Selbstbestimmung und kollektive Selbstregierung. Wenn der grundlegendste Gesellschaftsentwurf als Prämisse von der gleich bemessenen Freiheit eines jeden Menschen ausgeht, muss jeder Anspruch, Menschen zu regieren, ihnen Befehle zu erteilen und Regeln zu setzen, besonders begründet werden.[190]

Zum Konzept des Westens gehört die Ausbildung normativer Parallelstrukturen. Damit ist gemeint, dass normative Grundentscheidungen auf zwei Gleise gesetzt werden, die miteinander in einer Spannungslage stehen, die nicht destruktiv, sondern konstruktiv angelegt ist. Zu einer solchen binären Verschleifung zweier Grundprinzipien, die sich wie eine normative Doppelhelix aneinander emporschlängeln, gehört das soeben angesprochene Verhältnis von individueller Selbstbestimmung und demokratischer Mehrheitsherrschaft.

Das Bundesverfassungsgericht bezeichnete in seiner inzwischen bereits klassischen Rechtsprechung das vom Grundgesetz verfasste System als freiheitlich-demokratische Grundordnung, als „freiheitliche Demokratie".[191] Freiheitlich meint jene Liberalität, die jedem Menschen einen persönlichen Freiraum als abgeschirmte Sphäre vor dem öffentlichen und politischen Zugriff bewahren will. Die Grundrechte als Abwehrrechte sichern diesen Bereich freier persönlicher Lebensentfaltung. Demokratie dagegen verfasst politische Herrschaft als Selbstregierung des Volkes und verlangt deshalb, die Gesetzesbeschlüsse

VIERTER TEIL   DIE POLITIK DER GESELLSCHAFT

der demokratischen Mehrheit einerseits als Freiheitsentfaltung eines kollektiven Akteurs anzusehen. Andererseits darf die Mehrheit nicht alles und muss sich gefallen lassen, dass sogar Gesetzesbeschlüsse als Freiheitseinschränkung der Person von Gerichten geprüft und beanstandet, vom Bundesverfassungsgericht oder von überstaatlichen Gerichten kassiert werden können. Paternalismus gleich welcher politischen Couleur versteht diese Konstruktion letztlich nicht. Für den Paternalismus ist das Gesetz per se die Markierung der ohnehin jedem vernünftigen Menschen einleuchtenden „natürlichen" Grenzen der Freiheit. Auch Art. 2 Abs. 1 2. Halbsatz GG macht die Grenzen der allgemeinen Handlungsfreiheit deutlich, weil die Freiheit dort endet, wo die Rechte anderer verletzt werden, die verfassungsmäßige Ordnung beschädigt oder gegen das Sittengesetz verstoßen wird. Doch die Feststellung dieser Grenzen kann auch in einer Demokratie nicht allein dem Gesetzgeber obliegen, weil dann die beiden zwei elektrischen Leitungen ihren wohldefinierten Abstand verlören und die konstruktive Spannung sich entladen würde. Dies ist der Grund dafür, warum die politische Willensbildung außerhalb von Parlamenten und Regierungen mit Positionen der öffentlichen Meinung, Demonstrationen der Minderheit, mit Tendenzen in Meinungsumfragen und vor allen mit Richtungsentscheidungen bei Wahlen ein wichtiges Korrektiv der regulären Mehrheitsherrschaft bilden und auch die rechtsprechende Gewalt, die den Auftrag zur Wahrung der Grundrechte hat, korrigierend auf den Gesetzgeber einwirken kann.

Pluralität zwischen Selbstentfaltung und Selbstregierung

Die Funktionsnotwendigkeit des Leviathan wurden bei *Hobbes* gerade aus den Konstruktionsbedingungen angeborener Freiheit und Urteilsfähigkeit der Menschen abgeleitet.[192] Die absolutistische (und auch die neo-absolutistische) Staatsrechtfertigung beansprucht insofern einen universellen Kerngehalt der Freiheitsidee für sich, neigt aber in ihrer

140

Pointierung des gewalttätigen Urzustands und ihrer Suggestivität durch Staatserlösung dazu, die persönliche Freiheit und die Notwendigkeit vertraglicher Koordination unter etatistischen Funktionsnotwendigkeiten zu begraben.

Das Faktum der sozialen Abhängigkeit des Menschen zwingt nicht zu einer Revision der Vertragsidee an sich, wohl aber zu einer Unterscheidung zwischen zivilrechtlicher Privatautonomie und öffentlich-rechtlichen Formen der Koordination. Die Unterscheidung zwischen einem privaten Selbstentwurf als Bürger und einem politisch koordinierten Selbstentwurf als Citoyen ist insofern notwendig, um Aporien und Widersprüche erst gar nicht entstehen zu lassen, sondern in prinzipiell beherrschbare Spannungslagen zu überführen. Ob aus purer Funktionsnotwendigkeit oder aus freiwilliger Einsicht steht der Mensch vor den zwei Dimensionen seines Freiseins: privat und öffentlich.

Die eine normativ rechtliche Ordnung fußt auf dem *Vertrag*, die andere auf dem *Gesetz* als *volonté générale*. Die öffentliche, die republikanische Ordnung kann dabei nur eine demokratische und eine rechtlich gebundene sein: Sie ist nie primär – das wäre die Rückkehr zum kollektivistischen Primat – sondern sekundär, und zwar in Entstehung und Funktion. Eine Republik kann nur auf der Zustimmung der Bürger beruhen und sie kann nur der personalen Freiheitsentfaltung dienen sein.

Das Streben nach Glück darf nicht kollektiviert werden. Dies zu betonen ist deshalb wichtig, weil der Begriff der volonté générale in der Aufklärung von *Rousseau* kollektivistisch aufgeladen wurde und dies bis heute fortwirkt. Noch bei *Calvin* war vom absoluten Willen Gottes (volonté absolue) die Rede, der dem Menschen keine eigene Beherrschung seines Schicksals durch rationales Handeln gestattet und damit das neuzeitliche renaissancehumanistische Konzept herausfordert. Aber auch die (Freiheit zulassende) volonté générale transportiert *einen* überindividuellen Geist, das Gemeinwohl, die überindividuelle Vernunft. Sie ist für *Rousseau* gar unfehlbar, weil man gar nicht anders abstimmen könnte, wenn man alles Notwendige wüsste, mit allen

VIERTER TEIL   DIE POLITIK DER GESELLSCHAFT

Gaben der Vernunft gesegnet wäre und in seinem Urteil durch keine
Voreingenommenheit, Interessen oder Emotion getrübt wäre.

Falsche Proportionen und Warnung vor Meisterdenkern

Der Wille der Einzelnen dagegen sinkt bei *Rousseau* herab zur volonté de tous, die nur partikular scheinen, und das Große, Ganze und
Vernünftige nicht für sich erfassen können – wie schwach wirkt hier
Adam Smiths invisible hand, die hinter dem Rücken der egoistischen
Akteure dann doch „Gutes" bewirkt. Hier in *Rousseaus* „Du contrat
social ou principes du droit politique" findet sich eine wichtige Quelle
für falsche Proportionen, für immer wieder auftretende Schieflagen
in der Architektur der freien Gesellschaft. *Rousseaus* aus der antiken
Philosophie entlehnte Vorstellung weiser Männer der Volksversamm-
lung[193], die die volonté générale formulieren, haben bis heute vor allem
Intellektuelle, Wissenschaftler, Richter, Aktivisten oder Journalisten
angespornt, sich auf die Suche nach dem Gemeinwohl zu begeben
und es als volonté générale auszuflaggen, *Popper* sprach insofern von
„totalitärer Moralität".[194] Noch heute jedenfalls wird die Partikularität
der Vielen und die Subsidiarität der kleinen Einheiten als egoistisch
und die Zentralität großer und größter Kollektive als gemeinwohlför-
derlich angesehen. Vor allem aber ist die Moralisierung – so legitim
moralische Diskurse sind – doch kein Weg zu einer ganzheitlichen,
die Gesellschaft verbindlich leitenden Vernunft. Ethik ist eine Ratio-
nalitätsdimension der Gesellschaft, Recht eine andere. Wirtschaft
und Naturwissenschaft sind wiederum andere Rationalitätssphären,
aber ebenso die Alltagspraxis von Menschen, ihre Lebenserfahrun-
gen. Damit moralische Urteile in rationaler, d. h. begründeter Weise
möglich bleiben, müsste eine normative Analyse der Funktionssysteme
und der Institutionen vorausgehen, was regelmäßig nicht der Fall ist.
Mit anderen Worten kann die moderne Gesellschaft zwar mit Moral
durchaus irritiert, vielleicht sogar in bescheidenem Umfang gesteuert

werden. Doch gilt das nur, wenn die Pluralität der unterschiedlichen moralischen Urteile akzeptiert wird und sich nicht eine zentralisierte politische Moral gegen Abweichungen immunisiert und verschiedene Rationalitätssphären der differenzierten Gesellschaft als unfähig hinstellt, das Gemeinwohl (als Teilrationalität) zu formulieren. Deshalb hat sich *Popper* gegen jene selbst ernannten Meisterdenker gewandt, die Gemeinwohlurteile bei sich monopolisieren.

Gefahr von Kurzschlüssen

Die Gefahr von Kurzschlüssen entsteht bei Ausdehnung und Übergriffen einer der oder beider normativen Pfade. In einem überkonstitutionalisierten Grundrechtestaat könnte der politischen Gestaltung durch überbordendes Richterrecht der Atem genommen werden. Aber umgekehrt könnte eine Demokratie persönliche Freiheit erdrücken, wenn sie zu paternalistisch wird und sich weigerte, die Interessen von einzelnen überhaupt für fähig zu halten, sich gegenüber dem als Mehrheitsbeschluss formulierten Gemeinwohl durchzusetzen. Die Gefahr eines Kurzschlusses entsteht im Rahmen einer freiheitlichen Demokratie dann, wenn sich durch zu viel Nähe grundrechtlicher Abwehrrechte auf der einen Seite und demokratischer Gestaltungsrechte auf der anderen Seite die Spannung destruktiv entlädt. Die normative Parallelstruktur von Grundrechten als Abwehrrechte (Status negativus) und dem demokratischen Selbstgestaltungsrecht (Status activus) entfaltet sich nur in einem konstant gehaltenen Abstand zueinander.

Doch kann das theoretisch Einsichtige auch praktisch funktionieren, wenn man Politik als selbstbezügliches System der Gesellschaft sieht?

11. KAPITEL
DIE FREIHEIT DER POLITIK ALS RISIKO
DER GESELLSCHAFT

Funktionale Arbeitsteilung: Das Abenteuer einer Gesellschaft, die ganze Sozialräume frei lässt

Neuzeitliche Politik kreist um die „legitime Disposition über staatlich organisierte Gewalt".[195] Der Kampf um die Macht, zuerst als innerparteilicher Kampf ausgetragen, dann im Streben nach Mandaten und Ämtern, dreht sich darum, die Befehlsgewalt zu erringen, mit dem Recht, für bestimmte Verhaltensanweisungen Gehorsam zu verlangen und zu erzwingen.

Die klugen gesellschaftlichen Eliten wussten bislang recht genau, dass man keine Gesellschaft von einer zentralen Stelle aus kausal steuern kann, schon gar nicht die neuzeitlich westliche. Es ist ja gerade der Verzicht auf streng hierarchische Befehlsketten, der den Westen stark gemacht hat, die allmähliche Lösung von starren Rollenmustern und den konkreten Verhaltensanweisungen unhinterfragter Kollektive.[196]

Der entscheidende Grund für den evolutionären Erfolg des Westens war und ist die *funktionale Differenzierung*.[197] Darunter versteht man beispielsweise die Freilassung ökonomischer Triebkräfte als Markt oder die kognitive Spezialisierung und kommunikative Abschließung im Wissenschaftssystem. Freier Markt, freies Forschen, freie Presse, prinzipiengeleitetes Recht in Hand unabhängiger („freier") Richter,

11. KAPITEL   DIE FREIHEIT DER POLITIK ALS RISIKO DER GESELLSCHAFT

Religionsfreiheit: All das führte zu einer eigentümlich arbeitsteilig
gegliederten Gesellschaft, in der selbstbezügliche Systeme wie der
Markt, die Wissenschaft oder das Recht miteinander in nur locker
gekoppelter Beziehung stehen, und sie sich alle zusammen gegenüber
gesellschaftlichen zentralen Steuerungsansprüchen jedenfalls in einem
kausal determinierenden Sinne verschließen.

Politik als selbstbezügliches System der Machterzeugung

Die Politik hat dabei eine besondere Stellung. Obwohl auch sie nur
eine freigelassene Funktionssphäre der Gesellschaft ist, gilt sie als zu-
ständig für das Ganze und repräsentiert Zentralität wie im Rund des
Parlaments.[198] Wäre das politische System aber tatsächlich Zentrum
der Gesellschaft, so ließe sich diese gerade nicht als funktional diffe-
renzierte organisieren – die Politik selbst bleibt deshalb notwendig
auch nur ein Funktionssystem unter mehreren.[199] Politische Herrschaft
nimmt zwar in Anspruch, genau das Zentrum der Gesellschaft zu sein,
allzuständig, prinzipiell allmächtig. Es wäre gewiss falsch, das als reine
Symbolik abzutun, denn mit dem Gewaltmonopol und der Recht-
setzungsmacht können die Spielregeln (die soziale „Umwelt") für Unternehmer, Handwerker, Ökobauern, Richter, Ärzte, Wissenschaftler
und Aktienbesitzer ganz maßgeblich verändert werden. Aber ebenso
falsch wäre es auch, die Möglichkeit einer kausal determinierenden
Steuerung anzunehmen.

An dieser Stelle nähert sich eine beschreibende Gesellschaftstheorie
(Systemtheorie) dem normativen Aussagebereich. Eine kritische Beobachtung politischer Herrschaft in einer entwickelten Demokratie
nimmt den Zuständigkeitsanspruch des politischen Systems für das
Ganze ernst, weil das zur Selbstdarstellung und zur Operationslogik
einer unbeschränkten Machtzuständigkeit gehört. Anderseits kann
die Gesellschaft insgesamt nur „erreicht" und gestaltet werden, wenn
die Politik sich genau dabei selbst begrenzt und die Autonomie (Selbst-

145

VIERTER TEIL   DIE POLITIK DER GESELLSCHAFT

bezüglichkeit) der großen anderen Funktionssysteme sowie die Eigenwilligkeit der Personen achtet und auch die Gemeinschaftsgrundlagen einer Gesellschaft nicht missachtet. Mit einem gewissen Mut zur Pointierung könnte man sagen: Fast alle Probleme des Westens und die Krise der europäischen Integration finden hier ihre eigentliche Ursache, im Fehlverständnis politischen Handelns in Bezug auf Wirtschaft und Gesellschaft. Wenn eine linkspopulistische Regierung in Griechenland von „Würde des Volkes" spricht und sich über finanzwirtschaftliche und makroökonomische Bedingungen einfach hinwegsetzen will, dann ist das der bereits anderwärts (zum Beispiel in Venezuela) gescheiterte Versuch, das Primat der Politik gegen die Funktionslogik der Wirtschaft durchzusetzen. Das Primat der Politik, ja es besteht, aber eben nur, wenn es die Funktionsbedingungen der modernen Gesellschaft beachtet.

Betrachtet man das politische System als ein Funktionssystem unter anderen, so kann man den Vorteil der Ausdifferenzierung in der Leistungssteigerung sehen. Das politische System ist hoch variabel, reagiert auf Veränderungen, insbesondere im Blick auf Wahlentscheidungen und vorgeschaltete Meinungsumfragen, produziert in erheblichem Umfang Normen und erzeugt Resonanz für andere Funktionssysteme.

Zugleich zwingt der systemtheoretische Ansatz dazu, die Ausdifferenzierung eines jeden Funktionssystems nicht apologetisch, sondern kritisch zu sehen und nach Risiken für die Gesellschaft zu fragen. Denn die Leistungssteigerung durch radikale Beschränkung auf die grundlegende Operationslogik macht sich blind für Folgen für die gesamtgesellschaftliche Entwicklung, macht sich blind für Fragen der soziokulturellen *Nachhaltigkeit*. Es gehört seit langem zum guten Ton einer antikapitalistischen Kritik, die Wirtschaft des funktionellen Egoismus zu überführen und sie verantwortlich zu machen für Umweltschäden, den Klimawandel, soziale Ungleichheit, die Zerstörung von Überschaubarkeit und Menschlichkeit. Eine solche Zurechnung muss nicht falsch sein, aber sie wird einseitig, wenn sie die Schäden nicht berücksichtigt, die von einem freigelassenen politischen System ausgehen – wohlgemerkt auch von Demokratien. Die Politik versucht mit dem Mantel gesamtgesellschaftlicher Moral und mit Gemeinwohlrhetorik den Eindruck zu erwecken, sie sei nicht einfach nur ein egoistisches Funktionssystem, dem es immer nur um den binären Code „Machthaben" oder „Machtverlieren" (Macht-Nichthaben) geht.

Freilassung politischer Macht

Politik war seit dem kraftvollen Anspruch auf Selbstbezüglichkeit von *Machiavellis* „Il principe" ebenfalls eine „frei-gelassene" Sphäre der Gesellschaft. Der Fürst im Staat sollte sich bei *Machiavelli* unbeeinflusst von Religion, Moral und Bindungen um das Geschäft der Machterlangung, Machtverteidigung und immerwährenden Machtsteigerung kümmern. Die Verselbstständigung politischer Herrschaft kommt uns heute, zumal in Demokratien, einigermaßen selbstverständlich vor, obwohl die Spannungslage zwischen Gemeinwohlprätention von Politikern und Systemabschließung in ihrer eigenen Welt immer wieder thematisiert wird.

Obwohl politische Macht typischerweise Widerstände bricht und dazu tendiert, Bindungen abzustreifen, löst sich das politische System der Neuzeit jedoch in einer signifikanten Weise aus den Regularien und Vorkehrungen, die noch im Mittelalter üblich waren. Im Mittelalter wurde mit Fürstenspiegeln und dem Segen der Kirche, den familiären, ständischen Bindungen und personellen Loyalitäten die komplizierte Wirklichkeit eines Netzwerks gebildet, das man nicht als (vollständige) funktionelle Ausdifferenzierung des politischen Herrschaftssystems bezeichnen kann.[200] Dazu kommt es erst im Übergang zur Neuzeit, bei der Bildung von Territorialstaaten und der Formulierung des Souveränitätsparadigmas. *Heinrich VIII.* in England und *Ludwig XIV.* in Frankreich zeigen dann sowohl der Kirche als auch den ständischen wie familiären Mächten, was Absolutismus bedeutet: die „Ent-Bindung" politischer Herrschaft.

VIERTER TEIL   DIE POLITIK DER GESELLSCHAFT

Persönliche Freiheit als Konsequenz verselbstständigter Macht

Bis heute wird die Verselbstständigung des politischen Herrschaftssystems für fragwürdig gehalten. Politiker schauen – so der Vorwurf
– immer nur auf den nächsten Wahltermin. Sie berechnen jedes Thema und jede Position nach dem Maß an Zustimmung in ihrer Partei
oder der öffentlichen Meinung und kalkulieren, was es für die eigene
Machtposition bringt, für etwas oder gegen etwas zu sein. Kaum
jemandem fällt auf, dass die Politik in ihren Mechanismen der Machterlangung genauso selbstbezüglich ist wie ein Markt, der auf Rendite
programmiert ist oder eine Wissenschaft die zweckfrei nach Wahrheit
forscht, ein Kunstbetrieb, der auf sich selbst bezogen künstlerische und
ästhetische Standards hervorbringt und das Publikum zur system-
adäquaten Anpassung nötigt.

Wer politische Macht relativ unbeeinflusst von direkten Interventionen anderer gesellschaftlicher Mächte ausüben will – und genau das
beanspruchen sowohl der neuzeitliche Absolutismus als auch die seit
der Glorious Revolution (1688/89) und der Aufklärung sich durchset-
zende Parlamentssuprematie –, der musste anderen Freiheit gewähren.
Er musste den anderen Freiheit (ihr Freisein) zugestehen, um selbst
frei sein zu können: Das war der verdeckte Wahlspruch der Fürsten
seit der Renaissance, die unbeschränkt herrschen wollten und gerade
deshalb Konzessionen zu machen hatten, um Bindungen abzustreifen.

Der Zusammenhang von Machtsteigerung durch Machtbegrenzung
scheint auf den ersten Blick widersprüchlich. Doch die totalitären Entdifferenzierungen des 20. Jahrhunderts wirkten wie der mörderische
Versuch, einer Logik zu entkommen, die kein Entkommen erlaubt.
Totalitäre Regimes wie der russische Stalinismus oder der deutsche
Nationalsozialismus erlangten zwar totale Verfügungsmacht über den
Markt, die Medien, beherrschten die Alltagskultur und die Wissenschaft, lebten aber in ständiger Sorge vor dem Unvorhersehbaren und
kämpften mit gesellschaftlichen Leistungsverlusten. Denn letztlich

11. KAPITEL DIE FREIHEIT DER POLITIK ALS RISIKO DER GESELLSCHAFT

führt die politische Aufhebung der Freiheit des Marktes, der Wissenschaft, des Rechts und der Kunst immer zu politischen Machtverlusten: Es regiert das Gesetz des strategischen Machtverlusts als Preis totalitärer Entdifferenzierung. Das Zentralkomitee der herrschenden SED in der DDR konnte sich in den siebziger und achtziger Jahren nicht wie eigentlich gewünscht mit politischen Leitentscheidungen befassen und selbstbewusst internationalen Einfluss aufbauen, sondern musste sich mit Produktionsnormen, Devisenknappheit, Versorgungslücken und Lieferengpässen herumschlagen: Denn wer dem Markt seine Freiheit als rationales Tauschprinzip nimmt – das wird auch der schärfste Kritiker des Marktes irgendwann erfahren – der muss es durch das deutlich weniger leistungsfähige Prinzip der politischen Zuteilung ersetzen.

Wer die Mechanik des Marktes durch politische Macht verformt, muss die Verteilungs- und Rationalitätsleistung politisch mehr schlecht als recht ersetzen. Damit schrumpfen nicht nur die Quellen des Wohlstandes, auch das politische System wird deformiert. Juristen können mehr oder minder klug über einen Fall der Arzthaftung entscheiden, aber würden Richter selbst versuchen, die Kranken zu heilen, ginge das nicht nur zu Lasten der Patienten. Es würden auch Funktion der Rechtsprechung und das Ansehen der Richter dramatisch leiden. Warum traut man Politikern unternehmerische Kompetenz zu (im Energiemarkt, bei Investitionsentscheidungen der öffentlichen Infrastruktur, bei Subventionen) und warum ist mancher umgekehrt so überzeugt davon, dass Ratschläge der Wirtschaft an den Gesetzgeber auch politisch vernünftig sein müssen?

Kluge Differenzierung oder gefährliche Totalisierung

Die Lehre aus den totalitären Entgleisungen des 20. Jahrhunderts wäre demnach, dass das politische Funktionssystem seine Macht steigert, wenn es auf die Ausübung von Macht klug verzichtet. Unklug jedenfalls ist eine Machtausübung gegenüber anderen Funktionssystemen

VIERTER TEIL   DIE POLITIK DER GESELLSCHAFT

der Gesellschaft, die über die Gewährleistung von Funktionsfähigkeit
und der Kompatibilität zwischen den Systemen deutlich hinausgeht.
Dieser moderne, dieser tragende Gedanke klugen Verhaltens steht
aber unentwegt unter dem Druck gegenläufiger Einheits- und Iden-
titätserwartungen – und zwar zu jedem Zeitpunkt der über fünf-
hundertjährigen Geschichte der Neuzeit. Es gibt beispielsweise eine
vormoderne oder besser *antimoderne* Vorstellung, dass Politik und
Gesellschaft eigentlich dasselbe seien, eine Annahme, die gegen Ende
des 19. Jahrhunderts wieder zur Blüte gelangte. Diese Vorstellung ist
in wechselnden Gewändern virulent und auch heute nicht verschwun-
den. Als besonders gefährlich in der deutschen Geschichte erwies sich
der Versuch, die rationale Staatsidee (Rechtsstaat) mit ihrem rechts-
förmlichen gesellschaftlichen Integrationsmechanismus durch einen
völkischen Nationalismus zu ersetzen, der zugleich emotionale Ge-
meinschaftsintegration und vollständigen Zugriff auf die Gesellschaft
versprach, also bereits im Ansatz totalitär und antimodern war.

Die tragende Unterscheidung von Gesellschaft und Staat

Verfassungsrechtlich wird solchen kurzschlüssigen Fusionen entge-
gengehalten, dass Staat und Gesellschaft zu unterscheiden seien. Die
Unterscheidung von Gesellschaft und Staat ist mit der Durchsetzung
der Demokratie nicht obsolet geworden. Beide Sphären folgen ideell
aufeinander bezogenen verschiedenen Konstitutionsprinzipien. Die
staatsfreie, die private Gesellschaft gilt als der eigentliche Ort der
Freiheit, hier herrscht im Grundsatz *Freiwilligkeit*. „Ich bin gebunden,
weil ich mich gebunden habe", sagt das Vertragsrecht. „Ich hafte, weil
ich handelte oder gegen eine bestehende Pflicht das Handeln unterließ
und dadurch rechtswidrig und schuldhaft einen Schaden verursacht
habe", sagt das Deliktsrecht.

Der Staat dagegen ist der primäre Ort politischer Herrschaft, d. h. eine
Einrichtung, der es erlaubt wird, zu befehlen, Rechtsbindungen einsei-

tig entstehen oder vergehen zu lassen. Öffentliche Gewalt bindet die Bürger einseitig. „Staat" steht für eine Organisation politischer Herrschaft, er ist ein öffentlicher Ort, der kollektiv verbindliche Entscheidungen („Ihr müsst Steuern zahlen, ihr müsst Lehrern und Polizisten gehorchen") trifft und bindet, nur weil er in legitimer Weise existiert. In legitimer Weise existiert der westliche Staat allerdings nur, wenn er seinerseits dem Willen der Bürger unterworfen ist, wenn Staatsgewalt an ihrer Legitimationsquelle durch Wahlen und Abstimmungen des Volkes bestimmt wird (Art. 20 Abs. 2 Satz 1 GG). Und es werden ihm auch Grenzen des Rechts um der Freiheit der Bürger willen gezogen: Politische Herrschaft muss sich an eine grundlegende (verfassungsrechtliche) Kompetenzordnung halten und darf nicht in den Wesensgehalt der Grundrechte eingreifen (Art. 19 Abs. 2 GG). Die Grundrechte sind ein Abwehrschirm, eine rote Grenzlinie für den Staat, der eben nicht das Ganze ist, sondern als begrenzte politische Herrschaft seine definierte Rolle (Funktion) in einem viel umfassenderen Gesellschaftsverband wahrnimmt.[201] „Imperium semper limitatum est": Dieser Satz *Christian Wolffs* wird bereits bei der Präambel des Grundgesetzes als sinnstiftend für die Idee des Verfassungsstaates zitiert.[202]

Umstrittene Grenzen der Demokratie

Politische Macht als prinzipiell begrenzt zu sehen, scheint in einer Demokratie eigentlich widersinnig. Wenn das Volk selbst herrscht, welche Gefahren sollen dann für eine freie Gesellschaft entstehen? Und doch kann es keine totale (unbegrenzte) Demokratie geben. Mit dem Verschwinden der staatsfreien Gesellschaft entfällt die Voraussetzung einer freiheitlichen Demokratie. Es gehört zu den größeren intellektuellen Verirrungen, dass man meint, die Unterscheidung von (Rechts-)Staat und Gesellschaft, von privat und öffentlich, von Bürger und Staatsbürger, seien willkürliche Trennungen eines organischen Ganzen und eigentlich nur ein historisch ephemeres Phänomen des bürgerlichen 19. Jahrhunderts.[203] Diese Auffassung hat antiliberale Ursprünge.

Totaler Staat

So jedenfalls argumentiert die nationale Rechte Weimars. Aus dem antiliberalen Umfeld *Carl Schmitts* hat dessen Schüler *Ernst Forsthoff* 1933 seine Schrift „Der totale Staat"[204] vorgelegt, die den Nationalsozialismus als Fortschritt preist. Hier wird die ganze Idee einer verfassungsrechtlichen Bindung – und damit Begrenzung – des Staates verworfen, weil sie nichts als eine „Verfallsform" des bürgerlichen Rechtsstaats des 19. Jahrhundert sei.[205] Solange die Monarchie als Staatsform bestand, habe es immerhin einen plausiblen Grund für die Trennung von Gesellschaft und Staat gegeben, weil die Monarchie ein „außergesellschaftliches" Gegengewicht zur bürgerlichen Gesellschaft gewesen sei: Für die Bändigung der monarchischen Herrschaftsgewalt im 19. Jahrhundert seien deshalb die Sicherungen der Grundrechte, die Rechte des Parlaments, die Gewaltenteilung konstruktiv stimmig gewesen. Aber wenn – so die Argumentation – das Volk selbst republikanisch zur Herrschaft gelange, würden solche Sicherungen doch nur die Autorität des Staates untergraben, eine Autorität, die angesichts parteipolitischer wie auch massenmedial vermittelter Auswahlprozesse und periodischer Wahlen ohnehin Mangelware sei.[206] Das demokratische Prinzip selbst mit seiner Wettbewerbs- und Interessenstruktur würde jede politische Richtung und jede krude Interessenwahrnehmung als „legal" ansehen und gar keine Fragen nach „materialen Prinzipien des Rechts und der Gerechtigkeit oder zu unerschütterlichen Ordnungen" zulassen.[207] Echte Demokratie, so der junge *Forsthoff*, lasse Herrschaft mit der notwendigen Autorität immanent nicht zu.[208] Demokratie war für die radikal-konservative Rechte Weimars nur eine Deformation wahrer Herrschaftsverhältnisse. Letztlich zum selben Ergebnis gelangte ihr linksradikales Pendant, das die Herrschaft von Parlament und Presse als kaschierte Klassenherrschaft ansah, ganz nahe bei der rechten Diagnose, im Parlament treffe sich die immer nur „diskutierende Klasse", die nicht kämpft und in ihrer Halbheit dem Untergang geweiht sei.[209]

Können Demokratien den Rechtsstaat deformieren?

Die politische Rechte der späten Weimarer Republik wollte mit dem starken, dem totalen Staat den Konsequenzen einer funktional differenzierten Gesellschaft mit der Autonomie des Marktes, demokratisch selbstbezüglicher, deliberativer Politik und der Tendenz zu massenkultureller Individualisierung entgehen. Die politische Linke verfolgt mit dem antikapitalistischen Klassenkampf im Grunde ein ähnliches Konzept, weil auch sie das Unbehagen an der funktionalen Ausdifferenzierung der Gesellschaft, vor allem die Konsequenzen des freien Marktes, mit einem starken Staat mindern oder das Prinzip selbst beseitigen will.[210]

Der Argumentationsgang solcher Weimarer Staatsrechtslehrer wie *Schmitt* und *Forsthoff* gibt aber auch den Blick frei für eine kritische Sicht auf die Gegenwart des Westens. Wenn sich die angeblich rettende Alternative der damaligen autoritären politischen Rechten binnen kürzester Zeit als staatszersetzende Chimäre erwiesen hatte[211], so muss deshalb die problembeschreibende Analyse ebenso wenig wie die der politischen Linken falsch gewesen sein. Es wäre immerhin möglich, dass immanente „Sachgesetzlichkeiten" des demokratischen Prozesses tatsächlich zerstörerisch auf die Idee der verfassungsgebundenen Staatsgewalt wirken. Vielleicht war die Diagnose richtig und lediglich die damaligen rechts- und linksextremen Wege zur Heilung eine Medizin des Selbstmords aus Angst vor dem Tod gewesen? Bejahendenfalls müssten die Anhänger des freiheitlichen Verfassungsstaates auch nach dem Sieg der Demokratie mit negativen Folgen für die Institution des Staates rechnen.

Die moderne Gesellschaft ist darauf angewiesen, Totalisierungen in jedem Gewand zurückzuweisen: Das System persönlicher Freiheit ist auf Abstände, Freiräume und Eigenwilligkeiten angewiesen. In einer neuzeitlichen Gesellschaft musste deshalb sowohl das brutale Konzept des totalen Staates als auch das der proletarischen Diktatur

VIERTER TEIL   DIE POLITIK DER GESELLSCHAFT

zur Zerstörung jener falschen Subjekte führen, die an die Stelle der
Volkssouveränität treten sollten: Der Nationalsozialismus zerstörte die
Nation und das Volk, der Kommunismus die selbstbewusste Arbeiter-
klasse und in seinem Herrschaftsbereich die geschichtliche Tendenz
zur Emanzipation.

Aber auch, wenn die rechts- und linksradikalen Irrwege vermieden
werden, könnte die deliberative Demokratie sich ihrerseits „totalisie-
ren" und Institutionen ebenso wie kulturelle Voraussetzungen erodieren. Das jedenfalls läge in der Konsequenz von *Forsthoffs* These: Denn
nach seiner Auffassung droht ja ohne das Substitut der Monarchie eine
Demokratie, die allmählich den Staat erodiert. Politische Herrschaft
würde sich die Institutionen allmählich gefügig machen, sich nicht
ihnen fügen, sondern sie instrumentalisieren, womöglich zerstören
und sich so in letzter Konsequenz wieder institutionell ungebunden
entfalten.[212]

Richtungswechsel im Grundverständnis: Herrschaft der objektiven Werteordnung

Die antiliberale Rezeptur gegen die Zerstörung des Staates durch die
Demokratien bestand für die konservative Weimarer Staatsrechtslehre
in der Totalisierung des Staates gegen eine zerrissene demokratische
Gesellschaft, die als Bedrohung verstanden wurde. Es gilt zu erkennen,
dass heute in westlichen Kernstaaten (anders als vielleicht in Russland) nicht die harte Totalisierung aus der Sphäre des Staates für die
Gesellschaft droht, sondern umgekehrt die Gesellschaft einen Konformitätsdruck aufbaut und den Rechtsstaat in seinen Formen und
Verfahren in die Defensive bringt, wie der aufgeladene Bürgerprotest
gegen repräsentativ-demokratisch beschlossene und rechtsstaatlich
vollzogene Bahnhofsprojekte oder Stromtrassen. Nicht der Staat als
Hülle für totale politische Herrschaft würde heute die funktionellen
Freiräume der Gesellschaft und der freien Persönlichkeit bedrohen

154

wie in den dreißiger Jahren. Eher würde eine form- und richtungslose Gesellschaft allmählich die Fundamente des Rechtstaates aushöhlen. Es geht nicht um die einfache Umdrehung, wonach heute die „Totale Gesellschaft" den Rechtsstaat bedrohe. Die fortbestehenden Gegengewichte politischer Herrschaft im Staat funktionieren als öffentliche Meinung oder unabhängige Justiz und Rechtswissenschaft.

Doch es gibt Tendenzen zur übermäßigen Funktionalisierung des Rechts als Instrument des unmittelbaren Rechtsgüterschutzes. Lädt man das Recht mit guten Zwecken auf, statt auf die Kraft formeller Gebote und allgemeiner Regeln zu setzen, so wird das Recht politisch dienend statt *durch seine Begrenzungen zu herrschen.*

Der eigentliche *Grund der Grundrechte* geriete dabei aus dem Blick: Den Staat um die Erhaltung bürgerlicher Freiräume willen in seine Schranken zu weisen. Stattdessen würden sich Richter und Juristen mühen, Grundrechte und Grundfreiheiten politisch dienstbar zu machen. Der Dienst würde weniger einer bestimmten politischen Partei geleistet, sondern einer öffentlichen Meinungsströmung, die sich als herrschend definiert. Aus subjektiven Rechten würden dann objektive Funktionen und Werte, die nicht die Mehrheitsherrschaft begrenzen, sondern politisch-moralische Verhaltensanweisungen (im Stil des aufgeklärten Kameralismus des 18. Jahrhunderts) zur allgemeinen Pflicht erheben, obwohl diese Rolle eigentlich dem Gesetz zugedacht war.

Für diese Entwicklung hin zu einer *Deformierung rechtsstaatlicher Demokratien* spräche, wenn die Grundrechte nicht mehr so sehr als Abwehrrechte gegen den (auch demokratischen oder europäisch-demokratischen) Gesetzgeber verstanden würden, sondern vor allem mit politisch ausgewählten Gleichheitsgeboten und Gleichstellungsaufträgen die Gesellschaft in ihrer Privatautonomie binden und durchdringen würden. Die Lehre von der (unmittelbaren) Drittwirkung der Grundrechte[213], der Gedanke der gesellschaftlichen Bindungskraft von Diskriminierungsverboten, die objektive Dimension europäischer Grundfreiheiten[214] und die Vorstellung von Menschenrechten als „Instrumente" zum Aufbau einer internationalen, überstaatlichen

VIERTER TEIL   DIE POLITIK DER GESELLSCHAFT

Rechtsordnung könnten in Richtung einer Materialisierung und Entdifferenzierung der Rechtsordnung weisen. Die Herleitung und juristische Operationalisierung sozialer Leistungsansprüche gegen den
Staat, also gegen die Mehrheit, aus Art. 1 Abs. 1 GG, der unantastbaren
Würde des Menschen, hat ebenfalls die Tendenz, die Möglichkeiten
demokratisch konsistenter Gestaltung zu beschneiden, also die politische Abwägung zu belasten, über Einnahmen und Ausgaben im
Budget im Parlament zu entscheiden, über die Verteilung von Kosten
und Lasten, Vorzüge und Existenzsicherungen.

Die Ausdehnung politischer Denkmuster auch im Recht hat das Prinzip personaler Freiheit in manchen Sachbereichen schleichend an den
Rand gedrückt, wenn es um die Verwirklichung großer internationaler Ziele geht wie Friedenssicherung, Terrorismusbekämpfung,
Welthandel, Finanzkontrolle oder Klimaschutz. Der Sicherheitsrat
der Vereinten Nationen, der als kollektives System der Friedenssicherung nicht nur Erfolge zu verzeichnen hat, entwickelt beispielsweise
die Tendenz, zu einem weltrepublikanischen Gesetzgeber zu werden,
etwa wenn er mit einer Resolution des Sicherheitsrats den Mitglie-
dern der Vereinten Nationen ein ganzes Maßnahmepaket gegen Ter-
ror-Tourismus vorschreibt, das zur Gefahrenabwehr durchaus sinnvoll
sein mag, aber nichts an dem Umstand ändert, dass die gewählten
Volksvertreter auch hier in eine Vollzugsposition gedrängt werden,
ohne dass man das Verfahren der Gesetzgebung als demokratisch bezeichnen könnte. Hier wird der Auftrag zur Friedenswahrung genutzt
zur Etablierung global-gouvernementaler Strukturen.[215]

Die Rolle des neuzeitlichen Staates

Der neuzeitliche Staat[216], wie er sich seit dem 15. und 16. Jahrhundert herausgebildet hat und dann im Westfälischen Frieden von 1648
seine völkerrechtlich verbindliche Form fand, konnte sich zunächst
vor allem als Friedensgarant profilieren. Im Zeitalter der Religions-
kämpfe und angesichts der Instabilität einer im Übergang befindli-

chen erschütterten Gesellschaftsordnung war das eine absolute Notwendigkeit, wenn Freiheit und Eigentum der Bürger sich sicher und geordnet entfalten sollten. Der Absolutismus war insofern nie (weder in der alltäglichen Praxis noch der ideellen Grundlage) mit einer Diktatur des 20. Jahrhunderts zu vergleichen, sondern beanspruchte, in einer rationalen Gesellschaft eine Notwendigkeit zu sein, die jedem urteilsfähigen Menschen einleuchten musste. In der heute eher geschichtsvergessenen Zeit wird dabei jedoch gerne übersehen, dass sich der absolutistische Staat bis zur französischen Revolution keineswegs darauf beschränkte, nach innen und außen das Gewaltmonopol zu beanspruchen. Vielmehr war der Absolutismus stark paternalistisch angelegt. Als Merkantilismus steuerte er die Wirtschaft[217] und als Kameralistik verordnete er der Gesellschaft den Weg zum Glück, war also eudämonistisch und bevormundend.

Erinnerung an die Kameralistik im Zeitalter der Aufklärung: Politik als Wegweiser zum Glück?

Wer heute kritisch Politik beobachten will, sollte sich einmal die Mühe machen, einen der großen Kameralisten des 18. Jahrhunderts zu studieren. *Johann Heinrich Gottlob von Justi* formulierte Mitte des 18. Jahrhunderts seine Grundsätze der „Polizeywissenschaft". Der Begriff der Polizei war in der damaligen Zeit nicht auf Gefahrenabwehr und Strafverfolgung im heutigen Sinne beschränkt, sondern meinte das Gemeinwohl einer politischen Gemeinschaft insgesamt. Die „gute Polizey" wollte vernünftige, gesunde und fortschrittliche Lebensverhältnisse: So konnte politische Macht „in bisher rechtsfreie Räume vorstoßen, neuartige Regulierungsabsichten durchsetzen und Ausgangspunkte für das schaffen, was sich im 17. Jahrhundert dann als ‚öffentliches Recht' zu formieren beginnt".[218] *Justi* formulierte die Grundsätze, die zu „Macht und Glückseligkeit der Staaten" führen sollten[219]. Wer jemals dem Begriff der Nachhaltigkeit, wie er im modernen Umweltrecht geläufig ist, nachgegangen ist, stößt auf die

Forstwirtschaft und kann auch bei *Justi* entsprechende kluge Erwägungen finden. Denn dort wird bereits darauf hingewiesen, dass die Forstwirtschaft ein Vorbild für die „gute Landespolizei" zur Erhaltung und Schonung der Wälder sei.[220] Die heute als Mode kursierende Verhaltensökonomie, die den Bürger zu vernünftigen Verhalten „stupsen" will (Nudging), ist im Kern nichts anderes als ein geschichtsvergessener Aufguss des 250 Jahre alten Kameralismus.

Die Art und Weise, wie hier die Sache durchdenkend reflektiert wird, wie man den Holzeinschlag verringern kann und welche Folgen eine Verminderung des Holzverbrauchs für industrielle Manufakturen hat, mutet sehr gegenwartsbezogen an, wenn man an Energiesparmaßnahmen und Wärmedämmung denkt. Denn *Justi* möchte den Holzverbrauch von Privathaushalten begrenzen und schlägt dafür wirksame Gesetze vor, die die „Feuerung in ihren Küchen und Öfen" regulieren soll. Dabei sieht der kluge Kameralist, dass zu viele kleinteilige Vorgaben die Freiheit der menschlichen Handlungen zu sehr beeinträchtigen würden und er sieht auch die Schwierigkeit des Gesetzesvollzuges und verlangt deshalb, dass die gesetzliche Regulation sich auf Vorschriften für Neubauten beschränken solle.[221] Betrachtet man seine Erwägungen zur Volkszählung und Statistik, so kann man sogar den Eindruck gewinnen, dass unsere Zeit hier etwas ins Hintertreffen geraten ist. Auch die Ausführungen zu verfeindeten Zünften und Handwerkerinnungen im Sinne einer einheitlichen Organisation erinnern lebhaft an die aktuelle deutsche Diskussion über die Notwendigkeit der gesetzlichen Anordnung der Tarifeinheit wegen der Gefahr der Zersplitterung durch einander bekämpfende („gehässige") Berufsgewerkschaften.[222]

Nichts deutet darauf hin, dass die Diskussion im 21. Jahrhundert das argumentative Niveau sonderlich überschreiten könnte, das bereits bis Mitte des 18. Jahrhunderts erreicht war. Vor allem ist eines konstant geblieben: Die Annahme, dass vom politischen System aus die „Glückseligkeit" der ganzen Gesellschaft garantiert und mit Rechtsregelungen herbeigeführt werden könne. Im 18. Jahrhundert wurde dabei allerdings die freie Entfaltung der Persönlichkeit und das Vertrauen in die Selbstentfaltungskräfte der Menschen ganz im Sinne einer bürgerlich-merkantilen Kultur zumindest berücksichtigt oder bei Philosophen wie *John Locke* sogar in den Mittelpunkt gestellt.

Mit anderen Worten: Es besteht der Verdacht, dass das post-absolutistische Erbe der Aufklärung heute stärker ist als noch im 18. Jahrhundert und die Gefahr einer Verengung der Gesellschaft bereits beginnt, sich zu realisieren. Die falsch verlaufende strukturelle Kopplung von Politik und Wirtschaft droht beide Funktionssysteme zu deformieren und auch andere Funktionssysteme der neuzeitlichen Gesellschaft und kulturelle Potenziale zu erdrücken.

Weder Nachtwächterstaat noch Präzeptor des Alltagslebens

Wenn eine der beiden Seiten, also die abwehrende Freiheit der Einzelnen oder die kollektive Freiheit der politischen Gemeinschaft ein Übergewicht erlangt, droht der Freiheit im Namen der Freiheit Gefahr. Eine staatsablehnende Radikal-Liberalität und institutionelle Ordnungsverluste drohen auf der einen Seite. Ein die individuelle Freiheit erdrückender Mehrheitspaternalismus auf der anderen. Beide Seiten können maskiert auftreten. Radikal-Liberalität kann als kosmopolitisches Weltbürgertum kaschiert und demokratischer Paternalismus in großen Gesten der Weltrettung und sozialer Gerechtigkeit antreten.

Die Kosten des Kurzschließens sind in beiden Fällen hoch. Wenn falsche Liberalität den Staat tatsächlich demontieren würde, zum Nachtwächterstaat degenerierte oder ihn paralysierte, verlören politische Gemeinschaften ihre Kraftzufuhr und könnten damit ihre grundlegende Leistungsfähigkeit als Ordnungs- und Ausgleichsfaktor einbüßen.[223] Wenn umgekehrt Demokratie illiberal wird und eine schleichende Verstaatlichung der Gesellschaft stattfindet, erodieren die soziokulturellen Voraussetzungen der Selbstregierung des Volkes, weil jemand, der in seinen existenziellen Erfahrungen nicht ohne Staat auskommt, kein Souverän sein kann. Würde beispielsweise eine

VIERTER TEIL   DIE POLITIK DER GESELLSCHAFT

Mehrheit der Bürger durch staatliche Leistungen ohne Gegenleistung alimentiert, so wäre jede Wahlentscheidung übermäßig ökonomisiert, die entscheidende existentielle Erfahrung der Selbstverantwortung für das eigene Einkommen würde marginalisiert.

Mit einem gewissen Recht darf der demokratische Souverän darauf bestehen, dass er sich als Kollektivakteur ebenfalls „frei entfaltet". Im internationalen Recht sprechen wir vom Selbstbestimmungsrecht der Völker.[224] Aber auch die Demokratie ist abgeleitete, der Rechtfertigung bedürftige Freiheit. Sie ist weder einem Staat, noch der Europäischen Union oder den Vereinten Nationen „angeboren". Die politischen Gestaltungsmandate bleiben funktional auf ihren Auftraggeber und Widerpart bezogen, der im Willen der Menschen und in ihrem angeborenen Recht auf Entfaltung von Persönlichkeit besteht. Deshalb reserviert das Recht den Begriff Freiheit für Bürger und ihre gesellschaftlichen Vereinigungen, während beim Staat lieber von Kompetenz, Befugnis, Souveränität, „Gestaltungsfreiheit", Autorität oder Gesetzgebungsmacht gesprochen wird. Die Signatur der personalen Freiheit ist jedoch mittelbar eingelassen in völkerrechtliche Verträge, das Prinzip der Rechtsbindung in internationalen Beziehungen und in die Verfahrenslogik eines Interessen ausgleichenden überstaatlichen Regierens.

Unabhängig vom normativen Individualvorrang sind jedenfalls beide Prinzipien – Person und Politik – funktional aufeinander angewiesen. Beide dürfen sich im Zuge ihrer Entwicklung nicht beschädigen, sondern müssen sich wechselseitig respektieren. Die Demokratie muss individuelle Freiheiten achten und gesellschaftlichen Eigensinn und Eigendynamik zulassen oder wenigstens ertragen, solange nicht ihre grundsätzliche Wert- und Friedensordnung angegriffen wird. Den Markt beispielsweise als wirtschaftlichen Freiheitsraum individueller Disposition dann dennoch politisch klug zu steuern, heißt, ihm vernünftige Regeln zu setzen, aber ihm nicht sein eigenwilliges Funktionsprinzip (die freie Preisbildung) zu nehmen. Andernfalls muss mit den dafür ungeeigneten, schwerfälligen Instrumenten politischer Herrschaft eingesprungen werden.

160

12. KAPITEL
POLITIK UND NORMEN

Normen als Grundlage der Gesellschaft

Eine Gesellschaft ist gar nicht anders denkbar als ein Ensemble von Sinn- und Verhaltensvorgaben (Weltdeutung/Normen) auf der einen Seite und sozialen Organisationen im ständigen (evolutionsgeschichtlichen) Praxistest auf der anderen Seite. Das, was als Faktizität der Gesellschaft begriffen wird, wie die marktwirtschaftliche Ordnung, die Geldpolitik, der politische Betrieb der Demokratie, die Organisation des Gesundheitssystems: Das alles funktioniert nicht ohne normative Identität.

Normativ bedeutet nicht notwendig, dass es sich um Aussagen des geltenden Rechts handeln muss. Es geht allgemein um die Kategorie der Sollensaussagen und eben (noch) nicht um Aussagen über die bestehende Wirklichkeit, es geht also nicht um empirische Aussagen. Bei normativen Sachverhalten richtet sich die Frage nicht darauf, ob etwas ist und wie etwas existiert, sondern darum, warum etwas so sein soll, wie es Geboten entspricht: Die normative Zumutung ist ein Sollensgebot, eine Verhaltensanweisung.[225]

VIERTER TEIL   DIE POLITIK DER GESELLSCHAFT

Recht und Moral

Es gibt verschiedene Klassen von normativen Aussagen, je nach dem in welches (binär codierte) System sie als sinnvoll eingepasst sind.[226] Normative Aussagen sind dann Rechtsaussagen, wenn sie nach dem zweiwertigen Code „Recht" oder „Unrecht" angeordnet sind.[227] Es handelt sich um ethisch-moralische Aussagen, wenn sie nach dem Code „Gut" oder „Böse" getroffen werden. Normative Diskurse können aber auch unselbständig, überschneidend geführt werden, etwa wenn im System der Religion eine Moraltheologie ihre Gebote aus einer Offenbarung herleitet und sie deshalb als „Gut" geglaubt und als Zeichen der Gottesfurcht gelebt werden sollen.

Ein juristischer oder moralischer Diskurs kann durch politischen Utilitarismus, die Zweckmäßigkeit der jeweiligen Machtlage, überlagert und verformt werden: Recht oder Gut ist, was dem Volk, der Partei, der Revolution, dem Endsieg oder dem Frieden, also irgendeinem politischen Ziel nutzt. Unter den Bedingungen einer Positivierung des Rechts im Zuge neuzeitlicher Gesetzgebung (ebenfalls keine Selbstverständlichkeit) kann die Politik moralische Vorstellungen der öffentlichen Meinung in Gesetze fassen, um ihrerseits die Zustimmung zu erlangen, die zur Machterhaltung notwendig ist. Solche Kopplungen ändern aber nichts daran, dass der moralische Diskurs ebenso ein Eigenleben führt wie der juristische Diskurs.

Das Recht der Politik im Staat

Die Unterscheidung von Recht und Moral ist vor allem für das politische Herrschaftssystem wichtig. Das Recht ist für den neuzeitlichen Staat nicht nur eine Grenze der Macht, er unterwirft es sich zunehmend als sein Instrument, mit dem er die Gesellschaft „rechtmäßig" zu gestalten beansprucht. Allerdings muss er dabei die operative Schließung des Rechtssystems, seine Verselbstständigung in Kauf nehmen und tritt auch hier in eine besondere strukturelle Kopplung. Wenn

12. KAPITEL POLITIK UND NORMEN

Richter Unabhängigkeit genießen wollen, müssen Sie sich in die amts-
definierte Abhängigkeit des politischen Herrschaftssystems begeben.
Wenn Politiker die Legitimationswirkung rechtmäßigen Handelns
für sich beanspruchen wollen, müssen Sie die Gesetzesauslegung und
Gesetzesanwendung Juristen überlassen und damit aus ihrer Sicht
in vielen Fällen dem Zufall. Die strukturelle Kopplung ist für beide
Seiten insofern gewinnbringend, als ihre Abhängigkeit voneinander
die Autonomie beider Bereiche verbessert. Die juristische Rationalität
hat im Zeitalter der Aufklärung auf Vernunftrecht und Kodifizierung
des Zivilrechtssystems gedrungen. Die Politik ist dieser Forderung in
vielen Bereichen nachgekommen und damit nicht schlecht gefahren.
Richter unterwerfen sich dem Gesetz und werden damit frei von gesellschaftlichen Abhängigkeiten und moralischen Zumutungen. Ein
fairer Deal für beide Seiten. Bei genauerem Hinsehen dehnen sich inzwischen aber beide Funktionsbereiche (Politik und Recht) aus, wollen
mehr Freiheiten und gefährden damit ihre funktionelle Autonomie.

Die Zumutung, sich an Normen zu halten

Wenn sich Politiker in komplizierten Verhandlungsrunden einigen
müssen oder eine Krise zu bewältigen haben (was häufig auf dasselbe
hinausläuft) wollen sie das Recht zwar als Instrument einsetzen, aber
sich regelmäßig nicht an Normen halten, wenn sie der politischen Willensbildung entgegenstehen. Damit verhalten sie sich nicht anders als
alle anderen Bereiche der Gesellschaft, die die Einhaltung von Normen
zwar allgemein begrüßen, für sich selbst aber häufig als Zumutung
empfinden.

Die Gegenwartsgesellschaft, deren Stabilität auf Dynamik begründet
ist, neigt dazu, die Begrenzungskraft von Normen zu verflüssigen, zu
überschreiten oder nach Durchlässigkeit und Elastizität zu rufen. Aber
jede soziale Wirklichkeit bekommt praktische Schwierigkeiten, wenn
sie dem ausdifferenzierten Normprogramm nicht folgt. Die Geldpolitik einer Notenbank beispielsweise kann expansiv werden, sie kann

dann aber womöglich ihr Mandat überschreiten. Geldpolitik kann zur Konjunkturpolitik, Infrastrukturpolitik oder monetären Staatsfinanzierung werden. Wenn man das im Krisenmodus für wichtig und angezeigt hält, wird man froh sein, wenn Gerichte der Notenbank einen kaum überprüfbaren Beurteilungsspielraum einräumen. Nur irgendwann verliert die Zentralbank dadurch womöglich exakt in ihrem Kernbereich der Sicherung der Geldwertstabilität ihre eigentliche Steuerungskraft. So geht es mit jeder sozialen Institution, die ihren normativen Kern als bewegliche Verfügungsmasse missversteht. Das gilt für Religionsgemeinschaften, die den Glauben vernachlässigen, die Demokratie, die das Gemeinwohl aus den Augen verliert, eine Wirtschaft, die nicht rentabel ist oder eine Wissenschaft, die sich um alles kümmert, aber nicht um die Hervorbringung wahrheitsfähiger Aussagen. Aber man sieht sofort, es sind nicht immer Rechtsnormen, die gebrochen werden, es kann auch umgekehrt gerade das Recht oder die politische Moral sein, die die normativen Ordnungen von verselbstständigten Funktionssystemen in eine übermäßige Anpassung zwingen.

Zwischen Beharrung und Anpassung

Soziale Normen können im Verlauf der Entwicklungsgeschichte nicht *absolut* und nicht gänzlich unabänderlich sein.[228] Normen passen sich in der evolutionären Tendenz den jeweiligen Wirklichkeiten an. Umgekehrt gilt aber auch, dass sich die soziale Wirklichkeit in erheblichem Umfang Normen – rechtlichen, alltagsweltlichen oder moralischen Ursprungs – anpasst und keine Sozialordnung denkbar ist, die ohne Normen existieren könnte. Es geht um das Gleichgewicht von Wirklichkeit und Norm, es geht um das Gleichgewicht von wechselseitiger Anpassung und Beharrung. Eine Gesellschaft, die funktionelle Erfordernisse einfach „weg-normiert", die starr an Normen festhält, obwohl sie in der Wirklichkeit zerstörerisch sind, wird sich ebenso gefährden, wie eine Gesellschaft, die grundlegende Normen bei der ersten Behauptung eines pragmatischen Grundes zur Seite schiebt und normvergessen ist. Keine Gesellschaft kennt einen Mechanismus, der sie automatisch auf den Pfad des richtigen normativen Lernens führt, wenn sie droht, an der Wirklichkeit zu scheitern. Man kann Krisen, den Abstieg oder gar den Untergang jeder Kultur, eines Imperiums, einer großen Nation oder auch einer internationalen Organisation immer auch als unterbliebene oder falsche Anpassung des Normensystems an eine veränderte Wirklichkeit verstehen. Jede Norm steht vor der Frage, ob sie im Falle der Enttäuschung kontrafaktisch durchgehalten wird (*Normpersistenz*) oder mehr oder weniger offen verändert wird (*Normtransienz*).

Wenn sich beispielsweise die gesellschaftlichen Auffassungen über die Ehe ändern und gleichgeschlechtliche Lebenspartnerschaften zugelassen werden, kann man die Ehe als prinzipiell lebenslange Verbindung zwischen Mann und Frau normativ weiter als gültig betonen und kontrafaktisch auf Durchsetzung dringen, also hohe Normpersistenz zeigen. Die Alternative wäre dann, den Ehebegriff zu variieren, ihn zu nivellieren und so an gesellschaftspolitische Forderungen anzupassen, also hohe Normtransienz zu zeigen. Insofern kann bei jeder Kollision von Norm und Wirklichkeit gefragt werden, worin der Fehler liegt, mal in der Verweigerung normativer Anpassung oder umgekehrt in der übermäßigen normativen Anpassung bis hin zur Selbstaufgabe. Der Westen wirkt allerdings schwankend, wenn er nicht mehr die Kraft aufbringt, reflektiert zu öffnen und stattdessen entweder jeder Forderung nach Diffundierung von Institutionen nachgibt oder umgekehrt hartnäckig sich normativ einbetoniert.

Wechsel zwischen Nachgiebigkeit und Härte

Wenn es darum geht, innerhalb einer befriedeten staatlichen Gesellschaft Rechtsbrüche zu verhindern oder zu ahnden, scheint vielen die Ausnahme von der Rechtsgeltung als ein Anschlag auf die Grundlagen des Rechts selbst. Doch die Felder, auf denen der Rechtsstaat Flagge

VIERTER TEIL   DIE POLITIK DER GESELLSCHAFT

zeigen soll, variieren stetig und hängen sehr von den moralischen Zuweisungen und Auswahlentscheidungen der öffentlichen Meinung und des Mainstreams ab. Das, was heute augenzwinkernd geduldet wird, kann morgen zum Fall der Selbstbehauptung des Rechtsstaats werden. Jahrzehntelang wurde hingenommen, dass die Korruptionszahlungen deutscher Unternehmen im Ausland als Betriebsausgaben beim Fiskus geltend gemacht werden konnten. Dies galt nicht als Skandal, weil auf bestimmten Märkten ohne die Bestechung von staatlichen oder sonstigen Entscheidungsträgern an Großaufträge gar nicht zu kommen war. Die unausweichlichen sittlichen Fehler hatten ihren Ursprung in der fremden Rechtsordnung. Dies sollte nach vormaligen Rechtsverständnis nicht zum steuerrechtlichen Nachteil eines im Inland rechtstreuen Bürgers werden.[229] Augenzwinkernd wurde auch hingenommen, dass einem hohen Spitzensteuersatz in der Einkommenssteuer von bis zu 56 %[230] eine sehr ausgedehnte Bemühung um Verkürzung der Bemessungsgrundlage (zum Beispiel durch großzügige Berücksichtigung von Sonderausgaben) gegenüberstand, die die Steuerbelastung dann doch wieder erträglich werden ließ. Die Existenz von Auslandskonten für Geld, das in vielen Fällen rechtmäßig erworben und als Einkommen versteuert worden war, wurde ebenfalls im Hinblick auf die an sich bestehende Steuerpflicht von Kapitalerträgen eher großzügig gehandhabt, der einschlägige kleine Grenzverkehr nach Luxemburg und in die Schweiz wurde kaum kontrolliert.

Es hängt eben vom normativen Kontext einer Gesellschaft ab, ob sie hier mit elastischem Recht, mit Normtransienz reagiert oder ob sie hart reagiert. Heute stehen wir fassungslos vor der Tatsache, dass bis in die siebziger Jahre noch Strafnormen wie das Verbot der Homosexualität existierten, die die sittlichen Auffassungen der Gesellschaft schützen sollten, und die auch tatsächlich angewandt wurden.[231] Andere Normen dagegen, die früher eher als Kavaliersdelikte galten, jedenfalls wenn man es nicht allzu übermütig trieb, werden heute immer schärfer geahndet. Der Druck auf Bürger, die einer Steuerstraftat verdächtig sind, wurde in den letzten Jahren unter dem Beifall der öffentlichen Meinung ganz erheblich erhöht, in manchen Fällen bis an die Grenzen des rechtsstaatlich noch Unbedenklichen, wenn man an den Ankauf von kriminell erworbenem Datenmaterial durch staatliche Stellen denkt, ein Verhalten, das womöglich strafrechlich relevant ist.[232]

Die Schwächen des Starkseins

Jede Zeit reagiert auf Erfahrungen des Wandels, wenn sie Prioritäten setzt für die Durchsetzung des Rechts, also für Normpersistenz oder den Geltungsanspruch der Norm (Recht oder Moral) modifiziert und überdenkt. Die außerparlamentarische Opposition seit den sechziger Jahren versuchte Rechtsbruch ohne Gewalt gegen Personen als einen Fall darzustellen, der nicht den Rechtsstaat herausforderte, also nachgiebige Rechtsanwendung verlangte. Die Besetzung von Häusern, von Bauplätzen, die Blockade von Straßen, innerstädtische Sachbeschädigungen sollten als „ziviler Ungehorsam" qualifiziert werden. Immer wieder gab es Versuche, Verstöße gegen das Betäubungsmittelgesetz zu relativieren, die Privilegierung derjenigen Mengen, die dem Eigenverbrauch dienen und die Unterscheidung zwischen harten und sogenannten weichen Drogen gehen in diese Richtung. Dagegen hatte das in New York sehr erfolgreiche Konzept der Null-Toleranz-Politik einen ganz anderen Ansatz. Hohe Normpersistenz gegenüber allen Überschreitungen strafrechtlicher Normen und möglichst unmittelbare Durchsetzung der Sanktionen, wurden als Voraussetzung für die Stabilisierung zerfallender Ordnungen angesehen.[233]

Hohe kontrafaktische Normpersistenz bedeutet kalkulierte Lernverweigerung. An einmal verfestigten Weltdeutungen und vorgeschriebenen Verhaltensweisen wird festgehalten, mag kommen, was will. Im Fall hoher Normpersistenz, also bei starrer Beharrung auf der Normgeltung, kann es dazu kommen, dass die Norm entweder in der Gesellschaft dennoch unbeachtet bleibt (das unnachgiebige Recht also gleichwohl praktische Geltung verliert) oder mit hohem Risiko des Legitimationsverlustes vom politischen Gewaltmonopol durchgesetzt werden muss.

VIERTER TEIL   DIE POLITIK DER GESELLSCHAFT

Die Risiken des „Angepasstseins": Schäden des Rechtsbruchs

Im Fall der Normtransienz, also der zurückweichenden Normgeltung, die sich stets neuen Lagen anpasst, besteht bereits auf dem ersten Blick das Risiko des Rechtsverlusts: Sieg der Faktizität über die Normativität. Am Ende einer Bewegung der Rechtsrelativierung und des Rechtsverlusts stehen aber vor allem unerwünschte Wirklichkeitseffekte. Wer auf das Recht verzichtet, erhält im Gegenzug keine bessere Wirklichkeit. Kluges, also systematisch konsistentes Recht garantiert eine humane Werteordnung, leistungsfähige Wirtschaft und Wissenschaft, nachhaltige Politik und gesellschaftlichen Zusammenhalt. Normpersistenz, richtig dosiert, stärkt die Rechtsgeltung (starker Rechtsstaat), aber als allzu starke Beharrung kann sie auch das Recht schwächen. Im umgekehrten Fall kann kluges Nachgeben und die Öffnung des Rechts durchaus die Rechtsakzeptanz befestigen. Aber ein furchtsames Zurückweichen, ein falscher Pragmatismus prinzipienloser Rechtsanpassung an eine gerade herrschende Wirklichkeitsdeutung wird das Recht beschädigen und sie wird auch die soziale Wirklichkeit deformieren. Der Bruch des Rechts oder die Verletzung von Anstandsregeln ist nie nur ein Problem für das Recht oder für den Anstand. Wer die Regeln effektiver staatlicher Finanzaufsicht oder eine Notenbankpolitik mit begrenztem geldpolitischen Mandat gering schätzt, wer das ethische Leitbild des ehrbaren Kaufmanns oder die finanzverfassungsrechtlichen Grundsätze solider Staatsfinanzen (Grundsatz des materiellen Haushaltsausgleichs) verabschiedet, wer alle Bindung für wechselnde praktische Bedürfnisse opfert, der wird vielleicht als Pragmatiker gefeiert. Aber über kurz oder lang sieht er sich mit einer Wirklichkeit konfrontiert, die härter ist, als es das Diktat der Normen gewesen wäre. Das gilt bei einer rationalen Gesellschaft jedenfalls im längerfristigen Gesamtkalkül (also nicht für den Sonderfall des Betruges, des „Moral Hazard") und in einer nur kurzfristigen Wirkungsphase.

12. KAPITEL   POLITIK UND NORMEN

Warum sind Normen wichtig?

Wenn es also die eine Erreichbarkeit der Gesellschaft nicht gibt, sondern verschiedene Zugänge existieren, kann man immerhin bestimmte übliche Vermeidungsmuster erkennen – und vermeiden. Ein Vermeidungsmuster ist die Aussage, man dürfe Gesellschaft nicht normativ erklären, weil ihre Wirklichkeit eine ganz andere sei und sich nicht nach normativen Vorgaben richte. Das ist in manchen Konstellationen und vordergründig richtig, aber als triviale Entlarvung führt es vor allem in die Irre. In der Euro-Krise isolierten sich zunächst Länder wie Deutschland, Finnland oder die Niederlande, als sie auf Einhaltung der vertraglich vereinbarten Stabilitätskriterien zu Begrenzung der Staatsschulden beharrten. Die drohende Insolvenz Griechenlands Anfang 2010 und die Möglichkeit einer weiteren systemischen Krise im globalen Finanzsystem machte das sture Beharren auf der Einhaltung des Rechts für manche Betrachter zu einer gefährlichen Naivität. Aus ökonomischer Sicht sprach man von einer falschen „Austeritätspolitik", die die Rezession begünstige, die ebenso engstirnig wie erfolglos sei.[234] Gerade das Beharren der Bundesregierung und der deutschen Öffentlichkeit auf Einhaltung der Regeln oder jedenfalls auf eine schrittweise Rückkehr zum Recht, wie sie der Fiskalpakt und die Stabilitätspolitik vorsehen, wurde auch ganz allgemein als starres und altmodisches Denken angegriffen. Die Wirklichkeit, so die triviale und im Brustton der Überzeugung vorgetragene Annahme, richte sich halt bedauerlicherweise nicht nach rechtlichen Regeln, die irgendwann aufgestellt worden seien. Aber ein konsistentes Normensystem, das die grundlegenden Prämissen und eine „vernünftige", „funktionsgerechte" soziale Wirklichkeit zusammenfügt, gibt der dynamischen Gesellschaft erst die Leitplanken, die rasches Vorankommen sicher ermöglichen.

VIERTER TEIL   DIE POLITIK DER GESELLSCHAFT

Gilt Recht als inhaltlich beliebig, sinkt die Schwelle für den Rechtsbruch

Es gilt offensichtlich die alte – vermeintlich pragmatische, häufig larmoyant vorgetragene – Einsicht, wonach das Recht an einer entgegenstehenden Wirklichkeit zerschellen müsse. Die Annahme einer dominanten Wirklichkeit hat durchaus Überzeugungskraft, wenn Recht nur ein Instrument der Macht wäre, inhaltlich vollständig beliebig, ohne innere Konsistenz, ohne Bezug zu tieferen Normen und Strukturen der Gesellschaft. Beliebiges Recht kann auch beliebig gebrochen werden, wenn die Machtverhältnisse es erlauben. Allerdings gehört es zur Idee des Westens, dass die Gesetzgebung nicht nur in der Form, sondern auch im Inhalt rationalen Einsichten folgt, also vernünftiges Recht ist. Wenn demnach die für das Gelingen einer europäischen Währungsunion maßgeblichen fiskalischen Stabilitätskriterien eine sinnvolle und notwendige Begrenzung politischer Herrschaftsmacht mit weitreichenden ökonomischen Folgewirkungen wären, dann könnte der Rechtsbruch nicht ohne negative Folgen für die Verfasstheit der Gesellschaft bleiben. Ideell oder funktionell notwendiges Recht kann nicht gebrochen werden, ohne die Inkaufnahme erheblicher Schäden.

Zu den politischen Folgeschäden gehört auch die Erschütterung des Glaubens an die Rechtmäßigkeit politischer Herrschaft, die seit jeher tragende Säule der Legitimation ist. Was wäre, wenn der Satz, wonach Europa eine Rechtsgemeinschaft ist, ernst zu nehmen wäre? Wäre dann das Insistieren auf Einhaltung der Regeln nicht der Ausweis der eigentlichen europäischen Gesinnung? Welchen Fortschritt bedeutet es eigentlich, wenn eine Europäische Kommission erklärt, sie würde künftig „politischer" und dabei zugleich großzügiger bei eklatanten Verstößen gegen verbindliche Stabilitätsauflagen des europäischen Rechts agieren? Nicht die Unterscheidung, wohl aber die diametrale Entgegensetzung von Normativität und Faktizität ist irreführend. Die Einhaltung von Normen, die Normen selbst, gehören zur Faktizität der Gesellschaft. Die gegenläufig angelegte Frage, was Normen aus

170

12. KAPITEL POLITIK UND NORMEN

einer sich verändernden Wirklichkeit lernen können, ist ebenfalls zentral, wenn es um die Erhaltung soziokultureller Nachhaltigkeit westlicher Gesellschaften geht.

Notwendige und akzidentelle Normen

Wenn eine Gesellschaft beginnt, ihre elementaren Normen zu missachten, und zwar ohne ein neues erfolgreiches System an die Stelle zu setzen, gefährdet sie die Funktion gesellschaftlicher Abläufe und ihre abgrenzbare Identität. Was ist damit gemeint? Betrachtet man einen beliebigen Sozialverband, so gibt es Normen (rituelle Gebote, Höflichkeitsregeln, Moral, Recht, Compliance), die zur Erhaltung seiner konkreten Identität als Gemeinschaft und der Funktion von Wirtschaft und Sozialität unverzichtbar, also elementar sind. Daneben gibt es indifferente, lediglich akzidentelle Normen. Akzidentelle Normen sind bestenfalls nur mäßig nützlich, könnten leicht ersetzt oder es könnte auf sie verzichtet werden. Sie sind vielleicht nicht schädlich, aber im schlechteren Fall belasten sie die gerechte und funktionsentsprechende Ordnung.

Eine elementare Norm kann nicht hinweggedacht werden, ohne dass eine konkrete Ordnung ihren Bestand verliert. Denkt man sich eine Gesellschaftsordnung, die demokratisch sein will, so können die Meinungsfreiheit oder periodische Wahlen oder Abstimmungen nicht hinweggedacht werden, ohne dass die Existenz der Demokratie zerstört würde. Wer eine Gesellschaft als Marktwirtschaft denken will, kann das Privateigentum nicht abschaffen, ohne den Markt zu zerstören.[235]

Gerechte Normen: Äußere und innere Rationalitätsanforderungen

Normen, auch solche des Rechts, können demnach reflexiv und normanalytisch befragt werden, was sie im Hinblick auf eine richtig erfasste

VIERTER TEIL   DIE POLITIK DER GESELLSCHAFT

gesellschaftliche Funktionsordnung leisten. Das wäre die Frage nach
der externen Rationalität. Doch in jedem Funktionssystem gilt es
auch, die interne Rationalität des eigenen Operierens zu beobachten. Das Recht kann nicht nur in seinen Zwecken entweder rational
oder aus anderen Weltzugängen erklärt oder beurteilt werden. Auch
das Verfahren, die Form des Urteils, die Vollstreckung spiegeln und
stärken das jeweilige Rationalitätsverständnis der Gesellschaft. Traditionelle Gesellschaften versehen den Rechtsspruch mit Elementen
des Überweltlichen, mit Zauber, Zeichen, Beschwörungsformeln,
Gottesurteilen, auch mit charismatischer Willkür des zur Entscheidung berufenen Herrschers. Die neuzeitliche Gesellschaft betont die
Rationalität des Verfahrens und der Form. Das Bundesverfassungsgericht hebt in bestimmten Fallkonstellationen Entscheidungen anderer
Gerichte nur dann auf, wenn sie gegen die fundamentalsten Bedingungen neuzeitlicher Rechtsprechung verstoßen, und zwar wenn sie
nicht rational (begründet) sind. Der Vorwurf lautet: „Willkür" und das
heißt, dass Urteile nicht rational begründbar und intersubjektiv nicht
mehr verständlich erscheinen.[236] Noch deutlicher wird das Gericht,
wo es um die Aufklärung des Sachverhalts im Strafverfahren geht.
„Hier liegt eine der Wurzeln des Prozessgrundrechts auf ein faires,
rechtsstaatliches Verfahren, aus denen sich Mindesterfordernisse für
eine zuverlässige Wahrheitserforschung im strafprozessualen Haupt-
verfahren ergeben. Sie setzten u. a. Maßstäbe für die Aufklärung des
Sachverhalts und damit für eine hinreichende tatsächliche Grundlage
der richterlichen Entscheidung. Denn es ist unverzichtbare Voraussetzung rechtsstaatlichen Verfahrens, dass Entscheidungen, die den Ent-
zug der persönlichen Freiheit betreffen, auf zureichender richterlicher
Sachaufklärung beruhen und eine in tatsächlicher Hinsicht genügende
Grundlage haben, die der Bedeutung der Freiheitsgarantie entspricht.
Das folgt letztlich aus der Idee der Gerechtigkeit, die wesentlicher
Bestandteil des Grundsatzes der Rechtsstaatlichkeit ist und an der sich
jedwede Rechtspflege messen lassen muss."[237]

An dieser Argumentation fällt auf, dass die neuzeitliche Rationalität
mit der Gerechtigkeit zwar nicht gleichgesetzt wird[238], nach der De-

172

vise „wenn es rational, wenn es den Regeln der Logik entsprechend, gut begründet zugeht, dann geht es gerecht zu", sondern eher umgekehrt die „Gerechtigkeit" zur Quelle rechtsstaatlicher Anforderungen gemacht wird. Als Idee der Gerechtigkeit kommt aber nichts anderes in Betracht als das Paradigma der individuellen Weltperspektive sowie der Aufklärung und die damit ausgebildete Vorstellung von sozialer Ordnung. Es kann auch gar nicht anders sein, dass eine so grundlegende Erzählung wie die von Humanismus und aufgeklärter Vernunft als Quelle und Matrix der Gerechtigkeit gewürdigt wird.

Re-Moralisierung des Rechts durch Internationalisierung?

Das moderne Recht – als wichtiger Teil der Gesellschaft und zugleich als Beispiel für andere soziale Funktionssysteme – ist von der Moral gelöst, wobei beide Räume nicht völlig durchtrennt, sondern lediglich (aber signifikant) verselbständigt sind. Der Rechtsdiskurs ersetzt „Gut" und „Böse" durch „Recht" und Unrecht" und verbindet die so getroffene Entscheidbarkeit eines Falles mit Sanktionen, die letztlich aus dem politischen Herrschaftsraum (*Max Webers* „Erzwingungsstab"[239]) heraus gedeckt sind. Dabei ist das Recht auch als selbstbezüglicher Prozess nie davor gefeit, an den Rändern auszufransen oder sich vielleicht sogar zu entdifferenzieren, wenn es zum Beispiel moralische Normen für Recht erklärt, ohne die Erzwingung rechtlich hinreichend begründen zu können. Wenn insofern von einem *Rechtssystem* der Weltgesellschaft gesprochen und nach den geltenden Rechtssätzen geforscht wird, stößt man auf Menschenrechte, die als internationale Verträge geschlossen und innerstaatlich umgesetzt geltendes Recht sind. Insoweit besteht kein Problem für die Autonomie des Rechts. Aber die Idee der Menschenrechte bezieht ihren originären Geltungsgrund aus ihrer naturrechtlichen Genese. Vieles wird von postmodern gestimmten Juristen für Recht erklärt, obwohl es weder aus einem zentral (Weltebene) oder segmentär konsentierten demokratischen

VIERTER TEIL   DIE POLITIK DER GESELLSCHAFT

Entscheidungsverfahren mit klaren Verbindlichkeitsansprüchen und Erzwingungsanordnungen stammt, sondern aus moralischen Diskursen.[240] Rechtswissenschaft sieht sich mitunter als Türöffner für moralisch fundierte Gebote, die dann mit der Macht souveräner Staaten und ihrer internationalen Organisationen zur Geltung gebracht werden sollen oder, falls es am Durchsetzungs- und Befolgungswillen fehlt, als im Kern (nur) moralisches Argument offenbar werden.[241]

FÜNFTER TEIL

MARKTWIRTSCHAFT UND POLITIK

13. KAPITEL
WARUM DIE DEMOKRATIE VOM GUT GEORDNETEN MARKT ABHÄNGT

Der Westen im 20. Jahrhundert: Das große Straucheln

Eine Zeitlang in den zwanziger und dreißiger Jahren schien das *Ende des westlichen Gesellschaftskonzepts* nahe. Der Erste Weltkrieg, seine immensen menschlichen, finanziellen und kulturellen Folgeschäden, der Kommunismus in Russland, der Aufstieg des Faschismus in Italien und die in den USA maßgeblich entstandene Weltwirtschaftskrise von 1929, die eine tiefe Rezession einleitete: All das wurde als Götterdämmerung nicht nur des europäisch-aristokratischen Abendlandes, sondern auch der liberalen Demokratien gedeutet. Die zahlreichen zerstörerischen, häufig in akademischen und künstlerischen Milieus heimischen Kräfte jener totalitären Unterströmungen dieser Zeit konnten gar nicht oft genug und nicht höhnisch genug darauf hinweisen, dass Kapitalismus, Finanzwirtschaft und Demokratie „abgewirtschaftet" hatten. Von London, über Paris und Rom, in Berlin, in Washington oder Tokio herrschte Anfang der dreißiger Jahre die Depression, wirtschaftlich und politisch. Wie in jeder großen Wirtschaftskrise fragten viele, ob *Marx* mit seinen Prophetien zum Untergang des Kapitalismus oder *Spengler* mit seinen kulturpessimistischen Vorhersagen zum Untergang des Abendlandes nicht doch recht gehabt hätten.

Der Marxismus wollte im 19. Jahrhundert ein gültiges Geschichtsprinzip entdeckt haben, gar ein Endziel der Geschichte und damit die kommende *societas perfecta*, die vollkommen gerechte Gesellschaft. Diese setzte er als wissenschaftliche Heilsgewissheit dem als imperfekt gebrandmarkten „bürgerlichen" Liberalismus mit seinem favorisierten Wirtschaftssystem und auch den demokratischen Nationalbewegungen seines Jahrhunderts entgegen. Die Herausgeforderten sahen sich ihrerseits als Exponenten, als Vorreiter der kommenden Zeit, allerdings war ihre Idee von Gesellschaft im Ergebnis *offen*, lediglich prozedural festgelegt[242]. Wer dagegen meint, den Endzweck der Geschichte im materiellen Ergebnis zu kennen, zeigt wenig Hemmungen, über Mensch und Gesellschaft totalitär zu verfügen. Das gilt für Heilspropheten, die den Weg zur perfekten Gesellschaft und allseitiger Gerechtigkeit kennen, ganz ähnlich wie für die Untergangspropheten, die in letzter Minute das Ende der Welt oder auch den Untergang des Abendlands abwenden wollen.

Eroberung des Bodenlosen

Die seit *Lenin* in Angriff genommene kommunistische Gesellschaft der Ideendiktatur, war für *Sloterdijk* die „Eroberung des Bodenlosen", regiert vom „Philosophenkönig Stalin".[243] Nicht erst unter dem Druck der Verhältnisse, sondern bereits im konzeptionellen Ansatz war dieses Unternehmen totalitär und menschenfeindlich. Aber auch ohne diese Herausforderung wäre die westliche Welt zu Beginn des 20. Jahrhunderts ins Straucheln geraten. Nachdem das bürgerliche 19. Jahrhundert auf den Schlachtfeldern Verduns und mit der Ermordung der Romanows endgültig endete, verloren Europa und der Westen ihren Halt. Die künstlerische Moderne und eine nihilistisch wirkende Dekompositions-Philosophie im Stile *Friedrich Nietzsches* hatten die bürgerliche Selbstgewissheit ebenso ins Wanken gebracht wie die verstörenden Effekte einer Dialektik der national segmentierten Globalisierung im Zeitalter des Kolonialismus und Imperialismus.

Stelle der personale Humanismus seit der Renaissance und dann endgültig konkretisiert seit der Aufklärung den Selbstwert des Einzelnen in den Mittelpunkt der normativen Selbstbeschreibung, so schien den totalitären Kräften des 20. Jahrhunderts vor allem mit *Stalin* und *Hitler* und ihren jeweiligen kollektivistischen Leitlinien eine maßgebliche Zäsur zu gelingen.[244] Dabei darf nicht vergessen werden, dass beide Diktaturen, um die Massen zu erreichen, wirtschaftlich argumentierten: Für *Stalin* war die Weltwirtschaftskrise das Totenglöcklein des Kapitalismus und die Bestätigung der kommunistischen Revolution. Für *Hitler* wäre der Aufstieg seiner Partei ohne die Verzweiflung der Weltwirtschaftskrise und dem Millionenheer der Arbeitslosen schlechterdings nicht denkbar gewesen.

Neue Dominanz des Westens seit 1945 und 1990

Doch das in den dreißiger Jahren des 20. Jahrhunderts so unwiderstehlich scheinende totalitäre Aufbegehren gegen den neuzeitlichen Westen, gegen seine ideelle Identität und ökonomische wie sozialpolitische Realität, setzte sich nicht durch. Insofern hatte sich der *Zweite Weltkrieg* trotz irrwitziger Opferzahlen, trotz Auschwitz und Hiroshima, auch im militärischen und wirtschaftlichen Sieg der Demokratien als Katharsis erwiesen, die die zeitweise so unüberwindbar scheinenden Spukgestalten des deutschen und japanischen Rassismus, des italienischen Faschismus im Orkus der Geschichte verschwinden ließ und den maßgeblichen Mitsieger, den russischen Stalinismus immerhin eindämmte. Der Westen ging auch hier, nach Phasen der Verunsicherung etwa zur Zeit des Vietnamkrieges, letztlich wegen seines überlegenen Wirtschaftssystems und der Anziehungskraft der Freiheit als Sieger des Kalten Krieges vom Platz.

Der in Europa vergleichsweise wenig registrierte Übergang Indiens in die Unabhängigkeit und in die Demokratie leitete die De-Kolonisierung der Welt ein, die amerikanische Politik des offenen Welthandels und die militärisch-atomare Übermacht der USA ließen den

FÜNFTER TEIL   MARKTWIRTSCHAFT UND POLITIK

beinah totgesagten Westen mit seinen Leitwerten persönlicher Freiheit, Menschenrechte und Demokratie überraschend wieder erstarken, ja dominant werden. Mit der Implosion der Sowjetunion und der Marktöffnung Chinas, der Ausdehnung der EU über fast den ganzen europäischen Kontinent schien der globale Durchbruch, der Sieg westlicher Ideen ganz unbestreitbar. Es war, als habe man lediglich die westliche Führungsmacht ausgetauscht, nachdem seit Ausbruch des Ersten Weltkrieges England und Europa abgestiegen waren, gaben nun die USA den Ton an, aber es war doch dieselbe, vielleicht noch eingängigere Melodie von freier Selbstentfaltung, Markt und Handel, Demokratie.

Die totalitäre Lektion: Wirtschaft als Schicksal der Demokratie

Anders als 1918 hatte der Westen nach 1945 seine Lektionen eben politisch und ökonomisch richtig gelernt. Der Westen war stark, wenn seine Wirtschaft auf Wachstumskurs und im Gleichgewicht war, wenn die Finanzen stabil verankert waren, wenn militärische Stärke vorhanden und kollektive Sicherheit bei Ächtung des Angriffskrieges von vernünftig kooperierenden Regierungen gewährleistet wurde.

Stabil und leistungsfähig musste die Wirtschaft sein, damit die Bürger sich nicht gegen Demokratien wenden. Das Beispiel Deutschlands nach dem Ersten Weltkrieg war Warnung genug. Im Jahr 1928, als die kreditfinanzierte Scheinblüte der Goldenen Zwanziger gerade noch anhielt, hatten die Wahlen zum Reichstag ein überzeugendes Votum für demokratische Parteien erbracht, die radikalen verfassungsfeindlichen Ränder blieben klein.[245] Nur vier Jahre später, unter der Wucht einer beispiellosen weltweiten Rezession, ausgelöst durch eine Weltfinanzkrise, in Deutschland erheblich verschärft durch das Reparationsregime und gefolgt von Massenarbeitslosigkeit und Massenverarmung, hatten dieselben Deutschen bei den zwei freien Reichstagwahlen im Jahr 1932 etwa 60% der Stimmen für extremistische, offen verfassungs- und demokratiefeindliche Parteien abgegeben[246] und damit jedes demokratisch parlamentarische Regieren unmöglich gemacht. Demokraten konnten angesichts des Wählervotums nur noch auf den halbsenilen, rückwärtsgewandten und eitlen, gerade im Amt bestätigten Reichspräsidenten setzen, welch ein Debakel der Demokratie!

Der universelle Dreiklang von Freiheit, Frieden und Wohlstand

Damit sich derartige gefährliche Entkernungen einer wichtigen westlichen Demokratie nicht wiederholen, vereinbarten England und die USA bereits während des Krieges (1944) das auf Stabilität bedachte Finanzsystem von Bretton Woods[247], brachen mit der krisenverschärfenden Reparationspolitik der Vergangenheit. Die Westmächte strebten seit der Atlantikcharta von 1941 und dann mit der Gründung der Vereinten Nationen 1945 nach Ächtung des Angriffskrieges und zum Gebot internationaler Zusammenarbeit in einem System gegenseitiger kollektiver Sicherheit. Der weitgehend erfolglose Völkerbund wurde durch die neuen *Vereinten Nationen* ersetzt, die das Mandat zur militärischen Friedensintervention verleihen konnten. Es sollte eine neue universell geltende und von jedem vernünftig denkenden Menschen zu akzeptierende Weltordnung entstehen, die westliche Ideen wie die der angeborenen persönlichen Rechte auf gleichbemessene Freiheit, nationale Selbstbestimmung institutionell in einem einheitlichen Regelsystem internationaler Zusammenarbeit verankert und an die Stelle von wechselnden Bündnissystemen trat.

Es handelte sich um einen institutionellen Dreiklang. Freiheit und nationale Selbstbestimmung, Friedensgebot und Gewaltverbot sowie eine weltoffene Marktwirtschaft sollten die maßgebliche Ursache für Kriege, Unterdrückung und Not beseitigen und wieder in das sichere Fahrwasser von Humanismus und Aufklärung zurückführen. Menschenrechte und Friedensgebot wurden in eine enge (strukturelle) Beziehung zu einer freien und stabilen Wirtschaftsverfassung gesetzt.

FÜNFTER TEIL   MARKTWIRTSCHAFT UND POLITIK

Die bis heute als Paradigma des Westens in die politische Kultur ein-
gemeißelte Lektionen der Weltwirtschaftskrise und der totalitären
Entgleisungen der bürgerlichen Welt waren gelernt: Fortan bestand
ein *wirtschaftlicher und finanzpolitischer Stabilitäts- und Wohlstandsimperativ*
(Prosperitätsimperativ) zur Sicherung und Rettung der zwei zentralen
miteinander verschränkten westlichen Institutionen: Marktwirtschaft
und Demokratie. Daneben wurde das weitere unmittelbar politische
Gebot der internationalen Zusammenarbeit als Friedensimperativ gestellt, teils um dem Prosperitätsimperativ zu genügen, ihm also sta-
bilisierende Schützenhilfe zu leisten, teils um das Wiederaufleben des
machtstaatlichen Interessenkalküls, den wirtschaftlich befeuerten europäischen und internationalen Staatenantagonismus zu unterbinden.
Bestandteil der Friedenssicherung, zumal unter den neuen Bedingungen des Kalten Krieges, waren wirksame militärische Fähigkeiten, die
im nordatlantischen und asiatischen Bündnissystem unter Führung der
dominanten USA ins Werk gesetzt und kollektiv kontrolliert wurden.

Welthandelsordnung, Weltfinanzsystem und kollektive Sicherheit als Grundpfeiler der pax americana

Schon *ideell* standen die wirtschaftliche Agenda (Marktwirtschaft,
freier Welthandel, Stabilität des Finanzsystems) und die politische
(Zivilisierung und Kontrolle der Staatenbeziehungen, Förderung
von Demokratien) in unmittelbarer Verbindung zu den Menschenrechten, die von der Generalversammlung der Vereinten Nationen
1948 proklamiert wurden und im Grunde eine Prolongierung und
Internationalisierung der französischen Rechteerklärung von 1789
waren. Das darin zum Ausdruck kommende Menschen- und Weltbild
korrespondierte mit wirtschaftlichen und politischen Institutionen-
vorstellungen (vor allem Markt und Demokratie). Die rechtlich und
politisch garantierten Institutionen des Marktes, des Privateigentums,
der Grundrechte und der rechtsstaatlichen Demokratie wiederum

13. KAPITEL DEMOKRATIE UND GEORDNETER MARKT

gehorchten den Funktionsbedingungen einer ausdifferenzierten, naturwissenschaftlich-technisch geprägten Gesellschaftsformation. Sie waren zudem an einen bestimmten Lebensstil und eine eingeübte soziale Alltagspraxis angekoppelt.

Lebensstil: Markt, Leistung, Konsum

Was also liegt noch im „Schaufenster des Westens", wie West-Berlin im Kalten Krieg genannt wurde? Westlicher *Lebensstil* in Konsumverhalten, Freizügigkeit, Mobilität und Leistungsbereitschaft werden rund um den Globus zur Schau gestellt: In Tokio, Shanghai, San Francisco, Istanbul, Nairobi oder Sao Paulo. Wer sollte seinem Charme nicht erliegen? Die expressiven Muster der Selbstdarstellung, die Ästhetik geglätteter Oberflächen, die Verführungskraft umschmeichelnder Werbung und eine Unterhaltungsindustrie, die Geschmacksfragen gar nicht mehr aufkommen lässt: Dem „American way of life" konnten sich weder bildungselitär erzogene Lehrer der frühen Bundesrepublik, noch französische Intellektuelle entziehen, auch nicht freundliche Spätmarxisten wie *Herbert Marcuse* oder chinesische Parteifunktionäre, und auch saudischen Prinzen werden hier einschlägige Sympathien nachgesagt. Dem häufig noch nicht einmal sonderlich diskreten Charme der westlich geprägten Welt kann sich offenbar niemand wirklich entziehen, die radikale Ablehnung scheint nur als innerweltliche Askese, als religiöser Fundamentalismus, auf dem Territorium einer rigoros abgeschotteten Diktatur oder als brutaler Terrorismus möglich.[248]

183

14. KAPITEL
SOZIALE MARKTWIRTSCHAFT IN DER
WELTGESELLSCHAFT

Freigelassene Wirtschaft

Die öffentliche Moral beklagt die wirtschaftliche Verengung des Blicks, und das bereits die ganze Neuzeit über, also seit rund 500 Jahren. Das große Unglück der westlichen Welt wurde immer wieder in der verengten Logik der entwickelten Geldwirtschaft gesehen, bis auf den heutigen Tag. Das allerdings ist selbst eine abenteuerlich verengte Betrachtungsweise. Denn das Geheimnis der Neuzeit liegt gerade darin, dass solche systematischen Verengungen des Blickwinkels beileibe nicht auf die Wirtschaft beschränkt sind. Einschränkungen des „Blickes" (also der in bestimmten Bedeutungszusammenhängen sinnvollen Kommunikation) sind als systematische Restriktionen das Kennzeichen der neuzeitlichen Gesellschaftsarchitektur.

Angesichts der Vernetzung von Wirtschaft, Staat, öffentlicher Meinungsbildung und überstaatlichen Regierens kommt es darauf an, die institutionellen Verbindungen und Unterscheidungen deutlicher zu kennzeichnen. Wir sprechen in Deutschland und in Europa von der sozialen Marktwirtschaft und meinen damit eine auf *Privateigentum und Vertragsfreiheit* gegründete Wirtschaftsordnung, die eingebettet ist in eine freiheitlich-demokratische Grundordnung mit einem maßvollen sozialen Umverteilungsmandat. Diese Grundordnung setzt der Wirtschaft einen vernünftigen Rahmen, der eine Entfaltungsordnung ist, dabei den Zugang zu Wohlstand und sozialem Aufstieg für möglichst alle offen hält und Marktverzerrungen wie bei Monopolen und Kartellen entgegenwirkt.

Keine stabile Marktwirtschaft ohne demokratischen Rechtsstaat

Natürlich hat es hier im Vorlauf der Weltfinanzkrise und im Blick auf das Maß der Staatsverschuldung Fehlentwicklungen gegeben, die korrigiert werden müssen. Man kann allerdings das Wirtschaftssystem nicht ohne Blick auf das politische, rechtliche und gesellschaftliche System diskutieren, weil das inzwischen entstandene Maß der Interdependenz eine isolierte Betrachtung nicht erlaubt. Denn dort, wo der demokratische Rechtsstaat nicht funktioniert, kann sich auch die Marktwirtschaft auf Dauer nicht positiv entfalten. Wenn soziale Ungerechtigkeit und politische Ungleichheit bereits dem politischen Herrschaftssystem inhärent sind, darf von dort auch keine gerechte Korrektur erwartet werden. Die moralische Anklage des „kapitalistischen" Wirtschaftssystems, selbst wenn sie von hohen religiösen Autoritäten stammt, greift insofern deutlich zu kurz und wird falsch, wenn sie nicht auf die *notwendige strukturelle Kopplung von privatautonomer Wirtschaft und demokratischem Verfassungsstaat* hinweist.

Immerhin gibt es keinen Beleg dafür, mit welcher Alternative zur Marktwirtschaft Freiheit, Wohlstand und Gerechtigkeit besser erreichbar wären. Die an vielen anderen Stellen zu hörende Selbstkritik am freiheitlichen Staat ist ebenfalls überzogen und bedarf einer Wahrnehmungskorrektur. Der Traum von der staatsfreien Weltgesellschaft beginnt sich bereits heute in einen Alptraum zu verwandeln: „Failed States" und eine schwächer werdende internationale Staatengemeinschaft. Allerdings können auch Demokratien zu einem beinah hermetisch geschlossenen, selbstbezüglichen politischen System werden, das in enger Kopplung mit einer diffuser werdenden öffent-

FÜNFTER TEIL   MARKTWIRTSCHAFT UND POLITIK

lichen Meinung eigene normative Standards entwickelt, die weder
den Voraussetzungen anderer Funktionssysteme wie Wirtschaft oder
Wissenschaft entsprechen und auf Freiheiten der Bürger nicht mehr
die Rücksicht nehmen, die von einer durch Grundrechte begrenzten
Staatsgewalt gefordert sind.

Wirtschaftslenkender Staat: neo-liberale und neo-merkantilistische Pendelschläge

Die paternalistische Tendenz zur Regulierung der Wirtschaft und
kleinteiligen Verhaltenssteuerung der Gesellschaft war in Deutschland
immer stark, wurde aber im 19. Jahrhundert durch liberale Grundpo-
sitionen mit der Einführung der Gewerbefreiheit und der Aufhebung
der Leibeigenschaft und einer vor allem preußischen Politik der Han-
delsöffnung planmäßig zurückgedrängt.[249] Doch seit dem Gründer-
krach von 1873 und der sich anschließenden bis in die Neunzigerjahre
des Jahrhunderts reichenden wirtschaftlichen Depression erhielt der
wirtschaftsintervenierende Staat wieder Oberwasser[250] und veranlass-
te den Ökonomen *Joseph Schumpeter* zur Rede vom „*neomerkantilistischen
Kondratieff*".[251]

Schon lange zuvor waren die Folgewirkungen der Industrialisierung
sozialkritisch thematisiert worden und hatten auch den Obrigkeitsstaat
seine Verantwortung zu Bekämpfung von Armut und Verelendung
(wieder)entdecken lassen.[252] Spätestens im Übergang zum 20. Jahrhundert markiert etwa die Kritik am Nachtwächterstaat und die Betonung
der Notwendigkeit des sozialgestaltenden und wirtschaftslenkenden
Staates die Rückkehr von Fürsorgekonzepten und auch wieder inten-
siverer individueller Verhaltensvorgaben.

Wenn sich dann im Verlauf der weiteren Entwicklung Leistungsverluste der Wirtschaft zeigen und die Selbstentfaltungskräfte der
Gesellschaft abnehmen, kommt es immer wieder zu gegenläufigen
neoliberalen Pendelausschlägen, die ihren Schwung spätestens in der
nächsten größeren Wirtschafts- oder Strukturkrise verlieren, wie man

das nach 1965 oder 2008 gut beobachten konnte. In den neoliberalen Phasen – da sind sich fast alle einig – muss darauf geachtet werden, dass sich der Zusammenhang von Personalität und Politik nicht in Richtung einer Entsolidarisierung der Gesellschaft auflöst. Umgekehrt müsste dann in einer anschließenden neomerkantilistischen Phase mit einer politischen Überregulierung und Gefahren für das Personalitätsprinzip zu rechnen sein.

Demokratischer Kapitalismus: Gesamtwirtschaftliches Gleichgewicht

Sanft, beinah unmerklich hat der Westen vor allem in Europa und Japan seine alten eudämonistischen Herrschaftswurzeln wieder bewässert und dabei dem Vertrauen in die staatsfreie Entfaltung der Persönlichkeit entsprechend Wasser abgegraben.[253] Die jahrzehntelange Politik international abgestimmter makroökonomischer Planvorgaben zur Erzielung eines dauerhaften und ausreichenden Wirtschaftswachstums, bei Preisstabilität und Vollbeschäftigung[254], wirkt trotz ihrer bedenklichen Erfolglosigkeit und erheblicher Nebenwirkungen immer noch beispielgebend. Es klingt so schön, wenn § 1 des 1967 erlassenen Stabilitätsgesetzes vorschreibt:

> „Bund und Länder haben bei ihren wirtschafts- und finanzpolitischen Maßnahmen die Erfordernisse des gesamtwirtschaftlichen Gleichgewichts zu beachten. Die Maßnahmen sind so zu treffen, daß sie im Rahmen der marktwirtschaftlichen Ordnung gleichzeitig zur Stabilität des Preisniveaus, zu einem hohen Beschäftigungsstand und außenwirtschaftlichem Gleichgewicht bei stetigem und angemessenem Wirtschaftswachstum beitragen."

Öffentliche Haushalte, öffentliche Aufträge und die Steuerpolitik ganz in den Dienst der Wahrung des gesamtwirtschaftlichen Gleichgewichts zu stellen und auch die Geldpolitik der Notenbanken diesem Ziel anzupassen: Das wurde zu einem politisch mental festsitzenden Muster. Gleichzeitig sollte der internationale Kapitaltransfer erleichtert werden, um Wachstum zu fördern und jedes Projekt, jede Marktinnovation möglichst ohne finanzielle Barrieren auf den Weg zu bringen. Wertschöpfungsketten auch außerhalb des traditionellen Gewerbes wurden verstärkt, beispielsweise in kreativen „Produkten" auf Finanzmärkten; heute blüht die Internetökonomie und wird gefördert. All das hat die Gesellschaften des Westens gewiss stimuliert, aber auch in die Weltfinanzkrise und europäische Schuldenkrise geführt.

Geordneter oder deformierter Markt?

Es ist nicht selten, dass ein politischer und rechtlicher Mechanismus Folgen erzeugt, die dem Markt zugerechnet werden. Der Europäische Gerichtshof zwingt beispielsweise Unternehmen, ihre Waren im Internet anzubieten, auch wenn sie diesen Vertriebsweg zugunsten autorisierter Verkaufsstellen (Ladengeschäfte) ausschließen wollen.[255] Wer in einer solchen Geschäftspraxis eine Technik zur Erhaltung hoher Preise zum Nachteil des Konsumenten sieht, mag durchaus Recht haben. Aber ein solcher Verbraucherschutz, der mittels eines politischen Bildes vom (entfesselten) Wettbewerb allein auf die Senkung von Konsumentenpreisen zielt, fördert einen Tunnelblick und kreidet später verödete Innenstädte ohne hochwertige Ladengeschäfte dem rücksichtslosen Kapitalismus an. Selbst der entfesselte „Finanzkapitalismus" ist nicht einfach entfesselt, sondern steht in einer politisch, wirtschaftlich, (wirtschafts-)wissenschaftlich und rechtlich geflochtenen Matrix, wenn man etwa nur an die Rolle der Notenbanken und der staatlichen Haushaltspolitik in ihrem steten Streben nach Förderung des Wirtschaftswachstums denkt. In Wirklichkeit gibt es den „freien" Kapitalismus auch im Westen nicht. Was es gibt, ist eine strukturelle Kopplung von Wirtschaft, Politik und Recht, die genauer auszumessen wäre, wenn man zu rational begründeten Urteilen gelangen will.

14. KAPITEL SOZIALE MARKTWIRTSCHAFT IN DER WELTGESELLSCHAFT

Von der sozialen zur gelenkten Marktwirtschaft

Eine bedrohliche Entwicklung hin zum *demokratischen Paternalismus* wäre zu diagnostizieren, wenn sich die Parlamente nicht mehr als der Ort gegen übermäßige Belastungen der Bürger erwiesen, sondern eher als die Motoren zur Ausdehnung politischer Gestaltungsansprüche in die Gesellschaft hinein. Eine mehr und mehr aktionistisch werdende und sachlich nicht institutionell denkende Politik würde die ordo-liberale Konzeption der sozialen Marktwirtschaft allmählich in eine *gelenkte Marktwirtschaft* verwandeln. Indikatoren wären die Zunahme staatlicher Lenkung und Planung der Wirtschaft, etwa mit Eingriffen in den Mechanismus der Preisbildung oder bei der Auswahl und Konditionierung der Unternehmensführungen.

Das Besondere an der Regulierung von Wirtschaft, Sozialpolitik und Arbeitsmarkt liegt nicht notwendig darin, dass reguliert wird, sondern mit welcher Orientierung und mit welchem Ordnungsrahmen. Es fällt auf, dass die Staaten des Westens kurzatmig agieren. Sie schaffen es, auf diesem Terrain gleichzeitig zu viel und zu wenig zu tun. Während auf der einen Seite detailliert in die Wirtschaft eingegriffen wird, versäumt es die Politik, ausgewogene Ordnungen zu erhalten oder unter weltgesellschaftlichen Bedingungen neu zu akzentuieren. Nach der Internationalisierung der Finanzmärkte wurde beispielsweise zum Vorteil der großen Kapitalgeber und der klammen kapitalsuchenden Staaten auf eine effektive Regulierung weitgehend verzichtet. Sehr mühselig versucht Europa mit einer Veränderung der Bankenaufsicht unter dem Titel Bankenunion die Möglichkeit zu rekonstruieren, dass Freiheit und Haftung wieder institutionell zusammengeführt werden. Es geht vor allem darum, dass Insolvenzen als letzte Konsequenz unwirtschaftlichen Wirtschaftens im Bankenbereich wieder möglich werden. Dies hieße Wiederherstellung der Funktionsfähigkeit von Marktwirtschaft. Solange Staaten aber die Grenze zwischen Staat und Gesellschaft gezielt verwischen, indem sie ihre nationalen Banken bis hin zu den Zentralbanken instrumentalisieren, um sich selbst günstig

189

mit Geld zu versorgen, wird diese vernünftige Ordnung unvollständig bleiben.

Während die *soziale Marktwirtschaft* dem Markt so Regeln vorgibt, dass er möglichst offen für fairen Tausch und Wettbewerb funktioniert – also: Kartellverbot, Bekämpfung übermäßiger Marktmacht (Fusionskontrolle), angemessenen Verbraucherschutz, Inhaltskontrolle von in den realen Machtverhältnissen asymmetrischen Verträgen, Förderung einer wirksamen Tarifautonomie –, greift die *gelenkte Marktwirtschaft* in die eigentliche Logik des Marktes ein, und zwar über die allgemeine Regelbildung hinaus, indem Preise reguliert, Produktionsvorgaben gemacht, die innere Organisation des Unternehmens nach politischen Vorgaben verordnet wird und Zwänge bis in das Rentabilitätskalkül gesetzt werden.

Die wirtschaftswissenschaftliche Unterscheidung von Ordnungspolitik und Prozesssteuerung

In der Wirtschaftswissenschaft kennen wir den Begriff des Ordoliberalismus. Marktwirtschaft benötigt einen bestimmten normativen Ordnungsrahmen, wobei zumeist ausschließlich an das Recht und weniger an andere soziokulturelle Voraussetzungen gedacht wird, wie Mentalität, Einstellungen, Kreativität oder Arbeitsethos, die teilweise normativ, aber nicht rechtlich geprägt sind. Die dahinter stehende Vorstellung weist der Politik die Aufgabe zu, eine funktionsgerechte Ordnung zu gewährleisten. Dazu bedarf es vor allem der Garantie des Privateigentums, der Gewährleistung der Vertragsfreiheit, der Ahndung von Wettbewerbsverstößen und einer gesetzlichen Haftungszurechnung. Das Konzept der sozialen Marktwirtschaft ist aus dem Ordoliberalismus entstanden, hier wird der notwendige Ordnungsrahmen lediglich an bestimmten Stellschrauben anders justiert als das „Marktradikale" tun würden. So werden Zutrittsschranken, etwa durch wirtschaftliche Machtkonzentrationen, sehr viel kritischer

14. KAPITEL   SOZIALE MARKTWIRTSCHAFT IN DER WELTGESELLSCHAFT

gesehen und die Stellung des Verbrauchers gestärkt, damit Privatautonomie sich möglichst chancengerecht entfalten kann.

Stand der deutsche Wirtschaftsminister *Ludwig Erhard* für dieses Konzept sozialer Marktwirtschaft, so wurde dies Mitte der sechziger Jahre abgelöst durch die Konzeption eines anderen Wirtschaftsministers, *Karl Schiller*, der von der grundsätzlichen politischen Steuerbarkeit einer Volkswirtschaft ausging. Das französische Modell einer politisch *gelenkten Marktwirtschaft* mit direkten Wirtschaftsbeteiligungen und Interventionen des Staates ging darüber noch hinaus und fand Beifall auch bei *Karl Schiller*[256]. *Jean Monnet*, einer der großen Väter der europäischen Integration, hatte 1946 bereits mit der Planification die Verflechtung von Staat und Wirtschaft programmatisch eingeleitet. Orientiert an *Keynes* will die etwas weniger intensiv eingreifende konjunkturausgleichende Prozesspolitik (adjustment policy) auf volkswirtschaftliche Makrovariablen einwirken. Insbesondere geschah dies seit den siebziger Jahren sehr massiv mit staatlichen Ausgabeprogrammen zur Konjunkturstärkung und manchmal ohne hinreichende Rücksicht auf einen vernünftigen fiskalischen Ordnungsrahmen der öffentlichen Haushalte. Man könnte sagen, dass bei der Verwirklichung der Idee wirtschaftlicher Globalsteuerung ein Stück weit notwendige Normen wie die Vorstellung eines materiell ausgeglichenen öffentlichen Haushalts, der regelmäßig ohne Schuldenfinanzierung auskommt, missachtet wurden und damit die Nachhaltigkeitsbedingungen westlicher Gesellschaften.[257]

Nach der relativen, in manchen Staaten absoluten (also die Tragfähigkeit überschreitenden) Überschuldung der Haushalte ist die Karawane der überzogenen Erwartungen der Möglichkeiten makroökonomischer Steuerung inzwischen zu den Zentralbanken weiter gewandert. Es steht zu befürchten, dass unter überzogenen Erwartungen immer auch derjenige zu leiden hat, der heute als Held gefeiert wird. In den sechziger Jahren gehörte die Zukunft scheinbar der französischen Planification und der deutschen Globalsteuerung mit ihrem Helden *Karl Schiller*. *Alan Greenspan* war als Chef der US-amerikanischen Notenbank der Held vor der Weltfinanzkrise; auf dem Höhepunkt der europäischen Schuldenkrise wurde es EZB-Präsident *Mario Draghi*, dem Wunder zugetraut werden. Und doch wird gerade hier der Konflikt zwischen ordnungspolitischem und prozesspolitischem Denken deutlich. Für die Währungsunion ist es funktionell notwendig, dass sich die Notenbank einer monetären Staatsfinanzierung enthält, so wie dies die europäischen Verträge vorschreiben.[258] In der Krise glaubt man, notwendige Normen brechen zu können, nach dem Motto „auf das Ergebnis kommt es an" und „der Zweck heiligt die Mittel". Die westlichen Gesellschaften haben in einem sozialtechnischen Tunnelblick die Ordnungspolitik für antiquiert angesehen, die auf die Einhaltung und Gewährleistung notwendiger gesellschaftlicher Normen insistiert. Stattdessen zählen schnelle Ergebnisse. Das Recht oder auch sittliche Normen der Gesellschaft sind bloße Instrumente ohne rationalen Ordnungsgehalt.

Wissen und Unwissen – Allmacht und Ohnmacht

Erfolgreich lernen kann nur, wer ein richtiges Bild von sich selbst und der Wirklichkeit besitzt. Die moderne westliche Gesellschaft verfügt heute über kein konsistentes Bild von sich selbst. Sie kennt weder hinreichend ihre normative Identität, noch versteht sie angemessen die langfristigen faktischen Funktionsvoraussetzungen. Das moralische Urteil tritt an die Stelle des sachlichen Urteils, die öffentliche Meinung der Demokratien kann vieles erkennen, aber nicht ihren eigenen Verursachungsanteil an Fehlentwicklungen aus dem politischen System der Gesellschaft heraus.

Wer sich heute die Ohnmacht praktisch aller wirtschaftlichen, politischen und wissenschaftlichen Akteure im Umgang mit der Weltfinanzkrise vor Augen führt, der sieht, dass wir den Horizont unseres Lernprogramms von *Keynes*, Bretton Woods und das alte demokratische Prosperitätsparadigma längst verlassen haben und im Grunde blind umhertappen. Die jüngsten verzweifelten Versuche von Zentralbanken, als große makroökonomische Steuermänner den Kurs vorzugeben oder die Revolte von Wählern in Griechenland gegen das stahlharte Gehäuse internationaler Finanzhilfssysteme, offenbaren vor allem Hilflosigkeit. Teile der amerikanischen Wirtschaftswissenschaft wie *Krugman* oder *Stiglitz* wollen die Botschaft aus der Weltfinanzkrise und das Schwanken des Westens nicht wahrnehmen. Sie wollen, dass die Party des Deficit-Spending weitergeht, obwohl es sich doch ersichtlich nur um einen halbierten *Keynes* handelt, auf den man sich beruft. Die aktionistisch-monetäre amerikanische Meinung hält insbesondere die Deutschen für allzu theorieverliebt, wenn ordnungspolitische Klugheitsregeln befolgt werden sollen. Vor allem kennen manche Amerikaner offenbar die Blaupause der europäischen Integration nicht genau genug, eine Blaupause, nach der Moral Hazard und Transferwachstum unterbunden werden sollten, um als Union Bestand zu haben.

Auch Notenbanken, die noch alten Träumen nachhängen von der makroökonomischen Steuerungsallmacht, versprechen mehr als sie halten können. Sind dann erst einmal die geldpolitischen Kräfte überspannt, kommt man schwer aus der Falle der Nullzinspolitik heraus. Die Zentralbank, als Stabilitätswächter der Währung eingesetzt, muss dann auf (begrenzte) Inflation hoffen. Die Zentralbank gleicht einem von anhaltender Dürre heimgesuchten Bauern, der den nächsten Regen herbeisehnt. Die eigentliche Quelle für eine fortgesetzte Tendenz zur Stagnation, die in der Überalterung europäischer Gesellschaften, falscher Anreizsysteme und Überregulierung der Wirtschaft liegen, werden von den Zentralbanken durchaus in volkswirtschaftlichen Lagebeurteilungen in den Blick genommen, können aber von ihnen nicht beeinflusst werden.

Ganz ähnlich sehen zumindest einige wichtige Staatenlenker, dass sie fiskalisch über ihre Verhältnisse gelebt haben, fürchten aber die Bremswirkung einer Sparpolitik und politische Zustimmungsverluste. Länder wie Japan, Frankreich, Deutschland oder Italien wissen oder ahnen jedenfalls, dass sie entweder die sich anbahnenden Lasten der Überalterung der Gesellschaft mit immensen Gesundheits- und Pflegekosten oder aber die gesellschaftlichen Friktionen einer weitgehend ungeregelten Zuwanderung nicht in den Griff bekommen werden, ohne sozialstaatlich bislang übliche Anspruchsniveaus zu senken und für die Gewährleistung von freiheitlich-rechtsstaatlicher Ordnung größere Anstrengungen zu unternehmen.

Spieltheorien ersetzen keine Gesellschaftstheorie

Seitdem es mit der Soziologie eine Spezialwissenschaft für die Gesellschaft gibt, legt man Wert darauf, die Gesellschaftswissenschaft ebenso wie die Wirtschaftswissenschaft erkenntnistheoretisch und im Methodenverständnis nach dem Grundmodell der Naturwissenschaften zu betreiben.[259] Das heißt, die beobachtenden Wissenschaftler müssen vorurteilsfrei das beschreiben, was intersubjektiv anhand „objektiver" Daten überprüfbar ist. Jede Annahme über die Beschaffenheit der Welt muss offen für ihre empirische Widerlegung (Falsifizierung) sein. Deshalb steht die empirische Sozialforschung mit ihren objektiv-deskriptiv ansetzenden Methoden im Mittelpunkt der Gesellschaftswissenschaft.

Verpönt ist es (oder sollte es jedenfalls sein), dabei mit einem normativen Vorverständnis an die Darstellung der Gesellschaft heranzugehen. Forscher und Forscherinnen können als Menschen progressiv, konservativ, demokratie- oder kapitalismuskritisch oder feministisch sein. Aber Forschung verliert ihre Qualität als solche, wenn diese Vorannahmen zum Kompass der Forschung gemacht werden.[260] Die Wissenschaftler, so ein bekanntes Plädoyer *Max Webers*[261], sollen in ihrer Forschungsarbeit werturteilsfrei sein.

Solche wissenschaftstheoretischen Vorverständnisse wurden durch einen Teil der Modernitätskritik von *Wittgenstein*[262] bis *Foucault*[263] erschüttert, sie wurden „de-konstruiert" und „de-struiert", weil kein Mensch als unbewegter Beobachter außerhalb der Gesellschaft stehen kann und seine Ergebnisse weder im strengen Sinne „objektiv" sein können, schon weil der Gegenstand der Beobachtung durch Aussagen über ihn nicht unverändert bleibt. Jede kommunizierte Erkenntnis über die Gesellschaft verändert diese, weil Gesellschaft die Summe der Kommunikationen ist.[264]

Der naturwissenschaftliche Empirismus und seine mathematisierte Theoriebildung strahlen gleichwohl als Erfolgsmodell auch auf die moderne Sozialwissenschaft ab und verheißen dann Wissenschaftlichkeit, wenn man die kleinsten Elemente des sozialen Handelns beispielsweise in Modellen der „rational choice"[265] oder der ökonomischen Analyse des Rechts[266] objektiv rekonstruieren, als rationales Regelsystem darstellen oder auch quantifizieren kann. *Hans-Bernhard Schmid* hat diese Theorietendenz, die eine typische Selbstbezüglichkeit in einem global geöffneten und disziplinär geschlossenen, letztlich tribalen Wissenschaftssystem repräsentiert, ein wenig unhöflich als spieltheoretischen „Wahnsinn" und die Anhänger als „Rational Fools" gekennzeichnet.[267]

Rational-Choice-Theorien haben natürlich einen Erklärungswert, vor allem auf einer mittleren Generalisierungsebene im Rahmen der Entwicklung von sozialen Ordnungssystemen und auch bei der Einschätzung von wirtschaftlichen oder machtpolitischen Interaktionen.[268] Handlungstheoretische Modellannahmen und Spieltheorien sind allerdings keine Gesellschaftstheorie, sondern ein Baustein in einer rationalen, akteursbezogenen Rekonstruktion von Gesellschaft. Sie sind für das Verständnis von Institutionen wie den Markt oder den Spezialfall des offenen Welthandels wertvoll, weil sie dem verbreiteten Nullsummen-Fehlschluss („beim Handel gewinnt der eine und der andere verliert") durch rationale Argumentation entgegentreten.[269]

Fundamentale Normen (Elementarnormen)

Es kommt darauf an, den fundamentalen, weil konstruktiv und real unverzichtbaren Normbestand der Gesellschaft zu erkennen, und zwar zunächst für sich genommen und nicht als bloße Funktion des Marktes oder des Paretooptimums.[270] *Fundamental* im Sinne von unentbehrlich und grundlegend ist – auf einer allgemeinen und deutungsfähigen

Ebene – derjenige Normbestand, der einer Gesellschaft ihre Identität gibt und unentbehrlich als Funktionsvoraussetzung ist. Welche Normen das sind, kann nicht allein, aber zu einem wesentlichen Teil ideengeschichtlich, ethisch und verfassungsrechtlich ermittelt werden. Auf einer weiteren – den Brückenschlag zur sozialen Wirklichkeit leistenden – Ebene sind fundamental diejenigen Normen, die als strukturelle Kopplungen unverzichtbar sind, um wesentliche soziale Institutionen zu ermöglichen und zu schützen. Hier wäre eine *normative Institutionenanalyse* von Wert, die zu unterscheiden vermag, welche Entwicklungen Funktionssysteme nur produktiv irritieren und welche ihnen den Spielraum zur Entfaltung ihrer Leistungsfähigkeit nehmen.

SECHSTER TEIL

DIE KRISE EUROPAS

15. KAPITEL
DIE EINHEIT EUROPAS ALS WIRTSCHAFTSINTEGRATION

Europa als Krisengeschichte

Was ist aus Europa geworden? Vor 15 Jahren arbeitete man den Verfassungsvertrag aus, der von manchen seiner Architekten als heimliches Gründungsdokument der Vereinigten Staaten von Europa erhofft wurde. Wenn auch nicht sogleich unter diesem Namen ausgeflaggt, so sollte er doch in einer kommenden Retrospektive so gesehen werden. Als die Weltfinanzkrise begann und sich rasch in die europäische Schuldenkrise hinein entwickelte, ahnten viele, dass das nicht eine der üblichen europäischen Krisen ist. Obwohl politische Profis auch heute darauf hinweisen, dass das europäische Einheitsprojekt eigentlich permanent in einer Krise stecke und sich dabei stetig bewege. Das europäische Einheitsprojekt bewegte sich tatsächlich über Krisen zum Erfolg, und der Erfolg ist manchmal eine Ursache für neue Krisen.

Als die Völker Europas nach verheerenden Weltkriegen unter dem Druck des Kalten Krieges nach neuen politischen Wegen suchten, schien eine gemeinsame europäische Armee und letztlich ein Bundesstaat die einzige Möglichkeit, künftige Kriege untereinander zu verhindern und zwischen den beiden Supermächten eine einigermaßen bedeutsame Stärke entfalten zu können. Doch nachdem die französische Nationalversammlung im August 1954 den von Deutschland bereits ratifizierten Europäischen Verteidigungsvertrag (EVG) abgelehnt hatte, blieb nur die zuvor – den Aufbau der Streitkräfte flankierend – in Kraft gesetzte Montanunion, die die Kontrolle über Kohle und Stahl in den sechs Mitgliedstaaten durch eine Hohe Behörde übernahm. Obwohl im Rahmen des Europarats bereits an einer echten bundesstaatlichen Verfassung gearbeitet worden war, fehlte es an der Kraft und den kulturellen Voraussetzungen, um in einem kühnen Schritt die Vereinigten Staaten von Europa zu gründen. Aber die Uhr der alten europäischen Machtstaaten war historisch ohnedies abgelaufen. Im Grunde, wenngleich unterschiedliche Interessen im Blick, wollte niemand zurück zu unverbundenen nationalstaatlichen Egoismen, Protektionismus und militärisch hochgerüsteten Bündnissystemen. Der pragmatische, aber auch innovative Weg zwischen beiden Positionen verlief über die wirtschaftliche Integration.

Gemeinsamer Markt und Supranationalität

Nach dem Vorbild der Montanunion zielten die 1958 in Kraft getretenen Römischen Verträge darauf, einen Gemeinsamen Markt, den späteren Binnenmarkt zu errichten, in dem nationale Grenzen überwunden wurden und sich Grundfreiheiten wie Freizügigkeit, Niederlassungsfreiheit, Dienstleistungsfreiheit und Kapitalverkehrsfreiheit entfalten konnten. Der Binnenmarkt umfasst einen Raum ohne Binnengrenzen, in dem der freie Verkehr von Waren, Personen, Dienstleistungen und Kapital gewährleistet ist (Art. 26 Abs. 2 AEUV). Der gelenkte Agrarmarkt und Dirigismen auch im Montanbereich gehörten zwar von Anfang an zu den europäischen Gemeinschaften, die eigentliche Entfaltungskraft lag aber in den Grundfreiheiten eines einheitlichen und offenen Marktes. Aus der Hohen Behörde der Montanunion war die Europäische Kommission geworden, die ein neuartiger Typ internationaler Organisationen war. Das neue Prinzip hieß Supranationalität und löste sich vom klassischen völkerrechtlichen Gesandtenkongress.[271] In autonomer Willensbildung stimmten die zunächst neun Kommissare ab über Gesetzesvorschläge, die als Verordnung in den Mitgliedstaaten nach Verabschiedung durch den Ministerrat unmittelbar geltendes Recht wurden. Im Grunde war von vornherein das klar, was der Europäische Gerichtshof Anfang der sechziger Jahre mit seiner Rechtsprechung deutlich machte, dass dieses Gemeinschaftsrecht (das spätere Unionsrecht) prinzipiell Anwendungsvorrang vor entgegenstehendem nationalen Recht beanspruchen durfte. Eine so weitgehende Bindung und auch die Gewährung von so weitreichender Organautonomie waren bei fortbestehender Souveränität der Staaten präzedenzlos. Akzeptiert wurde die neue Supranationalität weniger aus der Erkenntnis, das nationalstaatliche Organisationsprinzip sei überlebt, sondern mehr aus der Einsicht in die Notwendigkeit wirtschaftlicher Kooperation, um national unter den Bedingungen des Kalten Krieges wieder stark zu sein.

Kompromiss unter politischen Eliten

Die Wirtschaftsgemeinschaft war im Grunde genommen ein Kompromiss unter den politischen Eliten. Die Freihändler wie *Ludwig Erhard* und später vor allem die Briten wollten den gemeinsamen Markt mit den Vorteilen eines offenen Handelssystems. Sie dachten ihn zugleich mit einer atlantischen Brücke zu den USA. Die Integrationisten, unter ihnen *Adenauer*, betrachteten die Wirtschaft letztlich als ein Instrument des politischen Zusammenwirkens und Zusammenwachsens. Der Binnenmarkt war und ist insofern für beide bis heute fortbestehenden Lager ein politisches Projekt, das den Zusammenhalt der Bürger Europas über die Staatsgrenzen hinweg sichert, zugleich die bis dahin bestehenden Möglichkeiten und Sachzwänge des alten Protektionismus beseitigen sollte.

Denn der wirtschaftliche Protektionismus, der über Zollpolitik, Handelshemmnisse, Kontingentierungen, Devisenkontrollen, subventionierende Industriepolitik verlief, war eine der wesentlichen Ursachen für den europäischen Staatenantagonismus, die tiefere Quelle der

SECHSTER TEIL   DIE KRISE EUROPAS

Spannungen und Kriege. Mit dem Zusammenwachsen eines Wirtschaftsraums sollte zugleich eine andere Lebenserfahrung der Grenzüberschreitung prägend werden. Die Architekten der wirtschaftlichen Einigung rechneten dabei von vorneherein auf Spill-over-Effekte, auf Sachzwänge, die als „invisible hand" Schritt für Schritt mehr Einheit erforderlich machen: Politischer Mehrwert wirtschaftlicher Funktionalität, also ein Konzept funktioneller Einigung.

Komplexer Konsens zwischen Gemeinschaftsinteresse und nationalen Interessen

Solche überschießenden, treibenden Effekte entstehen, wenn die Ordnung des Binnenmarktes, Folgewirkungen und funktionellen Änderungsbedarf erzeugt, der sich nach und nach in den politischen Raum ausdehnt und allmählich jedermann die Notwendigkeit einer auch politischen Union vor Augen führt. Die Wirtschaft war insofern einerseits Selbstzweck, weil ein großer Handels- und Produktionsraum, der Verzicht auf Handelsbeschränkungen die Rentabilität eines Unternehmens über einen großen einheitlich normierten Absatzraum und die Möglichkeit vernetzten Produzierens mehrt, zugleich Transaktionskosten senkt und im Ergebnis Wohlstand mehrt. Andererseits war die wirtschaftliche Integration aber auch politisches Instrument, um Europa mit weltpolitischem Gewicht zu einigen, ein quasi didaktisches Programm für die Bürger, die sich in ihren historisch und kulturell geprägten nationalen Räumen unmittelbar noch nicht zum Sprung in die große politische Union, den Bundesstaat entschließen konnten. Der Weg über das, was die Verträge „offene Marktwirtschaft" nennen, war und ist eine Erfolgsgeschichte. Die Europäische Kommission wurde eine Einrichtung zur Gewährleistung fairen Wettbewerbs bei fortbestehenden, politisch oft sehr deutlich artikulierten Standortinteressen. Die Kommission musste Produkt- oder Verhaltensanforderungen so koordinieren und harmonisieren, dass ein vernünftiger wirtschaftlicher Ordnungsraum entstand, sie musste zugleich darauf hinwirken,

15. KAPITEL DIE EINHEIT EUROPAS ALS WIRTSCHAFTSINTEGRATION

dass das Beihilfeverbot durchgesetzt, Monopolisierungen verhindert und die Abschottung nationaler Wirtschaftsräume aufgebrochen wurde. Die von großen Kommissionspräsidenten wie *Walter Hallstein* oder *Jacques Delors* in ihrem Geist maßgeblich marktwirtschaftlich geprägte Kommission war im Lauf der Jahrzehnte der Motor der Einheit und hat Fakten geschaffen, hinter die niemand mehr zurück kann.

Schaut man näher hin, sieht man, dass auch bei heterogener Interessenlage etwas zusammenwächst, wenn es genügend gemeinsame Interessen gibt und ein allgemeiner, universell gültiger und deshalb für jeden kalkulierbarer Ordnungsrahmen besteht. In diesem Sinne hat sich die Europäische Gemeinschaft und spätere Union als überstaatliche Wettbewerbsordnung entfaltet.

Zwischen sozialer Marktwirtschaft und dem Prinzip freien Wettbewerbs

Als der politische Prozess seit der Einheitlichen Europäischen Akte (1986) und dem Maastrichter Unionsvertrag (1993) dann in Richtung politische Einheit drängte und mit dem Verfassungsvertrag noch einen Schritt weitergehen wollte, kam es erstmals auch zu Diskussionen über die Fortsetzung der funktionellen Einigung eines Wirtschaftsraums. Nach den ablehnenden Volksabstimmungen über den Verfassungsvertrag in Frankreich und den Niederlanden wurde dem revidierten Unionsvertrag eine insofern neue Zielbestimmung gegeben. Art. 3 Abs. 3 EUV lautet nunmehr:

„Die Union errichtet einen Binnenmarkt. Sie wirkt auf die nachhaltige Entwicklung Europas auf der Grundlage eines ausgewogenen Wirtschaftswachstums und von Preisstabilität, eine in hohem Maße wettbewerbsfähige soziale Marktwirtschaft, die auf Vollbeschäftigung und sozialen Fortschritt abzielt, sowie ein hohes Maß an Umweltschutz und Verbesserung der Umweltqualität hin (…)“.

Allerdings redet der als funktioneller Ordnungsrahmen maßgebliche Europäische Arbeitsvertrag (AEUV) in Art. 119 weiterhin vom

Grundsatz einer „offenen Marktwirtschaft mit freiem Wettbewerb"
als verbindlichem Ziel der europäischen Wirtschaftsverfassung. Ver-
gleicht man beide Vorschriften, so schimmert hier bereits eine Weg-
gabelung durch. Denn wenn die Integration voranschreitet, verlieren
die Mitgliedstaaten wirtschaftspolitische Gestaltungsmittel und er-
wägen, diese Mittel auf der europäischen Ebene wieder in die Hand
zu bekommen, wenngleich vergemeinschaftet. So wird aktuell mit
der Diskussion über eine „Fiskalkapazität" die Verstaatlichung der
Union vorangetrieben. Eigene EU-Steuern, Konjunkturprogramme
und Finanztransfers erscheinen am Horizont. Bei näherer Betrachtung nehmen aber die Interessengegensätze in dem Maße zu, wie
nicht allgemeine Wettbewerbsregeln, denen jeder zustimmen kann,
verabschiedet werden, sondern handfeste arbeitsmarktpolitische, sozialpolitische oder industriepolitische Entscheidungen oder Verteilungs-
entscheidungen getroffen werden sollen. Denn dann geht es um den
Standort und die besonderen nationalen und regionalen Bedingungen.

Kritik an der Wirtschaftsintegration

Zwischen diesen beiden gleichermaßen gültigen Bestimmungen der
„sozialen" und der „offenen" Marktwirtschaft verbirgt sich je nach
Lesart etwas, das sich ergänzen kann oder auch ein politischer Ziel-
konflikt. Denn inzwischen sind die Bürger nicht mehr durchweg
überzeugt, dass Europa als eine Ordnung offener Marktwirtschaft mit
freiem Wettbewerb hinreichend ist, um aus einer strukturellen Krise
herauszukommen. Bereits die Einfügung des Attributs „sozial" sollte
eine verbreitete Kritik eindämmen. In Frankreich hatte sich gegen den
Verfassungsvertrag auch ein deutlicher Teil der politischen Linken aus-
gesprochen, weil das Europa der funktionellen Einigung mit seinem
offenen Wettbewerb und der Einschränkung der Möglichkeiten einer
staatlichen wirtschaftslenkenden Politik zunehmend als Belastung
empfunden wurde. Das Unbehagen an einer politischen Integration,
die wirtschaftlicher Entfaltungsdynamik autonome Räume verleiht

und den wirtschaftslenkenden Staat institutionell in die Schranken weist, wurde größer. Das Geheimnis der erfolgreichen europäischen Integration lag gerade darin, dass sich die supranationalen Organe auf einen Konsens ordnungspolitischer Grundverständnisse verlassen und von dort aus das europäische Interesse ohne grundlegende Zerwürfnisse formulieren konnten. Mit anderen Worten: Die Marktwirtschaft mit freiem Wettbewerb war ein politisches Instrument, aber gleichzeitig ein dringend gebotener Selbstzweck, um die paternalistische Tendenz der Staaten zu Merkantilismus, Protektionismus und Wirtschaftslenkung zurückzudrängen. Doch dieses Konzept der Eliten konnte nur funktionieren, wenn sich Staaten als wirtschaftliche Wettbewerbseinheiten verstanden, die über Sozialpartnerschaft, Korporatismus und klugen Wählerwillen entsprechende Entscheidungen in Politik und Tarifautonomie auch praktisch durchsetzen konnten.

Die Kritik an der Globalisierung und auch an einer wirtschaftlich funktionalisierten europäischen Einigung war subkutan bereits vor Ausbruch der Weltfinanzkrise deutlich gewachsen. Zunächst wollte mancher Politiker die Kritiker dadurch besänftigen, das eine oder andere an nationaler Standortförderung zu tun, um nicht auf der Verliererseite zu stehen. Kleinere und kleinste Staaten konnten sich auch als Steuerparadies oder kräftig wachsender Finanzstandort empfehlen, die größeren Länder standen vor der schwierigen, politisch häufig umstrittenen Aufgabe, Wettbewerbsfähigkeit durch Strukturanpassung, womöglich auch Reallohnsenkung, jedenfalls aber mit Flexibilisierung und Mobilisierung ihrer Volkswirtschaften zu erstreiten.

Die verbreitete und nach der Weltfinanzkrise geradezu vorherrschende Kritik am Neoliberalismus traf denn auch die Europäische Kommission und die Architektur der europäischen Verträge. Die Krise im europäischen Währungs- und Finanzsystem, die seit 2010 offenbar wurde, ließ solche bislang eher subkutanen Spannungen scharfkantig zutage treten. Denn jetzt wirkten sich die zuvor bereitwillig vereinbarten fiskalischen Kriterien zur Schuldenbegrenzung angesichts des erreichten Schuldenstandes öffentlicher Haushalte und den Herausforderungen bei der Bewältigung einer globalen Krise im Finanzsystem wie ein enges Korsett aus, das Politik nur noch als Stabilitäts- und Konsolidierungspolitik möglich erscheinen ließ.

Aus der vertraglich vereinbarten Stabilitätspolitik wird ein „Austeritätsdiktat"

In anderen Ländern Europas hat man die Stabilisierungs- und Konsolidierungspolitik, die im Fiskalpakt von 2011 bekräftigt und gehärtet wurde, hier und dort als deutsches Spardiktat oder etwas vornehmer als Austeritätspolitik empfunden und entsprechend kritisiert. Doch das verzerrt die größeren Zusammenhänge. Eine Gemeinschaftswährung, die so konstruiert ist, dass Wirtschaft und Finanzpolitik in der Verantwortung der Mitgliedstaaten bleiben (schon weil alles andere mit der Idee des Staatenverbundes gar nicht vereinbar wäre), braucht eine universell zustimmungsfähige Rahmenordnung, die die Funktionsfähigkeit der Einheitswährung gewährleistet. Die Stabilitätskriterien des Maastrichter Unionsvertrages sind insofern keine politisch einmal vereinbarte Zufälligkeit, die man ohne Konsequenzen abändern könnte und die man ohne Folgen als Rechtsgebote brechen dürfte. Natürlich kann man volkswirtschaftlich und finanzpolitisch darüber streiten, ob eine Schuldenstandsquote von 60 % des Bruttoinlandsprodukts oder von 80 % des Bruttoinlandsprodukts als Grenze fixiert werden muss. Entscheidend ist, dass einmal gezogene Grenzen als geltendes Recht beachtet werden, schon damit sich Vertrauen in die politische Selbstbindung durch europäisches Recht, also Vertrauen in die Rechtsgemeinschaft, bilden kann. Nur so entsteht Vertrauen in die Gemeinschaftswährung, wovon dann andere Institutionen der Union wiederum profitieren.

Das tiefere Problem liegt in dem was *Ralf Dahrendorf* einmal die Mentalität des „Pumpkapitalismus" genannt hat. Seit den siebziger Jahren hat sich die Politik nahezu aller westlicher Staaten in Richtung Globalsteuerung bewegt und ein antizyklisches Verhalten zur Glättung von Konjunkturausschlägen auf die Fahnen geschrieben. Dabei wurden Instrumente recht einseitig und auch nicht mehr folgerichtig

15. KAPITEL   DIE EINHEIT EUROPAS ALS WIRTSCHAFTSINTEGRATION

entwickelt. Alle im weitesten Sinne monetären Instrumente, also der
Einsatz öffentlicher Haushaltspolitik (Fiskalpolitik), die Regulierung
und Beaufsichtigung des Finanzsektors (Finanzregulation) und die
monetäre Steuerung durch Notenbanken (Geldpolitik) sind stark gemacht worden, immer wieder genutzt und ein ganzes Stück dabei auch
„vernutzt" worden. Die Mentalität der Übernutzung des monetären
Bestecks hat inzwischen ersichtlich in eine Sackgasse geführt. In den
USA mag das weniger auffallen, vielleicht sogar weniger negativ
wirken, solange die Vorteile einer Leitwährung bestehen und gerin-
gere sozialpolitische Bindungen und Belastungen die Volkswirtschaft
mobil und elastisch sein lassen. In Japan und Europa ist jedoch die
Gefahr einer Verkrustung, eines schleichenden Neoprotektionismus
und eines allmählichen Übergangs von der sozialen zur gelenkten
Marktwirtschaft zu beobachten.

Entregelung der Finanzmärkte als atlantischer Wettbewerbsvorteil?

Der Staat hat seine konjunktursteuernden haushaltspolitischen Mittel so
lange eingesetzt, bis er sich mit seinem Schuldenstand die Bewegungs-
fähigkeit genommen hat. Die Finanzmärkte wurden maßgeblich im
atlantischen Schulterschluss der USA und Englands internationalisiert
und „entregelt", gleichzeitig – und das ist wichtig für ein ganzes Bild –
aber mit politischen Wünschen und Interessen eng verflochten, mitunter geradezu in Dienst genommen, in Richtung Wachstumsförderung
gedrängt, ohne große Rücksicht auf Nebenwirkungen. Und schließlich
wollte und konnte die Notenbankpolitik nicht abseits stehen. Auch sie
sieht sich nicht allein der Preisstabilität verpflichtet, sondern möchte
im Sinne des magischen Vierecks der Volkswirtschaftslehre Arbeits-
losigkeit bekämpfen, Ungleichgewichtslagen im Währungsraum ausgleichen und vor allem immer wieder das Wachstum fördern. Heute
wirken die Notenbanken mit lockerer Geldpolitik und „quantitative
easing" daran mit, dass die Renditen für Staatsanleihen niedrig sind

207

und Risiken im Finanzsystem nicht zu einem Liquiditätsproblem führen. Der Patient wird damit aber nur in einen stabilen Zustand versetzt, der die Operation ermöglicht und diese nicht etwa ersetzt und bereits Heilung bedeutet. Die Heilung ist nur möglich, wenn sich die Staaten des Westens mittelfristig auf die Rückkehr zu ausgewogenen institutionellen Mustern besinnen und einen Teil der übermäßigen Verflechtungen und Instrumentalisierungen zurückführen.

Stabilitätspolitik und Wirtschaftslenkung

Vielleicht sollte man sich näher auf den überraschenden Befund einlassen, dass die Regierungen mit ihrem Beharren auf Einhaltung des Fiskalpaktes und der Stabilitätskriterien ein Vorreiter der Zukunft und nicht Anhänger einer rückwärtsgewandten Austeritätspolitik sind. Das mag in manchen Ohren für einen Missklang, jedenfalls für Ungläubigkeit sorgen. Denn verlangen nicht im Gegenteil die Bekämpfung der Jugendarbeitslosigkeit und die Förderung des Wirtschaftswachstums in südeuropäischen Ländern nun doch gerade jetzt einen stärkeren Einsatz staatlicher Investitionsmittel und die Freigabe von Mitteln zur Konjunkturförderung? Brauchen wir nicht neue Solidaritätssysteme wie eine europäische Arbeitslosenversicherung quer über die Europäische Union hinweg, um wirtschaftliche Ungleichgewichtslagen auszugleichen? Hat eine nervöser werdende Demokratie mit links- und rechtspopulistischen Legitimitätsverlusten an den Rändern überhaupt noch den langen Atem, auf mittelfristige, institutionell herbeigeführte Erfolge zu setzen? Vermag moderne Politik unter der Auflösung bestehender Ordnungen überhaupt noch die dicken Bretter zu bohren, von denen einst *Max Weber* sprach?

Über die finanzielle Förderung von Technik und Wissenschaft mag man sich wiederum rasch einigen, schwieriger wird es, einen Bildungs-, Universitäts- und Forschungsbereich so zu organisieren, dass tatsächlich Kompetenzen, Wissen und Erfindungen auf der Habenseite stehen. Leistungsanreize, Innovationen, Flexibilität im Arbeitsmarkt,

Bildungs- und Motivationsförderung, die Fortentwicklung dualer Berufsausbildungssysteme: All das steigert die Wettbewerbsfähigkeit an der wirklich entscheidenden Stelle. Viel zu lange wurden kulturelle Voraussetzungen des Wirtschaftswachstums, Voraussetzungen und Bedingungen für nachhaltige Freiheit und Prosperität als weiche Faktoren an den Rand gedrängt und in einer sozialtechnisch verengten Perspektive wahrgenommen. Wenn sich die erwartbare Entwicklung der EU zu einem „Transferverbund" durchsetzt, ohne dass die soziokulturellen und normativen Grundlagen gestärkt werden, droht Europa die Stagnation, Bürokratisierung und eine Abwärtsspirale permanenter Verteilungskämpfe.

Strukturelle Benachteiligung und selbstexpansive Tugenden

Es ist wahr, dass die westliche Gesellschaft nicht so offen ist, wie wir dies wünschen, es gibt soziale Benachteiligungen, in manchen Ländern wachsen sie sogar. Aber nicht alles ist eine strukturelle Benachteiligung, weil wir sonst dementieren würden, dass demokratische Gesellschaften dem Einzelnen letztlich den größten Entfaltungsraum lassen und sich gerade deshalb im internationalen Systemvergleich als überlegen erweisen. Wenn das stimmt, und die Werteordnung der Verfassung weist genau in diese Richtung, dann kommt es darauf an, jungen Menschen Vertrauen in sich selbst zu vermitteln und nicht durchweg jedes Problem als strukturelle Benachteiligung wahrzunehmen und zu diskutieren.

Es hat eine Zeit gegeben, da hätte man den Begriff der bildungsfernen Schicht nicht verstanden. Nicht nur im Ruhrgebiet oder im Saarland der sechziger Jahre war die Losung des „Aufstiegs durch Bildung" eine Losung, die auch diejenigen Eltern ergriffen hat, die nie eine weiterführende Schule von innen gesehen hatten. Man kann der Idee sozialer Gerechtigkeit kaum einen schlechteren Dienst erweisen, als Sekundärtugenden, die mit einem geregelten Tagesablauf, mit Fleiß und Disziplin zu tun haben, abzuwerten und verächtlich zu machen. Denn es ist gerade auch diese Alltagsorientierung, die Kinder und Jugendliche über sich selbst hinaus wachsen lässt und zu Persönlichkeiten macht. Ohne Selbstdisziplin und ohne den Willen zur Leistung kann eine Marktwirtschaft nicht sozial sein. Solidarität mit den Hilfebedürftigen ist an die Leistungskraft von Mehrheit und Mitte gebunden.

Was ist sozial an der sozialen Marktwirtschaft?

Eine ganz entscheidende Orientierung kommt dabei dem richtigen Verständnis der sozialen Marktwirtschaft zu. Was bedeutet eigentlich eine „in hohem Maße wettbewerbsfähige soziale Marktwirtschaft"? Verpflichtet soziale Marktwirtschaft dazu, die als unsozial empfundenen Auswirkungen des Marktes zu korrigieren oder bereits im Ansatz zu verhindern? Erteilt das Leitbild der sozialen Marktwirtschaft ein noch weiter als bisher reichendes Mandat für staatliche Wirtschaftslenkung? Wer nach den Quellen und den ersten Erfolgen der bundesrepublikanischen sozialen Marktwirtschaft fragt, stößt auf *Walter Eucken* und *Ludwig Erhard*. Er stößt auf ihre Vorstellung einer marktwirtschaftlichen Wettbewerbsordnung, die etwa über Verbraucherschutz und eine möglichst staatsfreie Tarifautonomie darauf setzt, dass sich die Kräfte der Wirtschaft privatautonom, aber auch korporatistisch entfalten. Der Staat garantiert Rahmenbedingungen, fördert Technik und Wissenschaft, Bildung und Berufsbildung, garantiert mit einer stabilen Währung, einem berechenbaren Rechtssystem und wirksamen sozialen Sicherungssystemen eine Entfaltungsordnung, die Existenzrisiken abdeckt und die Sorge für Schwächere als eine besondere Gewährleistungsverantwortung der Sozialstaatsbindung übernimmt. Soziale Marktwirtschaft ist etwas gänzlich anderes als eine gelenkte Marktwirtschaft, in der der Staat Investitionsentscheidungen, Preise und Tariffragen unter Einsatz des Gewaltmonopols regelt. Wenn der Staat nicht nur Rahmenbedingungen regelt und eine für jedermann einleuchtende Wettbewerbsordnung garantiert, sondern selbst wirtschaftlich handelt und dann auch Ergebnisse verantwortet, tritt eine verfassungsrechtlich nicht gewollte Grenzüberschreitung ein: Die mit den Grundrechten als Abwehrrechte gezogene Grenze zwischen Staat und Gesellschaft ist immer auch eine zwischen Staat und Wirtschaft.

Kluge politische Steuerung für Europa

Das Projekt der Europäischen Union wird wieder neue Fahrt aufnehmen, wenn die Sackgasse übermäßiger fiskalischer und monetärer Steuerung Schritt für Schritt verlassen wird und die tieferen Wettbewerbsbedingungen Gegenstand kluger politischer Steuerung werden. Dabei ist nicht jedes Investitionsprogramm ein ordnungspolitischer Fehler und nicht jede Solidaritätsmaßnahme ein Verstoß gegen das Prinzip der Eigenverantwortung. Aber insgesamt gilt es, ein paar Illusionen über den Charakter der europäischen Einigung als solche zu benennen. Wer auf der Grundlage fortbestehender Eigenverantwortung der Staaten eine politische Union gründet, geht einen spannenden, zukunftszugewandten, aber auch anstrengenden Weg. Wer sich bindet, muss mehr tun, als derjenige der allein bleibt.

Der Beitritt zur Europäischen Union ist kein Eintritt in eine sorgende Gemeinschaft, die alle drückenden Lasten und Probleme abnimmt. Weltoffenheit ist immer mit verstärkten Anstrengungen zur Pflege der eigenen Identität verbunden, sonst kann sie nicht gelingen. Wer offene Märkte will, muss sich an jeder gesellschaftlichen Stelle dem Wettbewerb stellen, mit Fantasie und Einsatz, mit neuen Ideen und Produkten seine Position im größer werdenden Markt erstreiten. Es gibt kein Mittel, dem Wettbewerb durch die Einforderung von Solidarität auszuweichen, weil die Marktwirtschaft die Mittel für Solidaritätsleistungen erst über den Wettbewerb bereitstellt. Europa besitzt genügend intellektuelle Ressourcen und historische Erfahrungen, um die Gründe für den bisherigen Erfolg der europäischen Integration und die Risiken, die in Krisen zum Ausdruck kommen, deutlicher als bisher zu sehen und die richtigen Konsequenzen daraus zu ziehen.

16. KAPITEL
OFFENE ZUKUNFT EUROPAS

Die EU: Von der Staaten-Gesellschaft zur Gemeinschaft?

Wenn man sich daran erinnert, wie *Tönnies* zwischen „Gemeinschaft" und „Gesellschaft" als Idealtypen sozialer Integration unterschied[272], so kann man auch die EU entsprechend beobachten. Die Europäische Union ist in diesem Sinne ebenfalls mehr Gesellschaft als sie Gemeinschaft ist. Sie ist verglichen mit klassischen Nationalstaaten wesentlich geringer gemeinschaftlich integriert und trotz des supranationalen Rechtsvorrangs stark auf Freiwilligkeit der Mitglieder angewiesen. Im 19. Jahrhundert nannte man den Deutschen Bund, so wie er 1815 begründet wurde, einen Staaten„verein", um die gesellschaftsrechtliche Basis gegenüber der gemeinschaftlichen Staatshomogenität einer Nation deutlich zu machen. Das war allerdings angesichts der nach Gemeinschaft drängenden Nationalbewegung, die von unten kam, eine defensive politische Reaktion der damaligen Eliten, des Metternich'schen Systems. In der EU liegen die Verhältnisse umgekehrt: Hier drängen die Eliten auf Gemeinschaft und ihre Symbole, während die Menschen in den Staaten daran vergleichsweise uninteressiert sind. Die demokratischen Bedingungen in den Mitgliedstaaten machen über Richtungsentscheidungen bei Wahlen und Abstimmungen überwiegend partikulare Interessen und Perspektiven deutlich, die es gilt, in das supranationale Verhandlungssystem so einzufügen, dass ein als fair empfundener Interessenausgleich möglich bleibt.

Notwendige Normen am Beispiel der Europäischen Union

Als Europa nach dem Zweiten Weltkrieg seine wirtschaftliche und politische Integration auf den Weg brachte, wusste man sehr genau, welche Normen aufgestellt werden müssen, damit die unterschiedlichen Interessenlagen zu einem vernünftigen Ausgleich gelangen. Das alte Europa war in Nationalstaaten segmentär differenziert, die sich als prinzipiell geschlossene Wirtschaft- und Machträume gegenüberstanden, auch wenn sie einen ausgedehnten Welthandel und intensive diplomatische Beziehungen pflegten. Die alte merkantilistische Vorstellung, dass wirtschaftlicher Nutzen politisch herbeigeführt und dann zur Stärkung der politischen Basis wieder verwendet werden sollte, schürte die Kolonialpolitik ebenso wie die antagonistischen Widersprüche innerhalb des europäischen Bündnissystems.

Europa nach dem Zweiten Weltkrieg wurde dagegen als ein Wirtschaftsraum entworfen, der zum gegenseitigen Nutzen Grundfreiheiten wie die Warenverkehrsfreiheit oder die Arbeitnehmerfreizügigkeit für die Wirtschaftssubjekte gewährte. Die Mitgliedstaaten gaben mit dem neuen supranationalen Recht ganz bewusst wichtige Handlungsmöglichkeiten zur Fortführung des alten Protektionismus aus der Hand. Das Beihilfeverbot[273] richtete sich an die Staaten und das Kartellverbot[274] zwang Unternehmen, die sich zuvor über Kartellabsprachen und enge Verbindungen mit ihren Heimatsstaaten Wettbewerbsvorteile verschafft hatten, in eine offene Marktwirtschaft[275] und die Staaten untereinander verpflichteten sich, dass Diskriminierungs- und Produktionsverbot innerhalb des Binnenmarktes zu beachten.[276]

Die ideelle und funktionelle Konzeption der Wirtschaftsintegration (ihre innovative *supranationale Logik*) lag darin, den politischen Wirtschaftsegoismus der Nationalstaaten, wie er seit dem Merkantilismus

SECHSTER TEIL   DIE KRISE EUROPAS

gepflegt wurde und sich als ewige Antriebsquelle für Konflikte und
Kriege erwies, an der Wurzel zu bekämpfen, also den wirtschaftlich
gespeisten europäischen Staatenantagonismus außer Kraft zu setzen.
Die später hinzugekommene Währungsunion wollte den einheitlichen
Wirtschaftsraum mit einer einheitlichen Währung gleichsam krönen,
wusste aber, dass dafür Haushaltsdisziplin der teilnehmenden Staaten
und Anstrengungen zur Erhöhung der Wettbewerbsfähigkeit unab-
dingbar sind.[277] Das daraus entstandene Recht der Stabilitätskriterien
und des Fiskalpaktes[278] ist kein beliebiges Recht, ebenso wie eine wettbewerbsfähige offene Marktwirtschaft keine beliebig austauschbare
Grundlage der europäischen Integration ist.

Politisierung der Union ohne konsistentes (notwendiges) Normkonzept

Dieses normative Grundgerüst im Sinne einer vernünftigen Wettbewerbsordnung für Wirtschaft und Staaten der Europäischen Union
sollte mit der Politisierung, mit gemeinsamer Außen- und Sicher-
heitspolitik, mit der Vergemeinschaftung des Asylrechts und für einige Bereiche der inneren Sicherheit bundesstaatsähnlich (staatsanalog)
fortentwickelt werden. Auch mit der Einfügung der sozialen Marktwirtschaft sollte eine sozialpolitische Orientierung in die wirtschaftspolitischen Grundsätze gebracht werden.[279] Für die Politisierung der
Europäischen Union stand allerdings keine ähnlich überzeugende Idee
wie für die Schaffung des Binnenmarkts zur Verfügung. Die Logik
des Anti-Protektionismus und der fairen Wettbewerbsordnung wurde
durch politischen Dezisionismus zunehmend überlagert. Die europäische Tendenz zur politischen Union konnte sich weder für das Modell
des Bundesstaates noch für die Beibehaltung der Souveränität der
Mitgliedstaaten deutlich entscheiden, dies liegt nicht in politischer Un-
fähigkeit, sondern in den soziokulturellen Voraussetzungen Europas
begründet. Politische Zentralität setzt ein Minimum an kultureller,
politisch organisierbarer Homogenität voraus. Die Fortentwicklung

214

16. KAPITEL OFFENE ZUKUNFT EUROPAS

der wirtschaftsrational basierten supranationalen Architektur setzt demgegenüber wirtschaftspolitische Urteilskraft einer Mehrheit der Unionsbürger voraus. An der Stärke beider Bedingungen sind Zweifel erlaubt.

Der Kampf um die Erhaltung elementarer Integrationsnormen

Beschädigt man das normative Grundgerüst, verliert das europäische Projekt seine Nachhaltigkeitsgrundlagen. Die erheblichen Spannungen im europäischen Gefüge seit der Weltfinanzkrise und der europäischen Schuldenkrise sind die direkte Folge der Missachtung des Rechts und der ihm zugrunde liegenden Rationalitätserfahrungen. Die Forderungen, sich über wirtschaftliche Grundbedingungen politisch einfach hinwegzusetzen, die Überschreitung des geldpolitischen Mandats durch die Europäische Zentralbank, der Versuch der Selbstermächtigung europäischer Organe oder auch gegenläufig der Versuch von Staaten, aus dem Rechtskorsett der Europäischen Union auszubrechen und eingegangene Rechtsverpflichtungen über Bord zu werfen, signalisieren eine tiefe Krise. Diese Krise verlangt nach einer Rekonstruktion der normativen und praktischen Grundlagen der bislang außerordentlich erfolgreichen europäischen Integration.

Was für Europa besonders gilt, gilt auch für das gesamte westliche Gesellschaftssystem. Die westliche Gesellschaft verwirklicht seit über einem halben Jahrtausend ein normatives Programm, das gewiss nicht linear abgearbeitet wurde, aber als evolutionäre Tendenz nachweisbar ist: Gleiche formale Rechtssubjektivität, positive Anthropologie, Vernunft- und Weltvertrauen, Naturwissenschaft und Technizität, Markt und Geldwirtschaft, Aufklärung und öffentliche Kritik, Rechtsstaat, Selbstbestimmung gegen Fremdherrschaft, offener Handel und internationale Friedenssicherung. Die normative Signatur des Westens ist folgerichtig, als System konsistent. Es kommt der Kapitulation nicht nur der Philosophie, sondern der gesamten Aufklärung gleich, wenn

SECHSTER TEIL   DIE KRISE EUROPAS

dieses normative Grundgerüst der Gesellschaft als beliebig wandelbar dargestellt wird, sich im Zeitverlauf stetig verändernd oder beliebig verhandelbar im öffentlichen Diskurs.[280]

Internationalisiertes Regieren unter dem Diktat des komplexen Konsenses

Das sozialtechnische Fehlverständnis überschätzt permanent politische Steuerungsmöglichkeiten, vernachlässigt dabei mitunter die durchaus bestehenden Möglichkeiten kluger Steuerung und setzt häufig auf publikumswirksam aufgemachte, eher undurchdachte, nicht nachhaltige Projekte, im Sinne eines Augenblickseffekts. Aus den nationalstaatlichen Demokratien gelangen mitunter Ein-Punkt-Ideen mit hohem Resonanzpotenzial auf die internationale Ebene, während durchdachte wirtschaftliche und finanzpolitische Konzeptionen in den Staaten deutlich mühsamer Fuß fassen oder von populistischen Ausgabeversprechen unter Druck gesetzt werden.

Die Lage wird nicht dadurch einfacher, dass unter dem *Diktat des komplexen Konsenses* ein internationaler Interessenausgleich gesucht werden muss und die beratenden wissenschaftlichen und bürokratischen Eliten einen häufig verengten disziplinären Blickwinkel aufweisen, der sie als Auskunftspersonen oder im Gesetzesvollzug wertvoll, aber als Politikberater zwiespältig sein lässt. Die Internationalisierung politischer Herrschaft erhöht die Steuerungsfähigkeit, den Einfluss, vermindert aber die Verwirklichungschancen konsistenter Konzepte, die plebiszitär rückgebunden sind, wie das noch bei *Erhards* sozialer Marktwirtschaft oder *Roosevelts* New Deal der Fall war.

Die Konsistenz überstaatlich politischen Entscheidens folgt häufig der Sachlogik von internationalisierter Expertise wie OECD, WHO, Weltbank, IWF, vernetzte Notenbanken, Weltklimakonferenzen, G20 oder G7/8, EU-Kommission, Thinktanks: Was keineswegs schlecht sein muss, weil hier regelmäßig um realitätsangemessene Konzeptionen makroökonomischer Steuerung gerungen wird. Dies geschieht oft erfolgreich, aber natürlich auch irrtumsanfällig und wissenschaftlichen Moden und die wissenschaftliche Objektivität korrumpierenden Einflussnahmen unterworfen. Diese expertengestützte internationale Herrschaft ist dennoch nicht schlechter als diejenige eines erfolgreichen Nationalstaats der Vergangenheit, und was den Abbau internationaler Spannungen angeht, jedenfalls erheblich vorzugswürdig. Institutionen, die rund um die offene Marktwirtschaft und den Wettbewerb im Europarecht geschaffen wurden, sind vernünftig. Die angeblich so kalten Regeln des Wettbewerbs werden aber manchmal von Regierungen, die *Moral Hazard* spielen, als unvernünftig dargestellt, um davon abzulenken, dass von ihnen selbst Rechtspflichten ignoriert, notwendige Anstrengungen unterlassen wurden oder schlicht betrogen wurde. Dass gewählte Regierungen wie in Griechenland, dabei unter erheblichem Druck ihrer öffentlichen Meinung stehen und politische Herrschaft in manchen Ländern noch nie ohne ein Klientelsystem wirtschaftlicher Patronage ausgekommen ist, mag eine beunruhigende Erklärung, dürfte aber keine Rechtfertigung sein.

Mediatisierte Willensbildung und fehlende Vermittelbarkeit politischer Entscheidungen

Und doch wäre es in gewisser Weise auch beruhigend, wenn hinter den Stabilitätsproblemen etwa der Europäischen Union nur nationale Mentalitäten stünden, mit denen man sich irgendwie arrangieren muss. Das Problem reicht mit seinen Wurzeln aber bis hinein in die Grundkonzeption überstaatlichen Regierens. Es liegt darin, dass die überstaatliche Herrschaft die nationalen Demokratien ganz erheblich bestimmt, ihre Willensbildung mediatisiert und Regierungen trotz ihres erweiterten Einflusses entweder wie ohnmächtige Befehlsempfänger erscheinen, als Vollstrecker einer anderweitig erkannten Sachlogik oder als aktiv Beteiligte an einer verdeckt operierenden Mauschelrunde. Die überstaatliche Wirtschafts-, Handels- und Umweltregierung vermehrt ihre Themenfelder durch Migrationssteuerung, Militärmis-

SECHSTER TEIL   DIE KRISE EUROPAS

sionen, Schutz von Frauen und Minderheiten, bildet internationale Organe wie den Internationalen Strafgerichtshof, leidet aber unter den häufig irrational und unberechenbar scheinenden nationalen Einflüssen und der dünnen Decke der eigenen demokratischen Legitimationsgrundlage.

Es besteht eine Kluft zwischen dem, was an Sachlogik modernen Regierens notwendig erscheint und dem, was demokratischen Öffentlichkeiten (national oder nach Sprach- und Kulturkreisen segmentiert) vermittelbar und darstellbar ist: Kurz, die national verankerten Demokratien bleiben in gewisser Weise ebenso *unersetzbar* wie sie *dysfunktional* werden. Das wird manchmal als Demokratieproblem wahrgenommen und verfassungsrechtlich diskutiert.[281] Aber auch die Qualität von Sachentscheidungen leidet. Die höhere Qualität des vernetzten Regierens wird gerne als „Output-Legitimation" (nach der Faustformel: Gut und demokratisch ist, was in der Sache richtig ist) mit Demokratieverlusten aufgerechnet. Doch diese Rechnung stimmt allenfalls im Blick auf faire allgemeine Wettbewerbsregeln, nicht bei einer zunehmend politisierten Union. Je mehr überstaatliche Herrschaft sachliche Felder besetzt, desto häufiger fällt das fehlende Korrektiv organisierter öffentlicher Meinungsbildung auf. Verlusten an „Responsivität" (wechselseitiges Beobachten, Kommentieren, Re-Agieren von Regierung und Regierten) schwächt inzwischen spürbar die Rationalitätsgrundlage für transnationale politisch-ökonomische Steuerung.

Auf dem sozialtechnischen Radarschirm wird „alles gut", wenn beispielsweise nur die richtigen geldpolitischen Entscheidungen getroffen werden oder wenn Quotenvorgaben erfüllt, Wachstumsimpulse gegeben sind und Akademisierungsraten steigen. Internationale Impulse und Vorgaben sind notwendig, dürfen aber nicht von öffentlicher Kritik ausgespart bleiben, weil sie angeblich eine Art höherer Vernunft verkörpern. Eine lokal oder regional verankerte Handwerkskammer in Deutschland oder Lehrerinnen und Lehrer an einer berufsbildenden Schule wissen häufig viel genauer, was notwendig und erfolgversprechend ist. Subsidiarität, Dezentralisation oder Föderalisierung wollen die Selbstregulierung bei möglichst kleinen Einheiten stärken, die Grundrechte als Freiheitsrechte wollen überhaupt die Beschränkung von staatlicher Steuerung zugunsten eigener Initiative der Bürger: All diese Prinzipien der Nähe und gegen den fortgesetzten Trend zur Zentralisierung und Politisierung sind Vernunftprinzipien ebenso wie die Einsicht, das gerade allgemeine Regelungen durch höhere Ebenen harmonisiert werden müssen. Die internationalen Eliten stehen – jedenfalls wenn sie zu konkret mit ihren Vorschlägen werden – vor einem unlösbaren Komplexitätsproblem: Ihnen fehlt das Wissen von der Wirklichkeit vor Ort. Die fachlich für die internationale Aufbereitung von Daten durchaus kompetente, aber den praktischen Wirkungsverhältnissen ferne OECD kann gar nicht wissen, wie man sich national und regional in andersartigen historisch gewachsenen Sozialstrukturen und angesichts höchst unterschiedlicher Mentalitäten praktisch richtig verhält, damit beispielsweise Jugendarbeitslosigkeit gemindert wird. Lange Zeit hat die OECD die etwa im Vergleich zu Spanien niedrige Akademisierungsrate in Deutschland kritisiert, das dreigliedrige Schulsystem und selbst die duale Berufsbildung schien von der hohen Warte aus irgendwie antiquiert. Doch selbst Vertreter der amerikanischen Administration besuchen heute Deutschland, um das duale Berufsbildungssystem näher kennen zu lernen, weil dies vielversprechend für die Integration in den Arbeitsmarkt und seine qualitativ sinnvolle Ausschöpfung ist. Das ist kein Plädoyer gegen den Sinn makroökonomischer Urteilsbildung. Man kann mit internationalen Statistiken eine Menge erfahren, aber eben auch dramatisch in die Irre gehen, wenn daneben kein ausreichender Zugang zur gesellschaftlichen Lebenswirklichkeit und keine sinnvollen Korrektive alltagspraktischer Vernunft bestehen. Was ebenso fehlt, ist eine normativ grundierte Theorie der Gesellschaft, die beide Sphähren zu integrieren versteht und sie nicht unentwegt gegeneinander ausspielt: Moral gegen Faktizität, Nationalität gegen Internationalität, System gegen Lebenswelt.

SECHSTER TEIL DIE KRISE EUROPAS

Europäische Wirtschaftsverfassung als unentbehrlicher Koordinationsrahmen

Unentbehrlich für das Gelingen komplexer gesellschaftlicher Koordination ist ein stimmiges normatives Institutionensystem. Eine emotional grundierte, staatlich integrierte Gemeinschaft kann gleichsam organisch einen Willen bilden: Starker Präsident, charismatische Führung, Richtlinienkompetenz einer Kanzlerin. Der gesellschaftliche Integrationsmechanismus verläuft aber viel stärker verfahrensrechtlich und geleitet an allgemeinen Regeln. Die Europäische Union ist als Wirtschafts„gemeinschaft" begründet worden auf der Grundlage von Grundfreiheiten der Wirtschaftssubjekte, des Verbots von Zöllen und Handelshemmnissen zwischen den Mitgliedstaaten sowie dem Beihilfeverbot und dem Kartellverbot für Unternehmen. Innerhalb dieser normativen Bedingungen entfaltet sich eine besondere europäische Wirtschaftsverfassung nach dem Grundsatz einer offenen Marktwirtschaft mit freiem Wettbewerb, so der Grundsatz von Art. 119 Abs. 1 AEUV. Auch die Währungsunion hängt von der Einhaltung ihrer Stabilitätsregeln ab. Anders als ein gemeinschaftlich integrierter Verband kann sie keine stark belastenden Transfersysteme etablieren, ohne Fliehkräfte zu mobilisieren. Sie muss umgekehrt nach den Bedingungen gesellschaftlicher Koordination die automatisierte Haftungsgemeinschaft gerade verhindern oder ein Bail-out-Verbot aussprechen[282], damit eine Haftungsvergemeinschaftung nicht die Grundlagen der Koordinationsordnung des Staatenverbundes unterspült und damit destruktive Kräfte freisetzt.

Zwei Perspektiven der Zukunft der Europäischen Union

An dieser Stelle werden die beiden unterschiedlichen Einschätzungen auf die Zukunft der Europäischen Union deutlich. Man kann nicht beurteilen, welche Politik für den Erfolg des europäischen Integrationsprojekts erfolgversprechend ist, wenn man nicht das grundlegende Kalkül offenbart.

Wer es für wahrscheinlich oder zumindest für praktisch möglich hält, dass die Europäische Union die Fixierung auf ihre verbundene politischen Primärräume in den Staaten verlässt und sich gemeinschaftlich in Brüssel integriert, der wird Krisen und Schwierigkeiten immer als Chance begreifen, die Union über ihre Koordinationsordnung hinaus zu treiben und mit der Zentralisierung von Kompetenzen die Gemeinschaft wahrscheinlicher zu machen oder notfalls zu erzwingen. Im Gegensatz zu diesem zentralisierten Gemeinschaftskalkül steht das Koordinationskalkül, das eine zentrale europäische Gemeinschaftsbildung mit der Integrationskraft traditioneller Nationalstaaten für unwahrscheinlich oder praktisch unmöglich hält. In diesem Fall wird man sehr viel vorsichtiger und dezentraler optieren und großen Wert darauf legen, dass die Mitgliedstaaten über genügend Handlungsfreiheit verfügen, um in ihren politischen Primärräumen demokratisch auch für das europäische Projekt mobilisieren zu können.

Wohldefinierter Abstand von Politik und Marktwirtschaft

Aber auch das ist noch keine scharfgestellte Betrachtung des Bildes. Wer die Auseinandersetzung im Umgang mit der praktischen Insolvenz Griechenlands seit der Wahl der radikalen Links-Rechts-Regierung mit den europäischen Geldgebern betrachtet, der sieht in der Tiefe den alten Konflikt zwischen Politik und Wirtschaft. Politische Macht neigt dazu, jedes Problem für lösbar zu halten und operiert mit einer hierarchischen Vorstellung, wonach politische Herrschaft, zumal als Demokratie, also als Volksherrschaft, jedes Recht habe, entgegenstehenden Willen zu brechen. Die Vorstellung, Demokratie müsse sich an Marktgesetze anpassen oder sich an Bindungen des Rechts halten, scheint deshalb für Einige eine irreale Zumutung. Eine systemtheoretisch angeleitete Theorie der Freiheit kann hier Antworten liefern.

SECHSTER TEIL   DIE KRISE EUROPAS

Für *Niklas Luhmann* liegt die maßgebliche Funktion der Grundrechte auf der Ebene der Gesellschaftsorganisation darin, den Abstand zwischen ausdifferenzierten Funktionssystemen der Gesellschaft, also auch den Abstand zwischen Wirtschaftssystem und politischem System zu erhalten und damit Entdifferenzierungen zu unterbinden.[283] Entdifferenzierung bedeutet eine unzulässige Grenzüberschreitung und Deformierung der Autonomie des jeweils anderen Bereichs.

„Die Staatsbürokratie kann durch ihre Kompetenz zu verbindlichen Entscheidungen die Wirtschaft stark beeinflussen. Sie kann so weit gehen, den gesamten Produktionssektor der Wirtschaft zu verstaatlichen und den Konsum jedenfalls pauschal über Produktion und Löhne zu steuern. In dem Maße, als dies geschieht, wird der Wirtschaft eine andersartige Motivationsstruktur substituiert, die im Prinzip auf Teilnahmebedingungen und staatsinternen Machterwägungen beruht und das Geld nur noch in der spezifischen Funktion von Blankobezugsscheinen verwendet."[284]

Verkürzt gesagt, tendiert der Staat, wenn er an Wirtschaft denkt eher „zu beschlagnahmen statt zu kaufen" (*Luhmann*), weswegen das Recht auf Respekt der Autonomie des anderen Bereichs, auf Abstand und Differenz drängen muss. Dabei hebt der Bielefelder Soziologe hellsichtig bereits im Jahr 1965 die Autonomie der Zentralbank hervor und fragt danach, ob und wie man die Unabhängigkeit verfassungsrechtlich einklagbar machen kann[285] – eine Überlegung, die im Justizkonflikt zwischen EuGH und BVerfG im Blick auf das OMT-Programm der EZB eine Rolle spielt.[286]

Der Wert intermediärer Institutionen und ihre gespeicherte Alltagserfahrung

Vor Ausbruch der Weltfinanzkrise wollte die EU-Kommission die deutschen Sparkassen und Volksbanken als Bastionen eines überkommenen *Korporatismus* schleifen[287], woran man sich heute in Brüssel nicht gerne erinnert. Immerhin haben sich gerade diese lokalen und regionalen Einrichtungen in den Turbulenzen der Finanz- und Schul-

16. KAPITEL OFFENE ZUKUNFT EUROPAS

denkrise als stabile und zuverlässige Kreditversorger des kleinen Gewerbes und der mittelständischen Wirtschaft erwiesen, zumindest wenn ihre Landesbanken nicht mit am großen spekulativen Investmentrad drehen wollten.

Solch krasse Fehlurteile über den Wert von lokalen, regionalen und genossenschaftlichen Wirtschaftsakteuren entstehen, wenn man an die makroökonomische Steuerung in globalisierten Zusammenhängen oder an die reine Funktionslogik des Binnenmarktes glaubt, und diesen tragenden Baustein der Integration missversteht als Mandat zur technokratischen Lenkung: Ohne Sinn für gewachsene Strukturen, also über praktische Lebensverhältnisse und bewährte Institutionen hinweg. Es besteht sowohl beim volkswirtschaftlich dominierten wissenschaftlichen Sachverstand als auch unter den Bedingungen internationalen Regierens eine Tendenz, gewachsene Strukturen vor allem als partikularistische Hindernisse auf dem Weg einer Globalsteuerung zu betrachten. Ökonomische Modelle sind auf einfache Parameter angewiesen, sie müssen Komplexität erheblich reduzieren, um operationalisierbar zu sein. Es gibt im Rahmen der Marktwirtschaft aber heterogene Strukturen, die Mentalitäten, Vorlieben, Schwächen und Stärken als regionale Traditionen und Erfahrungen „in Form" bringen, die näher an übliche Verhaltensmuster der Menschen andocken und alltagskulturelle Einsichten in das Institutionendesign einfließen lassen, die also lern- und anpassungsfähig sind.

Der Wert von Selbstverwaltung und sozialer Marktwirtschaft

Eine stabile Gesellschaft ist nie *politische Monokultur,* in der der Einzelne dem politischen Gemeinwesen allein oder in der Summe unverbunden dem System politischer Herrschaft gegenübersteht. Eine Gesellschaft braucht auf längere Sicht immer lebensweltliche Gemeinschaften wie die Familie und sie braucht ökonomisch rationale Interaktionsformen wie den geldbasierten modernen Markt, früher das feudale Lehens-

SECHSTER TEIL   DIE KRISE EUROPAS

system oder mittelalterliche Zunftordnungen. Den groß auftretenden sozialtechnischen Ingenieuren fehlt manchmal der Blick auf die Reproduktionsbedingungen einer *merkantilen Kultur der Nachhaltigkeit*: Das verführt sie mitunter zum Anzünden makroökonomischer, konjunktureller oder geldpolitischer Strohfeuer.

Mit anderen Begrifflichkeiten, aber sehr ähnlich in der Sache soziokultureller Nachhaltigkeit haben die preußischen Reformer nach 1806 für kommunale und berufsständische Selbstverwaltung, für autonome Hochschulen und für Volksbildung im lokalen Rahmen unter staatlicher Aufsicht plädiert. Der später im Jahrhundert verwirklichte Gedanke einer Sozialversicherung,[288] die von Arbeitgebern und Arbeitnehmern zugleich getragen wird, entwickelt dies weiter.[289] Als selbstregulative Ordnung darf auch die Tarifautonomie gelten. Arbeits- und Wirtschaftsbedingungen werden von Verbänden der Arbeitgeber und Gewerkschaften teils im Konflikt des Arbeitskampfes, aber auch sozialpartnerschaftlich gestaltet. All das hat das Konzept der intermediären Kräftigung seit dem 19. Jahrhundert in Deutschland gesellschaftlich prägend werden lassen, ebenso wie das aus der katholischen Soziallehre stammende Subsidiaritätsprinzip. In Deutschland kam es zwischen 1866 und 1914 zu einem wechselhaften, aber im Ergebnis insgesamt wirksamen Bündnis zwischen Monarchie und Demokratie im Ambiente prinzipieller Wirtschaftsliberalität mit hoher Staatsräson und innovativen korporatistischen Sozialreformen. Die Praxis der *sozialen Marktwirtschaft* und der bis heute anhaltende Erfolg des unternehmerischen Mittelstandes[290] haben an diese Ideen angeknüpft, ihr Sinnreservoir entfalten können.

Grenzübertritte: Politisiertes Recht, verrechtlichte Politik, ökonomisierte Politik, politisierte Wirtschaft

Die wechselseitige Überforderung der großen Funktionssysteme der modernen Gesellschaft (Wirtschaft, Politik, Recht, Wissenschaft) führt zu Störungen oder sogar zu destruktiven Grenzübertritten. Damit ist gemeint, dass es am Sinn für Freiheit und Autonomie mangelt, wenn man erst zu viel vom Anderen erwartet und dann aus der Enttäuschung heraus dessen Freiheit beschneiden will. Die wissenschaftsgläubigen sechziger Jahre des 20. Jahrhunderts haben von Universitäten und Forschungseinrichtungen manchmal zu viel erwartet und ihre Integrationsfähigkeit bei gleichzeitiger Senkung der Zugangsschwellen überschätzt. Auf die enttäuschte Erwartung reagiert man mit Lenkung, die Inszenierung von Wettbewerb, mit politischer Durchdringung und betriebswirtschaftlicher Imprägnierung. Noch dramatischer war die Überschätzung der Marktwirtschaft, die all das recht geräuschlos ermöglichen sollte, was eine alternde Gesellschaft mit hohen Ansprüchen und ein politischer Betrieb mit immer ehrgeizigeren sozial- und umweltpolitischen Projekten finanzieren und bereitstellen wollte. Manch eine deutsche Stadt, bereits an der Grenze der Zahlungsfähigkeit, glaubte mit allerlei Tricks aus dem großen Arsenal der globalisierten Finanzwirtschaft Haushaltsnöte mildern zu können, um nach der Weltfinanzkrise dann den globalen Kapitalismus anzuklagen. War das Vertrauen vor 2008 in die investive Kraft globalisierter Finanzmärkte beinahe grenzenlos, so ist heute das Misstrauen gegenüber Banken von beinah ebenso großem Umfang. Die Einsicht, dass beide Perspektiven irrational sind, war weder vor 10 Jahren, noch ist sie heute sonderlich populär.

Wer die Zusammenhänge der modernen Gesellschaft verzerrt wahrnimmt, wird falsche Entscheidungen treffen. Die Kraft des Westens liegt in der vernünftigen Autonomie sozialer Funktionssysteme und in der entschiedenen breiten Förderung von urteilsfähigen Persönlichkeiten, die in der Lage sind, mit den großen Funktionssystemen der Gesellschaft souverän umzugehen und sich nicht in die Rolle eines ohnmächtigen Konsumenten drängen zu lassen.

Es kommt darauf an, die Freiheit als das grundlegende ideelle Konzept westlicher Gesellschaften in der interaktiven Abhängigkeit von Person und System angemessen zu verstehen. Individuelle Freiheit kann es nur geben, wenn es verselbstständigte, gut funktionierende, vernünftig

angelegte Institutionen und Ordnungen gibt wie die soziale Marktwirtschaft, die Demokratie, den Rechtsstaat, die Wissenschaft, die
Religion, das Erziehungswesen, das Gesundheitssystem. Umgekehrt
gilt, dass eine ausdifferenzierte Marktwirtschaft, die neue Erkennt-
nisse hervorbringende Wissenschaft oder eine innovative Technikent-
wicklung letztlich nur auf Dauer existieren, wenn sie von Menschen
befördert werden, die kompetent, kritisch und motiviert sind, die
kreativ denken und eigenverantwortlich handeln.

Übergriffe und Verluste der Unterscheidungs-fähigkeit: Das Dilemma der europäischen Schuldenkrise

Ein entscheidender Fehler im Selbststeuerungsmechanismus moderner westlicher Gesellschaften könnte darin liegen, keine Zeit für das
Nachdenken über solche grundlegenden Zusammenhänge verschwen-
den zu wollen. Inzwischen wird sichtbar, dass die Angst vor Stabili-
tätsverlusten dazu führt, dass das Medikament der sozialtechnischen
Steuerung und der Notoperationen im Übermaß eingesetzt wird.
Interventionen scheinen in der Krise per se gerechtfertigt. Manch
ein Szenario des Klimaschutzes legt es nahe, die Demokratie für eine
beinah gestrige Institution zu halten und fordert einen neuen Gesellschaftsvertrag, der „Experten" und Aktivisten zu eigenen Subjekten
neben dem Volk macht.[291]

Schädliche Entdifferenzierung entsteht, wenn der vom Verfassungsstaat definierte Abstand zwischen Recht und politischer Herrschaft
dahinschmilzt und aus einem Europa als Rechtsgemeinschaft eine
Union wird, die unter dem Druck fiskalischer und wirtschaftlicher,
aber auch politischer Probleme aus dem Recht eine plastische Verfügungsmasse macht, das nach Belieben geformt werden kann. Gilt
das strikte Verbot der monetären (geldpolitischen) Staatsfinanzierung
eigentlich noch wie es in Art. 123 AEUV unzweideutig formuliert ist?
Oder haben wir es seit 2010 ausgehöhlt und uns an punktuelle Verlet-

zungen gewöhnt? Gilt die Verordnung (EU) Nr. 604/2013 zum Asyl-
verfahren (Dublin III) eigentlich oder handelt es sich um Recht ohne
Vollzugswirklichkeit? Wenn das konsistente Recht politisch unter
Druck gerät, wird es für Fehlentwicklungen verantwortlich gemacht.
Wenn aber das Recht seinerseits mit politischen Entscheidungslasten
oder mit gesetzlich ungenügend gesteuerten Gestaltungsaufträgen
überlastet wird oder sich selbst in diese Rolle manövriert, kommt
es zu Spannungslagen. Die demokratischen Regierungen sehen sich
immer stärker in einem Rechtsgeflecht, durch dilatorische Formel-
kompromisse als Gesetz ausgehandelt und dann mittels Bürokratie
und Rechtsprechung konkretisiert, die manchmal auf eigene Faust
politische Moral durchsetzen. Wer heute das Recht als reines Instrument der Politik ohne die Notwendigkeit der Rücksicht auf innere
Systematik begreift, wird morgen nach radikaler Rechtsvereinfachung
oder wahrscheinlicher nach partieller Missachtung des Rechts rufen,
um seinen politischen Gestaltungswillen auch in einer hochgradig
verrechtlichten Umwelt durchzusetzen.

Wissensgesellschaft als Lösung oder als Problem?

Soll man auf Ökonomen hören? Es hat eine Zeit gegeben, da wurde
ein wissenschaftlicher Rat zur Beurteilung der volkswirtschaftlichen
Situation eines Landes wie das Orakel von Delphi betrachtet – mit
Ehrfurcht und Vertrauen. Inzwischen ist dem Publikum nicht ver-
borgen geblieben, dass jede wirkliche Wissenschaft keine homogene,
in jedem Fall praktisch verwertbare Meinungsbildung hervorbringen
kann. Eine im Wittern von Korruption geübte Öffentlichkeit wird
dann vielleicht darauf hinweisen, wer welche Interessen vertritt, aber
das ist nicht der eigentliche Punkt. Der Streit der Meinungen mag in
der politischen Arena konsensverliebter Demokratien wie Deutschland
inzwischen eher unerwünscht sein, in der Wissenschaft lässt er sich
nicht unterbinden, weil er Teil der Operationslogik ist. Es wäre jeden-

falls ein Fehler, aus einer enttäuschten Liebe den Rat von Ökonomen künftig in den Wind zu schlagen. Allerdings braucht dieser Rat wie jeder Rat der Wissenschaft eine systemübergreifende Plausibilitätskontrolle, kritische Rezeption.

Jede Gesellschaft braucht Wissen.[292] Die Wissenschaft des westlichen Gesellschaftstyps stellt ein ausdifferenziertes (verselbstständigtes) Spezialsystem zur Verfügung, das zunächst neben das tradierte Alltagswissen oder sonstige gesicherte Wissensbestände (früher in Handwerkszünften, Klöstern) tritt. Mit der Herausbildung des Rationalismus und des naturwissenschaftlichen Empirismus entsteht das für die neuzeitliche Gesellschaft prägende autonome Wissenschaftssystem. Die Wissenschaft wird aus gesellschaftlichen Bezügen insoweit befreit als sie sich allein auf die Frage konzentriert, ob Aussagen wahr oder unwahr sind.[293] Dies ist eine enorme Restriktion, ein Außerachtlassen aller Weltzusammenhänge und Sinngebungen. Die jeweilige Methode wirkt restriktiv wie die Mitgliedschaft in einem noblen geschlossenen Club (es werden nicht alle Aussagen zugelassen) und sie stellt Anschlussfähigkeit (intersubjektive Überprüfbarkeit) her. Das, was die Wirtschaftswissenschaft mit Modellannahmen, statistischen Zusammenhängen, Beobachtungen oder die Soziologie mit Theorien und empirischer Sozialforschung an gesellschaftlicher Selbstbetrachtung zulassen, ist ein wichtiges Wissensfundament.

Wissenschaftsgläubigkeit ist heute weitgehend vorbei. Die Gegenwart neigt mancherorts zu gegenteiligen Fehlschlüssen. Manche sind von der Wertlosigkeit wissenschaftlicher Gesellschaftsanalyse überzeugt und fragen lediglich danach, wer Gelehrte bezahlt, welche Interessen sie vertreten oder welchen Aktivistengruppen sie nahe stehen. Andere lassen sich durch Zahlen, statistische Zusammenhänge, durch die Quantifizierung von Problemen immer wieder neu beeindrucken und blenden größere Zusammenhänge und Alltagserfahrungen aus.[294] In fein ziselierte statistische Modellrechnungen fließen häufig sehr einfache Grundannahmen und politisch zweckgerichtete oder moralisch geprägte Voreinstellungen ein, in manchen Fällen beabsichtigt, in den meisten Fällen unausweichlich. Manchmal wird ein grundlegender

16. KAPITEL OFFENE ZUKUNFT EUROPAS

sozialer Wandel nur deshalb angenommen, weil Daten übergewichtet oder untergewichtet werden, manchmal stimmen die Zusammenhänge nicht, weil das, was gut quantifizierbar ist, mehr Bedeutung erhält als das, was nicht gut messbar ist, wie soziokulturelle oder mentale Bedingungen. Vor allem der internationale Vergleich von Volkswirtschaften gerät mitunter abenteuerlich, weil die Komplexität der unterschiedlichen Systeme die quantifizierte Abbildung in die Nähe der Irreführung rückt. Soziale Leistungen, die monetarisiert werden, blähen das Bruttoinlandsprodukt auf[295], artifizielle Studiengänge und ineffiziente Studienabschlüsse ohne praktische Rückkopplung an die Bedürfnisse der Wirtschaft beeindrucken in OECD-Statistiken, während sie in Wirklichkeit eine Ursache für die Entstehung von hoher Jugendarbeitslosigkeit darstellen.

Was lernt man daraus? Die unentbehrliche wissenschaftsbasierte internationale Politikkoordinierung sollte einigermaßen dringend die Schwächen und Grenzen ihrer Analyse stärker reflektieren und bessere Sensoren bereitstellen, um tatsächliche Lebensverhältnisse wahrzunehmen.

Konsequenzen für die Zukunft Europas

Europa braucht weltoffenen Wettbewerb, ehrgeizige Wissenschaft und ambitionierte Technik, merkantilen Geist und die Aufbruchsstimmung eines neuen Arbeitsethos. Europa als ältester Teil des Westens kann und soll nicht gegen die USA neu erfunden werden, aber seinen eigenen „European way of life" selbstbewusster und weniger verzagt entwickeln. Europa steht nach wie vor für die Leonardo-Welt des Abenteuers von Weltentdeckung, Bildung und technischem Erfindungsgeist. Europa gedeiht in einem Klima des fairen sozialen Interessenausgleichs, rechts- und institutionenbewusst, wissenschaftlich gut beraten auf der Grundlage seiner regionalen und nationalen Erfahrungen. Eigenverantwortung, selbstexpansive Kreativität, Erfindungsgeist und ausgewogene Solidarsysteme prägen das normative Leitbild

SECHSTER TEIL   DIE KRISE EUROPAS

des alten Kontinents, der sich für die zweite Halbzeit der neuzeitlichen Epoche bereitmachen sollte anstatt zwischen Kulturpessimismus und verordnetem Zweckoptimismus schwankend letztlich untätig zu bleiben. Die EU könnte auch neu gedacht werden durch Stärkung der Brüsseler Organe und der nationalen Eigenverantwortung zugleich, wie das kürzlich *Martin Winter* vorgeschlagen hat.[296]

Wenn *Hölderlin* Recht hat, wonach das Rettende wächst, wo Gefahr ist, dann sollten wir uns nach dem Rettenden umschauen. Denn die Gefahren für Europa, für den Westen insgesamt wachsen enorm. Womöglich fahren die Wohlhabenderen demnächst in gut klimatisierten, autonom gesteuerten Geländewagen von einer gesicherten Wohnanlage in die andere, während manche Stadtteile der Zerstörung, der Paralleljustiz und der Gewalt preisgegeben sind und auf dem entvölkerten Land sich dumpfe Ressentiments breitmachen. Dazu muss es nicht kommen. Denn der offene Verfassungsstaat hat als konsequenter Rechtsstaat nichts von seiner Rationalität verloren. Die soziale Marktwirtschaft ist unersetzlich und muss klug geordnet werden. Das Europa der Union ist ein unverzichtbarer großer Rahmen, den viele politische Gemeinschaften mit Tatkraft in eigener Verantwortung zu füllen haben, damit das Ganze zusammenbleibt.

EPILOG

AUFSTAND GEGEN DEN WESTEN UND NEUERFINDUNG EINES GESELLSCHAFTSMODELLS

Griechenland als Menetekel

Seit der Wahl Anfang 2015 wird Griechenland von einem radikalen Parteienbündnis regiert, das mit dem Versprechen gewonnen hat, die Konsolidierungspolitik der internationalen Gemeinschaft Europas und des IWF zu beenden. Das Kalkül dieser Regierung war, dass man frisches Geld zur Finanzierung teurer Wahlversprechen und zur Stärkung des Klientelsystems auch ohne Auflagen und Konditionen erhalten kann. Dahinter steht die Erwartung, Europa sei inzwischen gerade in der Währungsunion so zusammengewachsen, dass eine Insolvenz des Landes nicht hingenommen werden würde und insofern nur hart genug zu verhandeln sei. In der Selbstinszenierung, den programmatischen Aussagen und auch im Verhalten innerhalb der Brüsseler Kompromisskultur fordert die Syriza-Regierung das europäische Verhandlungssystem heraus – und nicht wenige bis hin zu amerikanischen Wirtschaftsnobelpreisträgern applaudieren. Doch dahinter steht in Wirklichkeit die Auflehnung gegen die Spielregeln der Wirtschaft und die Logik der Staatenbeziehungen.

Viele Länder Europas und des Westens haben bis zur Weltfinanzkrise durch die Überdehnung des Finanzmarkts und der öffentlichen Haushalte Wohlstandsgewinne erzielt, die realwirtschaftlich nicht ausreichend grundiert waren. Der Westen insgesamt schien sich wie ein spätrömischer Kaiser zu verhalten, der heimlich Münzverschlechterungen anordnet und meint, dass dadurch alles beim Alten bleiben kann. Ein Land wie Deutschland mit schwacher Finanzindustrie und vergleichsweise starker Realwirtschaft war hier zwar kein Vorreiter, hat aber im Tross des Westens mitgemacht. Heute haben immerhin einige Länder in Europa begriffen, dass die Einhaltung der rechtlichen und wirtschaftlichen Spielregeln für die Fortsetzung der Integration von schicksalhafter Bedeutung ist. Das Gerede von der verfehlten Austeritätspolitik ist letztlich ohne Substanz, auch wenn in der Kurzfristperspektive die Frage des Ausmaßes prozyklischer Wirkungen der Stabilitätspolitik nüchtern gestellt werden darf. Aber es geht im Sinne der soziokulturellen Nachhaltigkeit ganz entscheidend um die längere Perspektive. Denn inzwischen mehren sich die Krisenzeichen für den Westen insgesamt derart geballt, dass die Rekonstruktion vernünftiger gesellschaftlicher Verhältnisse überfällig ist.

Verwandlung der Welt durch wirtschaftliche, technische und politische Dynamik

Es könnte auch sein, dass der Westen in der Falle des eigenen Erfolges steckt. Die weltgesellschaftliche Dynamik zwingt Europa, die USA oder Japan zu rascher Anpassung, zu unentwegter Entfaltung wirtschaftlicher und technischer Potenziale, zu Mobilität – und das auf einem hohen Wohlstands- und Erwartungsniveau. Durch die Öffnungen der nationalen Wirtschafts- und Sozialräume sickern die Imperative der Weltgesellschaft in die Fundamente der eigenen Identität. Der Begriff der Weltgesellschaft läuft nicht auf Zentralisation politischer Herrschaft zu. Typisch ist vielmehr eine heterarchische und netzwerkartige Struktur[297], die durch das territoriale Prinzip der Staatenwelt hindurch läuft. Es beginnt womöglich ein Prozess der Diffundierung. Ungesteuerte Migration ist bei Überschreitung von Aufnahmekapazitäten eine Gefahr für die Stabilität des sozialen Rechtsstaates. Offenheit bedeutet nicht Grenzenlosigkeit.

Insofern sollte man sich mit der These auseinandersetzen, dass das westliche Gesellschaftsmodell in eine sehr heterogene Weltgesellschaft eingedrungen ist, sie verwandelt hat, ohne sie homogenisieren zu können. Doch längst werden die westlichen Kernstaaten ihrerseits weltgesellschaftlich verändert – bis in ihre Identitätsgrundlagen hinein.

Die Fragmentierung der Gesellschaften im Innern, die Abhängigkeit von weltwirtschaftlichen Vernetzungen unter Einschluss des Finanzmarkts, die Zunahme von globalen Wanderungsbewegungen, die Verstärkung antiwestlicher Machtkonstellationen und die Erosion des institutionellen Grundgerüsts westlicher Identität greifen ineinander und verlangen gebieterisch nach einer neuen Erschließung westlicher Kraftquellen.

Vielleicht aber verschwindet nur ein bislang noch irgendwie, wenn nicht geografisch, so doch ideell fassbarer Westen. Seit 1990 ist der Westen derart umfassend globalisiert und so weitgehend universalisiert, dass sein Begriffssinn als einer in den grundlegenden Sozialstrukturen von anderen Weltregionen unterscheidbaren Hemisphäre durch ausbreitende Diffundierung verloren geht: Also aufhebendes Ende des Westens durch seinen vollständigen Sieg?[298] Dann wäre alles an Andersartigem, alle Opposition dagegen – Islamismus, Autokratien, Staatszerfall – nur Protest oder Konflikt im Innern eines prinzipiell abgeschlossenen weltgesellschaftlichen Systems.

Wechsel im Leitbild: von der Einen Welt zu multipolaren Großräumen?

Es handelt sich bei dem verbreiteten Gefühl eines Abstiegs des Westens womöglich nicht so sehr um das Faktum eines in wirtschaftlichen Kennzahlen messbaren Vorgangs, sondern um einen Paradigmenwechsel im Bewusstsein. Das wird durch einen Blick auf geopolitische Verschiebungen deutlicher. 1990 schien die Idee der *Einen Welt* Wirklichkeit zu werden. Eine Welt, die von universellen Werten der Menschenrechte bestimmt ist, gegründet auf den Werten Freiheit, Chancengleichheit, weltumspannender Information, Friedlichkeit, offener Märkte und Demokratie.

Von dieser Vorstellung der Einen Welt haben wir heute zwar keinen Abschied genommen, es mehren sich aber die Anzeichen für die Rückkehr des Großraumdenkens als eine sich in unterschiedliche, politische Räume zergliedernde multipolare Weltordnung.[299] Statt eines globalen Hegemons gibt es künftig derer viele. Die EU (assistiert vom Noch-Welthegemon USA) und Russland wären dann Hegemone in Europa, die zur Zeit in der Ukraine oder Moldawien, vielleicht morgen schon im Baltikum um die genaue Grenzziehung ringen. Iran möchte anstelle von Saudi-Arabien die Vormacht des Nahen Ostens werden, bekämpft deshalb das sunnitische Kalifat, das auf bizarre Weise ebenfalls zum Großraumdenken tendiert. China sieht sich als beherrschende asiatische Macht mit globalen Ambitionen und müsste konsequent mit den USA, Japan und Indien in eine gewisse Spannungslage geraten.

Veränderung der Machtproportionen oder Aufstand gegen den Westen?

Trotz eines erheblichen wirtschaftlichen Gewichts können die Länder des Westens seit der Weltfinanzkrise nicht mehr nach altem Muster die Bedingungen diktieren, denn die Proportionen ändern sich ebenso wie die politischen Rahmenbedingungen. China wächst trotz Alterung und etwas abgeflachter Wachstumsraten deutlich schneller als der Westen[300]. Wenngleich nur schemenhaft erkennbar, geht das Reich der Mitte eigene Wege, vielleicht auch mit dem heute ansatzweise bereits artikulierten Anspruch auf asiatische Hegemonie und allmähliche Verdrängung Amerikas aus diesem für die Zukunft zentralen Raum. Russland, militärisch als Atommacht ernst zu nehmen, ist wirtschaftlich schwach, hat sein aus prekären demokratischen Strukturen entwickeltes oligarchisch-merkantilistisches Herrschaftssystem vor allem als Rohstofflieferant und als Militärmacht stabilisiert. Das Land betreibt erkennbar alte Machtstaatspolitik, vielleicht auch morgen schon wieder klassische Expansionspolitik. Der arabische Raum ist der Kontrolle des Westens weitgehend entglitten, der Islamismus als radikale Ablehnung westlicher Lebensstile auf dem Vormarsch, auch hier drängt sich mit dem Iran die Idee neu wachsender Großräume in den Vordergrund. Wird Afrika dem islamischen Fundamentalismus Stand halten? Israel ist eine Miniatur des Westens im Nahen Osten: Wirtschaftlich überlegen, selbstbewusst, technisch und in seinem Raum – wie die USA auf der globalen Ebene – militärisch potent. Doch manche Israelis werden von Zweifeln geplagt, ob sich die einzige stabile Demokratie im Nahen Osten auf Dauer wird behaupten können. Dem Frieden steht eben nicht nur (wie von westlichen Verbündeten herausgestellt) die eigene Siedlungspolitik, eigene Starre, religiöse Kräfte und harsche Sicherheitsmaßnahmen entgegen, sondern vor allem der Hass gegen Israel als Repräsentant einer anderen Religion, als Vorposten des Westens („großer und kleiner Satan"), womöglich als provokanter Spiegel eigener Unzulänglichkeiten.

Belegen bereits die äußeren Verhältnisse eine markante Erosion westlicher Macht, so sind es vor allem die inneren Entwicklungen, die sogar auf einen regionalen Zusammenbruch des Westens als dominanter soziokultureller Prägekraft hindeuten könnten.

Grenzen des Wachstums auch für gesellschaftliche Funktionssysteme?

Die moderne Gesellschaft ist deshalb modern, weil sie es aufgibt, ihre Ordnung, ihre Identität und ihre Stabilität durch dazu besonders bestimmte Strukturen zu garantieren. Stattdessen lässt sie in großem Umfang verselbständigte Handlungssphären zu wie den Markt, die freie Wissenschaft, Politik, Religion oder Recht. Eine mehr oder minder ausdifferenzierte Geldwirtschaft und die Konzentration politischer Herrschaft hatte es zwar in jeder bedeutenden Hochkultur gegeben[301], aber nie eine so weitgehende und umfassende Verselbständigung so vieler sozialer Systeme. Niemand kann wissen, ob das Komplexitätswachstum und die Leistungszunahmen aller Funktionssysteme endlos weiter erfolgen können oder ob es schon in den Intersystembeziehungen wie derjenigen zwischen Politik und Wirtschaft zu gefährlichen Störungen kommt. Das soziokulturelle Protestpotenzial gegen den

Westen hat aber weniger mit solchen Störungen zu tun, sondern mehr mit der Frage, welches Schicksal eigentlich lebensweltliche Alltagskulturen und gesellschaftliche Integration über Gemeinschaftsbildung durch das unbegrenzte Wachstum der Funktionssysteme, insbesondere der Wirtschaft, politischer Herrschaft und des bürokratischen Rechts erleiden werden.

Die neuzeitliche Gesellschaftsorganisation war in der Evolution menschlicher Gesellschaften unwahrscheinlich. Aber nachdem sie sich durchgesetzt hatte, konnte sie bis auf den heutigen Tag ihre überwältigenden Vorteile ausspielen. Eine Wissenschaft, die von Fesseln befreit, mit Mitteln ausgestattet, vom Forscherethos getragen, sich nur auf den Zweck der Ermittlung validen (wahrheitsfähigen) Wissens konzentriert, produziert unaufhörlich verwertbare Kenntnisse, neue Einsichten und Überraschungen. Ein Wirtschaftssystem, das auf Rendite gerichtet, auf Eigentum errichtet und zweckrational organisiert ist, durch ein leistungsfähiges Recht und eine stabile politische Ordnung erwartungs- und störungssicher agieren kann, wird Waren und Leistungen produzieren wie keine Wirtschaftsform vor ihm.

Es sind diese Leistungen der verselbstständigten sozialen Systeme, die alles andere nach und nach unter Druck setzen, aber keineswegs zum Verschwinden bringen, sondern zur Anpassung nötigen. Denn die moderne Gesellschaft kann nicht über ein Einzelsystem seine Einheit und Identität finden, auch nicht durch die gemeinsame Anstrengung aller standardisierten Systeme. Genau das haben aber viele Menschen die ganze neuzeitliche Epoche hindurch gedacht. Mal glaubten sie daran, durch eine ausdifferenzierte, nach Vernunftgrundsätzen gestaltete Religion die Einheit zu finden, dann unmittelbar über wissenschaftlich fundierte Vernunft, dann nur noch über Natur- und Sozialwissenschaften, über den rationalen Staat oder allein über den Markt. Heute geschieht viel über politische Moral, obwohl auch das riskant ist.

Grenzen der politischen Moral

Zu Beginn der Neuzeit war die Moral noch religiös kontrolliert und auch auf gesellschaftliche Stabilitätsbedürfnisse eingestellt. Heute, nach der politischen Aufklärung ist die Moral vor allem in politisch-medialer Hand und zwar in einem Dreieck von öffentlicher Meinungsbildung der Medien, wissenschaftlichem Mainstream der Intellektuellen, und in der Hand von Politikern oder politischen Aktivisten der dezentralisierten Netzwelt. Da es Gerechtigkeitsdiskurse sehr schwer haben, deduktiv-analytisch vorzugehen und dies einer Ethik (ohne Sozialwissenschaft und Recht) als Leistung für das Moralisieren auch nicht gelingt, kommt das Zufällige einer jeden Ungerechtigkeitsthematisierung, das anti-institutionelle Momentum des Moralisierens heute verstärkt zur Geltung.

> „Im Ergebnis haben wir heute einen Gesellschaftszustand erreicht, in dem Moralisieren nach wie vor weit verbreitet, ja die ‚vornehme' Zurückhaltung, die man in den Oberschichten mühsam gelernt hatte, wieder aufgegeben ist. Aber dieses Moralisieren leistet keine gesellschaftliche Integration mehr, ebenso wenig wie die Religion selbst. (…) Es fehlt Konsens über die Kriterien, nach denen die Werte gut bzw. schlecht zuzuteilen sind."[302]

Die kritische Beobachtung moralischen Argumentierens und vor allem für die kognitiven Voraussetzungen des moralischen Urteils ist weitgehend verloren gegangen, vermutlich, weil die Frage nach der Moral der Moral als unzulässige Paradoxie verboten ist. Aber die soziologische Beobachtung einer okkasionell wandernden Moral steht gerade nicht im Einklang mit ethischer Systematisierung, sie zielt lediglich auf den Breitengeschmack einer spät-aufklärerischen Befreiungsemphase. Die zirkulierende Moral hat kein durchdachtes System in einer normativ anschlussfähigen und die Wirklichkeit der Gesellschaft erkennenden Weise.

Moralisches Fehlurteil bei lückenhaften Beurteilungsgrundlagen

Pointiert gesagt: Ein verkürztes und deshalb falsches Bild von Welt wird häufig diffusen Gerechtigkeitsmaßstäben gegenübergestellt. So wird etwa das komplexe Geflecht globalen Wirtschaftens mit erheblichen staatslenkenden Einflüssen nicht richtig analysiert und als „Kapitalismus" letztlich unbegriffen auf einen Prüfstand gestellt, der nicht das messen kann, worauf es wirklich ankommt, weil er keine vernünftigen normativen Maßstäbe besitzt. Das unverstandene Wirtschaftssystem wird ebenso in Misskredit gebracht wie die mit falschen Erwartungen überfrachtete Demokratie als Herrschaftsform. Beide werden moralisch attackiert (Kapitalismuskritik, Herrschafts- oder Staatskritik), aber dann resignativ als Fluch oder Schicksal unterstellt.[303] Die neuzeitliche Rechts- und Staatsphilosophie wusste demgegenüber sehr genau, dass begründete moralische Urteile innerhalb eines Systems der praktischen Vernunft auf faktisches Wissen und normative Konsistenz angewiesen sind. Moralisches Urteilen ist unmöglich, ja es ist unmoralisch, wenn die Tatsachengrundlagen einseitig oder fehlerhaft und die normativen Maßstäbe unklar sind.

Eine solche Haltung zwischen schlecht informierter moralischer Anklage und praktischer Untätigkeit ist geeignet, das westliche Institutionensystem in der Akzeptanz zu untergraben und in der praktischen Wirksamkeit durch unterlassene Anpassungen zu gefährden. Was sinnvollerweise im normativen Bestand verändert werden kann und was nicht, welche gesellschaftlichen Realitäten veränderbar sind und welche Veränderung man tunlichst vermeiden sollte: All das bleibt letztlich unklar.

EPILOG AUFSTAND GEGEN DEN WESTEN

Einschränkung des Blicks durch Vernunft?

Manchmal scheint es, dass der Blick im öffentlichen, im politischen und im wissenschaftlichen Diskurs zwar rationalisiert, aber auch eingeschränkt ist, also jenem sozialtechnischen Tunnelblick entspricht, von dem bereits die Rede war. Dies könnte im Konzept der aufgeklärten Vernunft selbst begründet liegen. Einer der Väter der neuzeitlichen aufgeklärten Vernunftphilosophie, *David Hume*, hat die Beschränkung der Vernunft auf wahrheitsfähige Aussagen gefordert und sich damit durchgesetzt. „Vernunft ist die Erkenntnis von Wahrheit und Irrtum. Wahrheit und Irrtum aber besteht in der Übereinstimmung bzw. Nichtübereinstimmung entweder mit den *wirklichen* Beziehungen der Vorstellungen oder mit dem wirklichen Dasein und den Tatsachen. Was also einer solchen Übereinstimmung oder Nichtübereinstimmung überhaupt nicht fähig ist, kann weder wahr, noch falsch und demnach niemals Gegenstand unserer Vernunft sein.“[304]

Das Vernunftrecht entstauben: Soziokulturelle Ethik der Nachhaltigkeit

Die vorangegangenen Überlegungen sind ein schwacher Widerschein der großen Debatte über Sein und Sollen, die zu den Klassikern der Philosophie gehört. Es geht hier nicht um gut begründete philosophische Spekulation, sondern um das Verständnis der Bedeutung von Normen für die moderne Gesellschaft. Grundlegende Normen, sozialphilosophischer Herkunft, rechtliche Regeln und moralische Codices, sind bestimmend und prägend für die Existenz der modernen, ausdifferenzierten Gesellschaft. Sie sind insofern unentbehrlich, als dass sie nicht hinweggedacht werden können, ohne dass diese Gesellschaft ihre Identität verlöre. Eine soziokulturelle Ethik wäre ein System von Normen, die logisch und funktionell die Identität und den Erfolg einer freiheitlichen Gesellschaft gewährleisten. Nichts anderes meint eine Verfassungsinterpretation, die den Menschen in den Mittelpunkt der Rechtsordnung stellt und von seiner Würde und dem Recht auf freie Entfaltung der Persönlichkeit im Grunde alles weitere bis zum Rechtsstaat, zur internationalen Friedensordnung und zur demokratischen Selbstbestimmung ableitet.[305] Auch dieser Gedanke ist selbstverständlich in der Neuzeit nicht neu. Es gehört zum großen ideellen Programm der Aufklärung, das Recht und die im ethischen Diskurs reflektierte, also begründete und nicht einfach vorgefundene Moral als Grundgerüst der rationalen Gesellschaft zu verstehen. Das bedeutet, einen anspruchsvolleren Rechtsbegriff zu denken, als er heute üblich ist. Das öffentliche Recht unserer Tage erkennt Recht daran, dass es in einem förmlichen Gesetzgebungsverfahren von dem darin bestimmten Organ förmlich korrekt erlassen worden ist. Recht ist insofern nur das positive Recht und positives Recht ist das förmlich korrekt zustande gekommene Gesetz.

Es sind dann Gerichte, die Gesetze am Maßstab höherrangigen Rechts kontrollieren – und das sollte dann auch ein Stück Vernunftkontrolle sein. Denn die Kontrolle eines Mehrheitsgesetzes am Maßstab der Grundrechte entfaltet immer wieder eine elementare Norm der neuzeitlich, freien westlichen Gesellschaft: Das Primat persönlich zugeordneter Freiheit. Aber auch dann, wenn die Grundrechte ernsthafter als bislang als Werteordnung und als System verstanden werden sollten, wäre eine solche Verfassungsinterpretation noch keine Wiederbelebung des Vernunftrechts wie es seit *Hugo Grotius* oder *Baruch Spinoza* im 17. Jahrhundert auf den Weg gebracht worden ist. Es wäre aber immerhin eine notwendige Selbstbeobachtung juristischen Argumentierens.

Die Logik der Normen in einer ausdifferenzierten Welt

In seiner „Ethica more geometrico demonstrata" hat *Baruch Spinoza* versucht, Grundsätze der Mathematik auf die ethische Argumentation zu übertragen. Der naturwissenschaftlich inspirierte Glaube der damaligen Zeit wirkt ideell bis heute fort. Dieser Glaube richtet sich darauf, dass in die Natur eine Ordnung implizit eingelassen ist[306], die der Mensch als Forscher erkennen und entschlüsseln kann.[307] Diese objektive, nach festen Gesetzen funktionierende Ordnung ist im Diskurs der Naturwissenschaftler intersubjektiv anerkennungsfähig. Warum sollte so etwas in der Welt des Sollens, also der Normenwelt nicht auch gelingen?

Nach dem Zerfall der mittelalterlichen Ordnung, die ihren letzten Halt im geoffenbarten göttlichen Recht fand, ging es nach der Reformation im Zeitalter der Konfessionskriege um die säkulare Begründung einer Ordnung, die dem (religiösen oder sonstigen weltanschaulichen) Streit entzogen war. Die Gegenwart lässt sich gewiss nicht mit dem Zeitalter der Konfessionskriege vergleichen, aber die neue Fragmentierung westlicher Gesellschaften des frühen 21. Jahrhunderts macht die Vergewisserung grundlegender (elementarer) Normen erneut dringlich – und damit sind weniger rechtliche Normen, sondern diejenigen normativen Überzeugungen gemeint, die auch dem Recht die Richtung geben.

Das Schicksal der Alltagskultur

Die Dominanz eines Einzelsystems wie das der Politik in den totalitären Gebilden des 20. Jahrhunderts zerstört die Komplexität und Leistungskraft der modernen Gesellschaft. Allerdings wird eine freiheitsgerechte, vernünftige Einheit nicht einfach schon durch das mehr oder minder geschmeidige Zusammenspiel von Wirtschaft, Wissenschaft, Politik, Recht oder Erziehung garantiert. In jeder modernen Gesellschaft läuft vergleichsweise orientierungslos dasjenige mit, was in traditionellen Gesellschaften ganz im Mittelpunkt stand: die Alltagskultur, die Lebenswelt. Sie ist heute von wichtigen, bestandserhaltenden Aufgaben scheinbar befreit, abgekoppelt von den stürmischen Kräften des Fortschritts: Kultur als schrumpfendes Reservat der globalisierten Gesellschaft.

EPILOG AUFSTAND GEGEN DEN WESTEN

Doch der Eindruck täuscht. Wenn sich die alltagsweltliche Orientierung ändert, verändern sich die Ströme der großen Geschäftswelt und verlagern sich die Zentren wissenschaftlicher Forschung. Das Recht verliert seinen rationalen Glanz, wenn Rationalität in Alltagserfahrungen nicht immer wieder reproduziert oder bestätigt wird. Die Gesellschaft ist nicht nur die Summe von speziellen Funktionssystemen, wie der Theorieentwurf *Niklas Luhmanns* nahe legt[308], sondern ein Ensemble zweier Welten: System und lebensweltliche Kultur. Kennzeichen der Lebenswelt ist, dass sie der Horizont ist und nicht das kartographierte Gelände vor diesem Horizont. Doch weder die eine emotional oder expressiv verankerte, nicht ganz fassbare, allenfalls poetisch-künstlerisch symbolisierbare Alltagskultur, noch die Vorstellung einer horizontstiftenden Lebenswelt machen sie zu einem irrationalen Gegenspieler systemischer Zweckrationalität oder gar zu einem Mythos. Vielmehr wird auch die Lebenswelt durch inzwischen stark rationalisierte große Erzählungen geprägt und so – obgleich mit großen Variationsfreiheiten – gesteuert.

Jede Theorie der Gesellschaft und jede Theorie der Freiheit benötigt eine Leerstelle für das, was im aufklärerisch vereinseitigten Denken an den Rand gedrängt wird oder erst gar nicht ins Bewusstsein rückt, jedenfalls nicht im öffentlichen Diskurs thematisiert ist. Die westliche Gesellschaft ist mit gutem Grund davon überzeugt, dass die entwickelten Industrieländer ein Modell der rationalen Weltgestaltung darstellen, die die Menschen aus Hunger, Elend und Entmündigung führt. Zur Reife der westlichen Gesellschaft zählt aber die Erkenntnis, dass dabei etwas Wesentliches verloren gehen könnte, etwas das mehr gefühlt als begriffen werden kann.

Im westlich-hochkulturellen Blick auf sogenannte primitive Kulturen gibt die Rechtsphilosophie zu bedenken:

> „Zwar lassen sich selbstverständlich Differenzierungen im Weltbild feststellen und es ist nicht zu leugnen, dass etwa die entwickelten Industrieländer dank ihrer technologischen Errungenschaften in der äußeren Lebensbewältigung einen relativen Vorsprung haben gegenüber Gemeinschaften, die Naturgötter anbeten und sich ihren Lebensbedingungen als schicksalhaft-vorgegeben einfach einfügen. Dabei ist

aber schon nicht ausgemacht, ob in einer einseitigen Konzentration auf die äußere und bloß materielle Lebensbewältigung nicht andere Dimensionen des Menschseins unterentwickelt bleiben, deren Stand dann seinerseits mit guten Gründen als primitiv bezeichnet werden könnte."[309]

Könnte es sein, dass die Lebenswelt der Menschen, ihre Fähigkeit des Näherrückens über Gemeinschaften, die Bestimmung eines praktischen Lebenssinns und die Fähigkeit zur transzendenten Sensibilität inzwischen verkümmert ist, „primitiv" geworden ist? Könnte es sein, dass das Bildungsniveau westlicher Gesellschaften in Gefahr gerät, flankiert durch eine intransparente digitale Netzkultur? Könnte es sein, dass Wertmaßstäbe, die bislang dem Allgemeinen Persönlichkeitsrecht zu Grunde lagen, im Netz mit seinen umschmeichelnden Benutzeroberflächen, seiner Anonymität und der Omnipräsenz kommunikativer Verfügbarkeit nicht nur verändert werden, sondern in der neuzeitlichen Prägnanz allmählich ganz verblassen?

Gutes Leben und gute Sozialordnung

Solche Fragen lassen sich fast beliebig vermehren. Was ist eigentlich aus einer künstlerisch anspruchsvollen Liebessemantik[310] geworden, warum belächelt man die ungemein produktive Epoche der Romantik von *Herder* über *Schleiermacher* bis *Novalis* und verschüttet diese Potenziale[311] mit dem Kampfbegriff, derartiges sei reaktionäres Biedermeier? Vielleicht wird sich die Gesellschaft des Westens erst dann wieder neu erfinden, wenn sie ihre künstlerischen Quellen aus der großen humanistischen Erzählung sprudeln lässt, wenn es gelingt, die wissenschaftliche Durchdringung der Welt, wirtschaftliche und politische Gestaltung mit einer Praxis des guten Lebens zusammenzubringen, das die ökonomischen und politischen Verengungen überschreitet.

Die Rebellion gegen den Westen ist nicht eine Rebellion gegen die Demokratie oder die soziale Marktwirtschaft oder den Rationalismus wissenschaftlicher Weltbetrachtung. Es könnte eine Rebellion gegen die immer stärker hervortretende Kluft von weltgesellschaftlicher Funktionslogik und personell geprägter Alltagswelt sein. Man wird diese Kluft nicht schließen können, indem man gegen die Funktionslogik von Wirtschaft, Recht und Politik und ohne Rücksicht auf die Folgen eigenen Verhaltens rebelliert. Aber der Anspruch, so zu leben wie man es für richtig hält, privat und in regionalen oder nationalen Kulturräumen ist dennoch legitim. Wir werden in Europa wieder vorankommen, wenn wir zwar unbeirrt an der funktionalen Integration festhalten, aber auch die kulturelle und eigenstaatliche Vielfalt des Kontinents mehr als ein Lippenbekenntnis ist. Ein starker Verbund souveräner Staaten entsteht nur auf der Grundlage von Eigenverantwortung in den mitgliedsstaatlichen Räumen und der Beförderung eines Gemeinschaftsinteresses auf einer gemeinsamen Wertebasis. Integration verpflichtet. Sie verpflichtet dazu, von der Freiheit Gebrauch zu machen, über sich hinaus zu wachsen und Möglichkeiten zu nutzen. Das gilt für den einzelnen Menschen, das gilt ebenso für Demokratien. Das normative und praktische Ordnungsgerüst des Westens muss wieder so gestaltet werden, dass das sich selbstentfaltende verantwortliche Leben nach dieser neuzeitlichen Prämisse nicht bestraft, sondern belohnt wird. Es geht aber für Bildung, Wissenschaft, politische Programmatik und öffentliche Moral um noch viel mehr: Es geht um die Wiedergeburt und die Neuerfindung des westlichen Wegs, in gegenseitiger Achtung rechtssicher zu leben.

ANMERKUNGEN

1. Demokratie und Selbstbestimmung wird auch von denjenigen als gleichsam unverhandelbarer Kern der westlichen Identität angesehen, die eine Neu-Erfindung des Westens schon deshalb für problematisch halten, weil man dann nicht offen genug für globale Impulse und eigene Wege anderer Kulturräume wäre, siehe *Alastair Bonnett*, The Idea of the West, 2004, S. 164.

2. Zur Begriffsgeschichte von „Zivilisation": *Fernand Braudel*, A History of Civilizations, 2011, S. 4 ff.

3. *Andrea Komlosy*, Globalgeschichte: Methoden und Theorien, 2011, S. 20 f.

4. Der Grundkonflikt zwischen westlicher Modernitätsformierung und nationalkultureller oder religiöser Identitätsbildung liegt tiefer und lässt sich nicht durch das Auswechseln von Politikern beseitigen. Den Hinweis auf die ambivalente Stellung Russlands zu Europa konnte man ganz unabhängig und lange vor der Ukraine-Problematik geben, *Di Fabio*, Der Verfassungsstaat in der Weltgesellschaft, 2001, S. 61.

5. *Thomas Mayer*, Die neue Ordnung des Geldes. Warum wir eine Geldreform brauchen, 2014.

6. Aufschlussreich zu dieser Polarisierung: *Céline Teney/Marc Helbling*, How Denationalization Divides Elites and Citizens, ZfS Jg. 43, Heft 4 2014, S. 258 ff.

7. *Alastair Bonnett*, The Idea of the West, New York 2004, S. 120.

8. Damit sind Kollektivrechte gemeint, die gegen entwickelte Staaten als Verpflichtungsadressaten geltend gemacht werden: „Die Staaten Europas und Nordamerikas sollen nicht nur die Einhaltung der liberalen Menschenrechte überwachen, sondern vielmehr kollektive Solidaritätsrechte gegenüber allen Staaten und allen Völkern üben, damit auf diese Weise die Gewährleistung aller Menschenrechte überall auf der Welt effektiv gewährleistet werden kann." Netzwerk Menschenrechte, http://www.netzwerk-menschenrechte.de/menschenrechte-der-dritten-generation-1139/.

9. *Martha C. Nussbaum*, Politische Emotionen: Warum Liebe für Gerechtigkeit wichtig ist, 2014.

10. Zur Verwendung in rechtstheoretischen Kontexten als Beschreibung von rechtlich gespiegelten Rationalitätenkonflikten in einer polyzentrischen

ANMERKUNGEN

Weltgesellschaft siehe *Andreas Fischer-Lescano/Gunther Teubner*, Regime-Kollisionen: Zur Fragmentierung des globalen Rechts, 2006, S. 10 ff.

11. *Niklas Luhmann*, Die Wissenschaft der Gesellschaft, 1990, S. 197.
12. *Mihalo D. Mesarovic/Eduard Pestel*, Mankind At The Turning Point: the 2nd Report of the Club of Rome, 1974.
13. *Udo Di Fabio*, Der Staat als Institution. Zur Kontingenz der modernen Staatsidee, in: Isensee/Lecheler (Hg.), Freiheit und Eigentum, Festschrift für Walter Leisner, 1999, S. 225 ff.
14. *Niklas Luhmann*, Die Wissenschaft der Gesellschaft, 1990, S. 266 f.
15. Es ist bereits häufiger darauf hingewiesen worden, dass diese Zerstörung von einer künstlerischen Avantgarde getragen wurde, die selbst bürgerlich war. Sowohl Ablehnung wie auch positive Rezeption. Siehe dazu etwa *Helmuth Kiesel*, Geschichte der literarischen Moderne, 2004, S. 45.
16. An dieser Eindimensionalität hat die im 19. Jahrhundert verhaftete und in den sechziger Jahren des 20. Jahrhunderts erfolgreich neu aufgelegte Kapitalismus- und Kulturkritik einen nicht unerheblichen Anteil, soweit sie einen anarchisch-hedonistischen Lebensstil propagiert, und zwar unter Desavouierung „bürgerlicher", triebunterdrückender Ordnungen. Es ist eine Kritik, die gegenüber der ökonomisierten „Massenkultur" ein Korrektur- und Widerstandspotenzial ausruft, um das „totalitäre Ganze technologischer Rationalität" durch Vernunft umzustürzen. Repräsentativ *Herbert Marcuse*, Der eindimensionale Mensch, 2014, S. 139.
17. *Philip Kunig*, FAZ vom 7. August 2014, Nr. 181, S. 6.
18. *Di Fabio*, Ist das Grundrecht ein Ladenhüter, FAZ vom 13.11.2013.
19. *Dirk Lewandowski/Friederike Kerkmann/Sebastian Sünkler*, Wie Nutzer im Suchprozess gelenkt werden. Zwischen technischer Unterstützung und interessengeleiteter Darstellung, in: Birgit Stark/Dieter Dörr/Stefan Aufenanger (Hg.), Die Googleisierung der Informationssuche. Suchmaschinen zwischen Nutzung und Regulierung, 2014, S. 75 (81 ff.).
20. So der offenbar in Russland geschäftlich verwurzelte *Thomas Fasbender*, Freiheit statt Demokratie: Russlands Weg und die Illusionen des Westens, 2014.
21. *John Rawls*, Eine Theorie der Gerechtigkeit, 1979.
22. Für viele in der Folge der Weltfinanzkrise: *Wolfgang Streeck*, Gekaufte Zeit. Die vertagte Krise des demokratischen Kapitalismus, 2013.
23. „Demokratie oder Kapitalismus": so der Titel des Sammelbandes von *Elmar Altvater/Ulrich Beck/Peter Bofinger/Hauke Brunkhorst/Joschka Fischer* u. a., 2013.
24. Wobei manche Unternehmenslenker mitunter korrespondierendes Fehlverhalten zeigen, wenn Verachtung für gewählte Vertreter durchschimmert und sie meinen, mit einer Autokratie vielleicht besser zurecht zu kommen oder das Verhältnis zur Politik auf reine Lobbyarbeit und Imagepflege beschränken.
25. Siehe dazu unter Berufung auf den Ökonomen *Max Otte: Heinrich August Winkler*, Geschichte des Westens. Die Zeit der Gegenwart, 2015, 346 f.

ANMERKUNGEN

26. *Paul Kirchhof,* Deutschland im Schuldensog. Der Weg vom Bürgen zurück zum Bürger, 2012; *Hanno Beck/Aloys Prinz,* Staatsverschuldung. Ursachen, Folgen, Auswege, 2. Aufl. 2013. Seit 2007 ist der Schuldenstand in der Eurozone um 60 % gestiegen.

27. Siehe dazu den wichtigen Hinweis, dass die sich spezialisierende Aus-differenzierung bestimmter Kommunikations- und Handlungsräume zu Komplexitätssteigerungen sowohl in dem sich verselbstständigen Funk-tionssystem als aber auch notwendigerweise für die Gesamtgesellschaft führen: *Niklas Luhmann,* soziale Systeme. Grundriss einer allgemeinen Theorie, 1984, S. 261 f.

28. Die Wissenschaft folgt natürlich einem Zweck, die Produktion wahrheits-fähiger Aussagen, aber eben nur dem eigenen und nicht einem fremden oder höheren Zweck, also nichts über das sich notfalls demokratisch abstimmen ließe. Zur Unterscheidung von Wahrheit und Wissen: *Niklas Luhmann,* Die Wissenschaft der Gesellschaft, 1990, S. 167 ff.

29. Freiheit der Kunst und Wissenschaft, der Forschung und Lehre (Art. 5 Abs. 3 GG).

30. Art. 9 Abs. 3 GG, siehe zur Funktion der autonomen Gestaltung der Ar-beits- und Wirtschaftsbedingungen: *Hermann Reichhold,* Stärkung in Tiefe und Breite – wie viel Staat verkraftet die Tarifautonomie?, NJW 2014, 2534 ff.

31. Art. 12 und Art. 2 Abs. 1 GG.

32. Art. 14 und Art. 2 Abs. 1 GG.

33. Art. 2 Abs. 1 i. V. m. Art. 12 und 14 GG, Art. 120 AEUV.

34. Art. 6 Abs. 1 GG.

35. Vereinigungsfreiheit: Art. 9 Abs. 1 GG.

36. Art. 21 GG und § 1 PartG.

37. Art. 5 Abs. 1 GG.

38. „Von daher ist die moderne Gesellschaft mehr, als man gemeinhin denkt, durch Emotionalität gefährdet. *Niklas Luhmann,* Soziale Systeme. Grundriss einer allgemeinen Theorie, 1984, S. 365.

39. *Simon Caney,* Justice Beyond Borders. A Global Political Theory, Oxford, 2006. Siehe auch *David Jacobsen,* Rights across Borders, Immigration and the Decline of Citizenship, Baltimore, 1997; sowie *Angelika Emmerich-Frit-sche,* Vom Völkerrecht zum Weltrecht, 2007, 630 ff. zu der These, dass kosmopolitische Demokratie die existentielle Staatlichkeit der Völker in Frage stellt.

40. Siehe insoweit das dissentierende Votum zur Entscheidung des Bundesver-fassungsgerichts vom 9. Juli 2007 zur Verfassungsmäßigkeit des Bundes-haushalts 2004: *Di Fabio/Mellinghoff,* BVerfGE 119, 96 (158 f.).

41. Der Sinn der sogenannten Bankenunion richtet sich auf erste Schritte, um auch die Insolvenz systembedeutsamer Banken möglich zu machen, und zwar durch stärkere Eigentümer- und Gläubigerverantwortung und einen von den Banken gemeinsam befüllten Abwicklungsfonds, siehe dazu *Fran-ziska Bremus/Claudia Lampert,* Bankenunion und Bankenregulierung: Stabi-lität des Bankensektors in Europa, DIW-Wochenbericht Nummer 26.2014, S. 614 ff.

ANMERKUNGEN

42. Am weitesten auf diesem Weg ist vermutlich die japanische Notenbank, die Bank of Japan, mit aggressiven geldpolitischen Maßnahmen gegangen. Sie finanziert einen Großteil der Staatsausgaben über die Notenpresse und kauft in erheblichem Umfang ausländische Staatsanleihen und Aktien, um den Außenwert des Yen zu drücken. Weiter greift sie auf die Zusammensetzung des staatlichen Pensionsfonds zu und beeinflusst dessen Anlageverhalten.

43. Emergency Liquidity Assistance ist ein Notkreditsystem der EZB, das eine nationale Notenbank versorgt, die ihrerseits von Liquiditätsproblemen befallene Banken des Privatsektors mit Geld ausstattet.

44. *Kate Linsell/Alastair Marsh*, ECB Adds State-Backed Company Bonds to its QE Purchase List, Bloomberg Business July 2, 2015.

45. Zur juristischen Beurteilung siehe *Udo Di Fabio*, Die Zukunft einer stabilen Wirtschafts- und Währungsunion. Verfassungs- sowie europarechtliche Grenzen und Möglichkeiten, 2013.

46. Zur Selbsttranszendierung des Individuums in der Privatrechtsgesellschaft: *Karl-Heinz Ladeur*, Der Staat gegen die Gesellschaft, 2006, S. 19 f.

47. *Hernando de Soto*, Ideologie und Fehler, deutsch abgedruckt im Handelsblatt Nr. 101 vom 29.-31. Mai 2015, S. 72.

48. *Thomas Piketty*, Das Kapital des 21. Jahrhunderts, 7. Aufl. 2015.

49. „Globalisation is Westernisation", *Alastair Bonnett*, The Idea of the West, New York 2004, S. 118.

50. „1970 war der Anteil der EU-27 am Welt-BIP mit 37,7 Prozent noch 9,2 Prozentpunkte höher – das entspricht einem Rückgang von 24,4 Prozent. Der Anteil reduzierte sich dabei stetig: über 35,9 Prozent 1980, 33,2 Prozent 1990 und 31,7 Prozent im Jahr 2000. Der Anteil der USA am Welt-BIP lag im Jahr 2000 zwar höher als 1970 (28,3 gegenüber 27,7 Prozent), er reduzierte sich seitdem allerdings von Jahr zu Jahr – zwischen dem Jahr 2000 und 2009 um 7,2 Prozent. Die auffälligste Veränderung findet sich eben doch bei China: Der Anteil am Welt-BIP stieg kontinuierlich von 0,9 Prozent 1970 auf 7,6 Prozent im Jahr 2009 – der Anteil erhöhte sich damit um 712 Prozent". Für 2014 wird der Anteil Chinas am globalen BIP (kaufkraftbereinigt) bei über 15 % angesetzt, wobei die Validität der Daten eine eigene Diskussion verdient. Datenquelle im Trend bis 2009, referiert bei bpb 2012 nach United Nations Conference on Trade and Development (UNCTAD): Online-Datenbank: UNCTADstat.

51. *Jean-Francois Lyotard*, Das postmoderne Wissen. Ein Bericht, 1986, S. 96.

52. A. a. O., S. 112.

53. Selbst die Gründerväter der USA, die dem geistigen Drehbuch der Aufklärung eines *John Locke* am markantesten folgten, ließen allzu lange die Sklaverei und Rassendiskriminierung zu.

54. „Es ist nicht das Bewusstsein der Menschen, das ihr Sein, sondern umgekehrt ihr gesellschaftliches Sein, das ihr Bewusstsein bestimmt", *Karl Marx*, Zur Kritik der Politischen Ökonomie, Vorwort, 1859, MEW 13, S. 7 (9).

55. Nach *Humes* Gesetz müssen die Sphären von Sein und Sollen getrennt sein, also nicht von Sein auf Sollen oder umgekehrt geschlussfolgert werden.

Siehe auch *Hilary Putnam*, Pragmatism and Moral Objectivity, in: James Conant (Ed.), Words and Life, Cambridge/Mass., 1994, S. 151–181.

56. *Humberto Maturana*, Was ist erkennen? Die Welt entsteht im Auge des Betrachters, 1994.

57. So sieht es beispielsweise *Ernst-Wolfgang Böckenförde*, Staat, Verfassung, Demokratie. Studien zur Verfassungstheorie und zum Verfassungsrecht, 2. Aufl. 1992, S. 265.

58. Zur Theorie der Sinnvorprägung durch einen der jeweiligen Handlung Kontext gebenden Rahmen: *Hartmut Esser*, Das Modell der Frame-Selektion, Eine allgemeine Handlungstheorie für die Sozialwissenschaften?, in: Sigmund/Albert (Hg.), Soziologische Theorie kontrovers, 2010, S. 45 ff.

59. Zur philosophischen Ideengeschichte *Ernst Cassirer*, Die Philosophie der Aufklärung, 1932.

60. *Immanuel Kant*, Grundlegung zur Metaphysik der Sitten, 1785, Werkausgabe Bd. VII, 1974, S. 11 ff.

61. Zur religiösen Wahrheitsfrage *Martin Heckel*, Vom Religionskonflikt zur Ausgleichsordnung. Der Sonderweg des deutschen Staatskirchenrechts vom Augsburger Religionsfrieden 1555 bis zur Gegenwart, S. 13 f.

62. Diese sich als universell und absolut verstehende Einheitsauffassung konnte folgerichtig die Vernunft entweder nur instrumentell in der Theologie als dienend für das Verständnis des Geoffenbarten ansehen oder sie aber auch als sichtbare Erscheinung des ansonsten unerforschlichen göttlichen Geistes in der objektiven Welt (Natur) ansehen.

63. Zu Alphabetisierung und Volksbildung im 18. Jahrhundert an Beispielen in der Region Oldenburg und in Koblenz: *Richard van Dülmen*, Kultur und Alltag in der Frühen Neuzeit. Religion, Magie Aufklärung, 3. Aufl. 2005, S. 162 ff.

64. Es gehört zur Dialektik der Aufklärung, dass der rationale Machtstaat spätestens seit der Zeit des Absolutismus in ganz Europa wie vorher nur in Stadtrepubliken objektiv zu einer Voraussetzung wurde, damit die Befreiung aus engen geistigen, lokalen, feudalen, ständischen und familiären Zwängen überhaupt dauerhaft gelingen konnte. Das von dem Historiker *Christopher Clark* so eindrucksvoll beschriebene Bündnis des zweiten brandenburgisch-preußischen Königs (*Friedrich Wilhelm I.*) mit dem Pietismus und dessen Potenzial zu Entfaltung selbstexpansiver Tugenden macht deutlich, was gemeint ist, *Clark*, Preußen. Aufstieg und Niedergang. 1600–1947, 2007, S. 154 ff.

65. *Reinhart Koselleck*, Preußen zwischen Reform und Revolution, 2. Aufl. 1975, S. 27.

66. *Pierre Serna*, Der Adlige, in: Michel Vovelle (Hg.), Der Mensch der Aufklärung,1996, S. 42 (89).

67. *Reinhart Koselleck*, Kritik und Krise, 1973, S. 103.

68. Vgl. *Jochen Bleicken*, Die athenische Demokratie, 4. Aufl. 1995, S. 205.

69. *Christian Starck*, Die philosophischen Grundlagen der Menschenrechte, in: Festschrift für Peter Badura, 2004, S. 553 (555).

70. Dazu ausführlich *Reinhart Koselleck*, Kritik und Krise, 1973, S. 49 ff.

ANMERKUNGEN

71. *Hans Joas*, Die Sakralität der Person, 2011, S. 23 ff.
72. *Hans Joas*, Die Sakralität der Person, S. 40 ff.
73. Zur Aufklärung der Argumentationspraxis siehe *Harald Wohlrapp*, Der Begriff des Arguments, 2008, insbesondere S. 437 ff.
74. *Georg Jellinek*, Die Erklärung der Menschen- und Bürgerrechte, S. 57; *Hans Joas*, Die Sakralität der Person, S. 47 f.
75. *Hans Joas*, Die Sakralität der Person, S. 47.
76. *Manfred Brocker*, Die Grundlegung des liberalen Verfassungsstaates. Von den Levellern zu John Locke, 1995.
77. *Max Horkheimer*, Gesammelte Schriften Bd. 5: Dialektik der Aufklärung und Schriften 1940–1950, 3. Aufl. 2003, S. 25.
78. „Die Absurdität des Zustandes, in dem die Gewalt des Systems über die Menschen mit jedem Schritt wächst, der sie aus der Gewalt der Natur herausführt, denunziert die Vernunft der vernünftigen Gesellschaft als obsolet. Ihre Notwendigkeit ist Schein, nicht weniger als die Freiheit der Unternehmer, die ihre zwanghafte Natur zuletzt in deren unausweichlichen Kämpfen und Abkommen offenbart." *Max Horkheimer*, Gesammelte Schriften Bd. 5: Dialektik der Aufklärung und Schriften 1940–1950, 3. Aufl. 2003, S. 62.
79. Neue Zürcher Zeitung vom 24. Mai 2015.
80. *Harald Wohlrapp*, Der Begriff des Arguments, S. 337.
81. Neue Zürcher Zeitung vom 24. Mai 2015.
82. *Stefano Mancuso/Alessandra Viola*, Die Intelligenz der Pflanzen, 2015, steuern bereits zu Beginn ihrer Darstellung direkt die monotheistischen Schöpfungsgeschichten an, die den Menschen als Krone der Schöpfung begreifen. Siehe auch das Interview *Mancusos* in der Frankfurter Allgemeinen Sonntagszeitung Nr. 27 vom 5. Juli 2015, S. 9.
83. Näher dazu *Klaus Ferdinand Gärditz*, Die Entwicklung des Umweltrechts im Jahr 2010. Umweltschutz im Schatten des Klimawandels, Zeitschrift für Umweltpolitik & Umweltrecht (ZfU) 4/2011, S. 383 ff.
84. *Georg Wilhelm Friedrich Hegel*, Grundlinien der Philosophie des Rechts, § 333 f.
85. BVerfGE 39, 1 (67); BVerfGE 2, 1 (12).
86. Erklärung der Menschen- und Bürgerrechte vom 4. August 1789.
87. Art. 2 der Erklärung der Menschen- und Bürgerrechte.
88. Art. 4 der Erklärung der Menschen- und Bürgerrechte versteht Freiheit als angeborenes Recht „alles tun zu dürfen, was einem anderen nicht schadet". Im Geist der Aufklärung spricht § 83 der Einleitung des Allgemeinen Landrechts für die Preußischen Staaten von 1794 davon, dass die allgemeinen Rechte des Menschen sich gründen „auf die natürliche Freiheit, sein eigenes Wohl, ohne Kränkung der Rechte eines Anderen suchen und befördern zu können." In dieser Tradition steht das erste genannte Grundrecht des Grundgesetzes von 1949, das Recht auf freie Entfaltung der Persönlichkeit (Art. 2 Absatz 1 GG).
89. Sie oben Kapitel 4.

ANMERKUNGEN

90. Siehe dazu den instruktiven Sammelband *Gröschner/Kirste/Lembcke (Hg.)*, Des Menschen Würde – entdeckt und erfunden im Humanismus der italienischen Renaissance, 2008.

91. Wobei die Renaissancehumanisten nicht wie Jahrhunderte später englische Historiker vom dunklen Mittelalter, „dark ages" (auch im Hinblick auf Quellenarmut) sprachen, sondern von *aetas obscura*, aber das jedenfalls bereits in abwertender Form, denn es ging der Renaissance ja darum, zurück zu den antiken Quellen der Erleuchtung zu gelangen, die in dieser Sicht verschüttet, verschollen und verengt waren durch eine lange Zwischenzeit des Unwissens und Aberglaubens.

92. Die alte Beziehung zwischen Staat und Kirche war von der Spätantike bis ins Mittelalter durch die Einheit von Trennung und Einheit gekennzeichnet. Die universitas christiana war in zwei Reiche geordnet, ohne damit ihre Einheit aufzugeben. Der mediävale Dualismus von Kaiser und Papst mit wechselseitigen Versuchen des Übergriffs in die jeweils andere Sphäre war insofern konstruktionsbedingt und prägte das Zeitalter. Die Neuzeit verzichtet dagegen auf die Einheit und betont die Trennung. Damit wurde ein Prozess in Gang gesetzt, der von den Staatswerdungsprozessen im Westen Europas und der Reformation zur Säkularisierung durch den Reichsdeputationshauptschluss von 1803 und zum Weimarer staatskirchenrechtlichen Kompromiss reicht. Gewissens- und Religionsfreiheit, zuerst des Fürsten, dann der Untertanen standen am Anfang und doch bleiben der konstantinisch begründete Körperschaftsstatus von Kirchen und anderen Religionsgesellschaften bis heute erhalten. Der die gesamte Neuzeit durchziehende Entwicklungstrend scheint gleichwohl klar von einer schmerzhaften, teils gewalttätigen, jedenfalls immer umstrittenen Auflösung der „Einheit von der Einen Kirche mit dem Einen Imperium" zu einer Segmentierung innerhalb der Staatenwelt und dort einer allmählichen Auflösung der Verflechtungen weltlicher und geistlicher Sphären zu führen. Man kann nicht nur im Blick darauf die Neuzeit als eine Epoche definieren, die ein halbes Jahrtausend um eine Einheit ringt, die nur aus Differenzen folgt. Ihre Distinktionen sind keine rhetorischen Figuren, um sokratisch zu Wahrheit und zum Guten zu gelangen, sondern das Gerüst, auf dem die Gesellschaft in die Höhe wächst. Die Gegenüberstellung von Theorie und Praxis, Diesseits und Jenseits, Verstand und Gefühl, Wissen und Aberglaube, Bürger und Staat, Macht und Recht begleiten Prozesse der Ausdifferenzierung sozialer Funktionssysteme. Mit der Betonung der Trennung wird das alte, das ererbte abendländische Modell der „Einheit von Differenz und Einheit" später dann offen als „dunkles Mittelalter" bekämpft. Demzufolge müsste man die Behauptung einer „Postmoderne", also einer neuen Epochenzäsur, daran prüfen können, wie stark die Gegenwart nach neuer Einheit jenseits der herrschenden Distinktionen strebt.

93. Eine theologische Metapher, die vor allem von *Martin Luther* in die Neuzeit „hinübergerettet" wird.

94. Gegen die Verengung auf das oberitalienische Geschehen wendet sich *Peter Burke*, The European Renaissance, Centres and Peripheries, 1998, deutsch: Die europäische Renaissance, 1998.

ANMERKUNGEN

95. Zu dessen Beitrag für die Vorstellung menschlicher Würde: *Alexander Thumfart*, Giannozzo Manetti „Wir sind für die Gerechtigkeit geboren", in: Gröschner/Kirste/Lembcke (Hg.), Des Menschen Würde – entdeckt und erfunden im Humanismus der italienischen Renaissance, 2008, S. 73 ff.

96. Zu den politischen Kämpfen und dem Aufstieg der Signori im 13. Jahrhundert: *Leonard Bauer/Herbert Matis*, Geburt der Neuzeit, vom Feudalsystem zur Marktwirtschaft, 1988, S. 142 f.

97. *Jürgen Mittelstraß*, Leonardo-Welt. Über Wissenschaft, Forschung und Verantwortung, 1992, S. 15.

98. Und zwar bereits im Akt der Beobachtung, der konstituierend ist und vom Künstler antizipiert wird, ohne sie determinieren zu können.

99. Dies gilt spätestens seit den ersten Kreuzzügen des 11. Jahrhunderts, die die maritimen Republiken Oberitaliens zu ökonomischen und politischen Machtfaktoren Europas machten, siehe dazu *Heinrich August Winkler*, Geschichte des Westens. Von den Anfängen bis zum 20. Jahrhundert, 2009, S. 49, 93 ff.

100. Wobei auch der Untergang von Byzanz und die Flucht seiner Intelligenz Oberitalien bereichert hat: „Der Sturz des Throns von Konstantinopel schwemmte die Trümmer des alten Griechenland nach Italien." *Jean-Jacques Rousseau*, Discours sur les sciences et les arts – Première partie, in: Schriften zur Kulturkritik, 1995, S. 1 (7).

101. *Fabian Wittreck*, Geld als Instrument der Gerechtigkeit, 2002, S. 521 f.

102. *Fabian Wittreck*, Geld als Instrument der Gerechtigkeit, 2002, S. 201.

103. *Fabian Wittreck*, Geld als Instrument der Gerechtigkeit, 2002, S. 211 ff.

104. *Fabian Wittreck*, Geld als Instrument der Gerechtigkeit, 2002, S. 567. Zur Geldentwertung unter der Geltung des Talmud, S. 673 f.

105. Näher dazu: *M. V. Dougherty*, Three Precursors to Pico della Mirandola's Roman Disputation and the Question of Human Nature in the *Oratio*, in: ders. (Hg.), Pico della Mirandola, New Essays, Cambridge 2008, S. 114 ff.; Zur Werkgeschichte Picos siehe *M. V. Dougherty*, Introduction, in: ders. (Hg.), Pico della Mirandola, New Essays, Cambridge 2008, S. 1 (4 f.).

106. Nachfolgende Gedanken und rechtliche Folgerungen finden sich bereits bei *Udo Di Fabio*, Das mirandolische Axiom. Gegebenes und Aufgegebenes, in: Michael Sachs/Helmut Siekmann (Hg.), Der grundrechtsgeprägte Verfassungsstaat, Festschrift für Klaus Stern zum 80. Geburtstag, 2012, S. 13 ff.

107. *Klaus Stern* skizziert vor diesem Hintergrund *Picos* Ansatzpunkt, der von der spezifischen Vernunftbegabung des Menschen, der anima rationalis, ausgeht und erwähnt sodann – gleichsam als Zusatz – die „theonome Begründung" aus der Gottesebenbildlichkeit des Menschen, die imago dei, *Klaus Stern*, Das Staatsrecht der Bundesrepublik Deutschland, Band IV/1, 2006, S. 10 („darüber hinaus").

108. *Heinrich Reinhardt*, Freiheit zu Gott. Der Grundgedanke des Systematikers Giovanni Pico della Mirandola (1463–1494), 1989.

109. Zur Axiomatik dieses Ansatzes siehe *Gröschner*, in: ders./Kirste/Lembcke (Hg.), Des Menschen Würde – entdeckt und erfunden im Humanismus der italienischen Renaissance, 2008, S. 225 ff.

ANMERKUNGEN

110. Siehe oben Fußn. 90.
111. *Helmuth Plessner*, Die Stufen des Organischen und der Mensch, 1975, S. XVIII, der sich von der Tiefenpsychologie angeregt mit dem Phänomen der Triebstruktur des Menschen auseinandersetzt und nach Wesensmerkmalen des Organischen fahndet.
112. Die interessante theologische Paradoxie liegt darin, dass der allmächtige und allwissende Gott seinen Willen so gebildet hat, dass er sich nach seinem eigenen Plan „abhängig" macht vom Willen seiner gottesebenbildlichen Schöpfung und es unklar ist, ob die Allwissenheit des liebenden (und nicht etwa eines zynischen) Gottes für das positive Ende steht oder der mitleidende Gott (symbolisiert durch den Kreuzestod) die eigentliche Bestätigung der Verurteilung des Menschen zum Freisein auch bei der Suche nach seinem zugedachten Schicksal ist.
113. „Meine Theorie wäre: – dass der Wille zur Macht die primitive Affekt-Form ist, dass alle anderen Affekte nur seine Ausgestaltungen sind;", *Friedrich Nietzsche*, Der Wille zur Macht, 688. Es ist deutlich erkennbar, dass für *Nietzsche* aus der Freiheit des Einzelnen zum Streben nach Glück jene titanisch verformte Gattungsbestimmung wird, die ihrerseits weit lächerlicher ausfällt als alles, was Nietzsche an der neuzeitlichen und bürgerlichen Denktradition persifliert. Damit sucht *Nietzsche* jedenfalls ähnlich wie *Peter Singer* nach einem Angriffspunkt in der großen neuzeitlichen Erzählung, von dem aus das ganze Gebäude eingerissen werden kann.
114. Aus diesem Zusammenhang kann die Einsicht in die Beschränktheit menschlichen Wissens zu einem bremsenden Argument gewandelt werden, als Vorsichtsprinzip, das das alternde Europa inzwischen vielleicht allzu tief verinnerlicht hat. Siehe zum Vorsichtprinzip: *Hans Jonas*, Das Prinzip Verantwortung. Versuch einer Ethik für die technologische Zivilisation, 1984.
115. *Michael Jäger*, Global Player Faust oder Das Verschwinden der Gegenwart. Zur Aktualität Goethes, 2008, S. 25.
116. Vgl. *Ernst Gottfried Mahrenholz*, „Verantwortung vor Gott und den Menschen". Gedanken zur Präambel des Grundgesetzes, JÖR 57, 2009, S. 61 ff.
117. Enzyklika „Laudato si" von Papst *Franziskus*, Über die Sorge für das Gemeinsame Haus, 2015, Ziffer 122.
118. Das Zitat stammt aus novum organon (1620). Strukturell nicht ohne Parallele zu *Picos* „Oratio de hominis dignitate" steht *Bacons*, De dignitate et augmentis scientiarum von 1605. Zum Einfluss Bacons auf die Entwicklung der naturwissenschaftlichen Denkweise: *Stephen Gaukroger*, Francis Bacon and the Transformation of Early-Modern Philosophy. Cambridge University Press, 2001.
119. Dies wird beispielsweise belegt in der Kontroverse zwischen *Luther* und *Erasmus*, wobei vor allem die Streitschrift „De libero arbitrio" aus dem Jahr 1524 die Ähnlichkeit zwischen Erasmus und Pico demonstriert. Siehe allgemein zu dem Verhältnis Luther und Erasmus: *Karl Heinz Oelrich*, Der späte Erasmus und die Reformation, 1961.

255

ANMERKUNGEN

120. Das ist eine die päpstlichen Botschaften durchziehende mahnende Grundmelodie bis hin zur Enzyklika „Laudato si" von *Papst Franziskus*, Über die Sorge für das Gemeinsame Haus, 2015.

121. *Klaus Stern*, Das Staatsrecht der Bundesrepublik Deutschland, Band IV/1, 2006, S. 11.

122. *Stefan Zweig*, Triumph und Tragik des Erasmus von Rotterdam, 23. Aufl. 1981.

123. Eine wichtige Rolle dürften etwa die geistige Urgründigkeit und die Transzendenzvorstellung des Neuplatonismus spielen, die wiederum der negativen Theologie *Platins* nicht unähnlich scheinen, obwohl vermutlich *Pico* selbst das kaum eingeräumt und so gesehen hätte. Zu platonischen Einflüssen auf Pico siehe etwa *Michael J. B. Allen*, The Birth Day of Venus, in: Dougherty (Ed.), Pico della Mirandola, Cambridge 2008, S. 81–113.

124. *Josef Wohlgemuth*, Das Theorem *creatio ex nihilo* in der Deutung von Emmanuel Levinas, in: Ders., Die Tora spricht die Sprache der Menschen, 2002, S. 139 (140 f.).

125. Der Konstruktivismus ist ein Element der Geburt der Neuzeit, keineswegs eine Erfindung allein des 20. Jahrhunderts. Zum radikalen Konstruktivismus: *Ernst v. Glasersfeld*, Wege des Wissens. Konstruktivistische Erkundungen durch unser Denken, 1997.

126. Das 20. Jahrhundert formuliert das klassische thomasische „dominium sui actus" als anthropologische Bestimmung oder existentielle Geworfenheit des Menschen, seine exzentrische Positionalität, also seine „natürliche Künstlichkeit", seine Distanz in der Immanenz der Natur: siehe etwa *Helmuth Plessner*, Die Frage nach der Conditio humana, 1961.

127. *Giovanni Pico della Mirandola*, De hominis dignitate (Über die Würde des Menschen), Philosophische Bibliothek, 1990, S. 7.

128. Die Würde des Menschen ist Gegebenes und Aufgegebenes zugleich, siehe *Lorenz Schulz*, Das juristische Potenzial der Menschenwürde im Humanismus, in: Gröschner/Kirste/Lembcke (Hg.), Des Menschen Würde – entdeckt und erfunden im Humanismus der italienischen Renaissance, 2008, S. 21 (23).

129. Das wird aufgenommen mit der Vorstellung, dass die Nation – bei anderen die Klasse – Subjekt beispielsweise der verfassungsgebenden Gewalt sei, hier konkret eine politisch aktionsfähige „Einheit" mit dem „Bewusstsein" und dem „Willen" zur politischen Existenz, *Carl Schmitt*, Verfassungslehre, 1928, S. 79.

130. Ob das eine der vielen Verweltlichungen ist, hier die Übersetzung des Satzes von *Franz von Assisi*, dass vor Gott Alle gleich seien (für den *Nietzsche* nur milden Spott übrig hat, siehe Der Wille zur Macht, S. 360) oder ob umgekehrt die vorchristliche Antike mit ihrer prononcierten Gesetzesgleichheit und ihrer Vertragserfahrung das historisch Ursprüngliche ist, mag dahinstehen.

131. „Wählt der Gesetzgeber einen progressiven Tarifverlauf, ist es grundsätzlich nicht zu beanstanden, hohe Einkommen auch hoch zu belasten, soweit beim betroffenen Steuerpflichtigen nach Abzug der Steuerbelastung ein

ANMERKUNGEN

– absolut und im Vergleich zu anderen Einkommensgruppen betrachtet
– hohes, frei verfügbares Einkommen bleibt, dass die Privatnützigkeit des
Einkommens sichtbar macht. [...] Auch wenn dem Übermaßverbot keine
zahlenmäßig zu konkretisierende allgemeine Obergrenze der Besteuerung
entnommen werden kann, darf allerdings die steuerliche Belastung auch
höherer Einkommen für den Regelfall nicht so weit gehen, dass der wirtschaftliche Erfolg grundlegend beeinträchtigt wird und damit nicht mehr
angemessen zum Ausdruck kommt [...]." – BVerfGE 115, 97 (117), damit
den Halbteilungsgrundsatz korrigierend, siehe BVerfGE 93, 121 (138).

132. Art. 3 Abs. 1 GG.

133. *Rousseau* spielt vor dem Hintergrund der konzeptionell folgerichtigen, aber
inhaltlich offenen humanistischen Aufklärung eine ähnliche Rolle wie *Augustinus* beim definitiven Ende der ebenfalls noch sehr entwicklungsoffenen
Phase des Frühchristentums. Es geht auch hier bezeichnenderweise um die
Vorstellung einer Erbsünde, die den Menschen schuldig und klein macht,
seine unbedingte Freiheit relativiert, abwägungsfähig macht, ihm letztlich
nur die Chance lässt, sich in die Hände eines großen Schutzverbandes mit
der Gewähr einer besseren Sittlichkeit zu begeben. Die biblische Vorstellung vom Sündenfall, der Erbsünde, bekommt 1755 jedenfalls eine säkulare
Entsprechung mit dem „Discours sur l'inégalité": >Der erste, der ein Stück
Land eingezäunt hatte und dreist sagte: „Das ist mein" und so einfältige
Leute fand, die das glaubten, wurde zum wahren Gründer der bürgerlichen
Gesellschaft. Wieviele Verbrechen, Kriege, Morde, Leiden und Schrecken
würde einer dem Menschengeschlecht erspart haben, hätte er die Pfähle
herausgerissen oder den Graben zugeschüttet und seinesgleichen zugeru-
fen: „Hört ja nicht auf diese Betrüger. Ihr seid verloren, wenn Ihr vergesst,
dass die Früchte allen gehören und die Erde keimen!"<. *Rousseaus* plastische
Schilderung des Lebens der Urmenschen übernimmt funktionell die Rolle
der Schilderung des Paradieses, aus dem nicht Gottes Wille die Menschen
vertrieben hat, sondern der schlechte Zwang einer Institution, nämlich des
Privateigentums. Dabei sei nachgesehen, dass für alle säkularen Modelle
natürlich ein notwendiger Unterschied darin liegt, dass die Schilderung des
Paradieses etwa dort ansetzt, wo der Mensch nach der biblischen Erzählung
das Paradies gerade verlassen hat und jenen Mühen erst ausgesetzt wurde,
die *Rousseau* in seinem Urzustand – und hierin typisch bürgerlich – durchaus positiv nachempfindend zeichnet.

134. So repräsentativ: *Hasso Hofmann*, Die versprochene Menschenwürde, AöR
Bd. 118, S. 353 ff., der zwar *Pico* als ganz zentral hervorhebt (a. a. O., S. 358),
aber seltsamerweise die bei *Pico* alles tragende Berufung zur Selbstschöp-
fung und zum Selbstentwurf gar nicht erwähnt; auch im Resümee der
rechtswissenschaftlichen Übereinstimmungen fängt es mit Gleichheit an
(a. a. O., S. 363), ohne dass die selbstschöpferische Freiheit der Person später wenigstens „nachgereicht" würde. Stattdessen wird die bei *Pico* allenfalls marginale republikanische Gemeinschaft in den Mittelpunkt gerückt
(a. a. O., S. 367) und so die liberale Sprengkraft des mirandolischen Axioms,
vielleicht aus Furcht vor der säkularen Entfaltung der als theonom emp-

ANMERKUNGEN

fundenen Gottesebenbildlichkeit, viel zu früh entschärft (a. a. O., S. 357: „[…] teilweise also noch der Gedanke der Gottesebenbildlichkeit im Hintergrund").

135. Siehe die Einleitung dieses Kapitels.
136. Entfaltet bei *Wolfgang Wieland*, Pro Potenzialitätsargument: Moralfähigkeit als Grundlage von Würde und Lebensschutz, in: Damschen/Schönecker (Hg.), Der moralische Status menschlicher Embryonen, 2003, S. 149 ff.
137. Das neuzeitliche Modell einer Gesellschaft, die auf individuelle Würde und Freiheit gründet, ist anspruchsvoller als die pure Negation aller Zwänge, weil es die Notwendigkeit von Institutionen kennt und die Vitalität von Gemeinschaften fest auf der Rechnung hat. Das fängt an mit der ersten Voraussetzung praktischer Freiheit, den Mitteln des physischen Überlebens. *Daniel Defoe* hat mit dem Roman „Robinson Crusoe" von 1719 den Glauben seiner Zeit – und die englische Variante neuzeitlicher Selbsterfindung des Menschen – artikuliert, dass man sich notfalls ganz allein mit ein paar technischen Instrumenten die Welt halbwegs komfortabel einrichten kann, wenn man eine praktische Idee hat, den Willen zu harter Arbeit mitbringt, den Wert der Dinge schätzt. Dahinter steht die bürgerliche Grundüberzeugung, dass sich Menschen die Grundlage ihrer wirtschaftlichen Freiheit selbst erarbeiten, wenn man ihnen dazu Gelegenheit lässt und das so von ihnen Geschaffene achtet: Deshalb ist die Achtung des Eigentums sowie der Gewerbe- und Berufsfreiheit eine erste, aber unentbehrliche institutionelle Sicherung jeder praktischen Freiheit. Die Überzeugung, dass der moderne freie Mensch, allen anderslautenden Erfahrungen in einer hocharbeitsteiligen Gesellschaft zum Trotz notfalls für sich selbst würde sorgen können, ist eine fundamentale Ausgangslage für jede echte Freiheit: Sie verleiht das Selbstbewusstsein, dass der Staat zwar wichtig ist, aber nicht am Anfang steht. Am (ideellen) Anfang steht das Urvertrauen in die eigene Kraft.
138. § 2 des nordrhein-westfälischen Schulgesetzes beispielsweise konkretisiert den Bildungsauftrag in 11 Absätzen.
139. *Thomas Straubhaar (Hg.)*: Bedingungsloses Grundeinkommen und Solidarisches Bürgergeld – mehr als sozialutopische Konzepte, 2008; *Götz Werner*, Einkommen für alle, 2007.
140. BVerfGE 125, 175 (222).
141. Die Betonung des „methodischen" Vorrangs weist darauf hin, dass damit nichts über die Empirie gesagt ist. Natürlich ist mit *Thomas Hobbes* im Bürgerkrieg ein funktionsfähiger Rechtsstaat die alles andere überschattende Voraussetzung für jede persönliche Freiheit. Die Schöpfer des Grundgesetzes wussten das und haben dennoch für einen methodischen Individualismus optiert, weil sie davon überzeugt waren, dass nicht die Bürger für den Staat, sondern der Staat für die Bürger da sei und der Mensch im Mittelpunkt der Rechtsordnung stehe.
142. *Karl Polanyi*, The Great Transformation: Politische und ökonomische Ursprünge von Gesellschaften und Wirtschaftssystemen, 1973.
143. *Elaine Pagels*, Adam, Eve, and the Serpent: Sex and Politics in Early Christianity, 1988.

ANMERKUNGEN

144. *Augustinus*, De civitate Dei, Dreizehntes Buch, Kap. 14.
145. *Jan Assmann*, Politische Theologie zwischen Ägypten und Israel, 1992, S. 47.
146. *Matth.* 5,3; siehe auch *Zippelius*, Geschichte der Staatsideen, 9. Aufl. 1994, S. 52.
147. *Immanuel Kant*, Die Religion innerhalb der Grenzen der bloßen Vernunft, 1793.
148. *Richard van Dülmen*, Kultur und Alltag in der frühen Neuzeit. Religion, Magie, Aufklärung, 3. Aufl. 2005, S. 69.
149. „Die Seele hat nichts anderes, weder im Himmel noch auf Erden, was ihr Leben gibt und sie gerecht, frei und christlich macht, als nur das heilige Evangelium, das von Christus gepredigte Wort Gottes." *Martin Luther*, Von der Freiheit des Christen, 1520, S. 5.
150. *Martin Luther*, Von der Freiheit des Christen, 1520, S. 23.
151. In deutscher Übersetzung: *Erasmus von Rotterdam*, Vom freien Willen, 7. Aufl. 1998.
152. So die überzeugende These von *Charles Taylor*, A Secular Age, Cambridge 2007, S. 267: „When we do, the dualistic world of medieval Christanity, already compressed into a spiritual-secular whole, at least in Protestant countries, come close to being unitary. It can't fully do so, because a sense of the spiritual is still alive in our society, at least as a source of division".
153. Dazu: *Udo Di Fabio*, Gewissen, Glaube, Religion, 2012, S. 130 f.
154. *Reinhard Schulze*, Geschichte der islamischen Welt im 20. Jahrhundert, 1994 (2002), S. 277: „Als Ideologie konkurrierte der Islam nicht mehr mit anderen Religionen; insbesondere mit dem Christentum oder dem Judentum, sondern mit säkularen Weltanschauungen. In ihrer Vorstellung sollte der Islam nur zweitrangig auf theologische Fragen antworten. In erster Linie sollte er ein unitaristisches, geschlossenes Erklärungs- und Normensystem für die Gesellschaft (oder Nation) sein; daher sollte er sowohl den historischen Werdegang der menschlichen Gemeinschaft (oder Nation) wie die utopischen Ziele der geschichtlichen Entwicklung der Menschheit beschreiben."
155. *Reinhard Schulze*, Geschichte der islamischen Welt im 20. Jahrhundert, 1994 (2002), S. 277.
156. *Robert Kagan*, The Return of History and the End of Dreams, New York 2008, S. 82.
157. Zum Denkzusammenhang bei Hobbes: *Dieter Hüning*, Freiheit und Herrschaft in der Rechtsphilosophie des Thomas Hobbes, 1998.
158. *Noam Chomsky*, Failed States. The Abuse of Power and the Assault on Democracy, New York 2006.
159. *Thomas Morus'* Dialog „Utopia" erschien im Jahr 1516.
160. Zur „Regierungsform" der Amischen: *Donald B. Kraybill/Steven M. Nolt/ Karen Johnson-Weiner*, The Amish, Baltimore 2013, S. 352 ff.
161. *Jürgen Habermas*, Theorie des kommunikativen Handelns, Band 2, 1981, S. 568 im Blick auf die „Kleinfamilie".
162. *Ferdinand Tönnies*, Gemeinschaft und Gesellschaft, 2005.

ANMERKUNGEN

163. Der Idealtypus wird wissenschaftstheoretisch seit dem Neukantianismus als Werkzeug der Erkenntnis eingesetzt. In der Soziologie prägend: *Max Weber*, Wirtschaft und Gesellschaft, 1922, § 1.

164. *Hermann Fitting*, Die Anfänge der Rechtsschule von Bologna, 1888.

165. *Hermann Lange*, Römisches Recht im Mittelalter I. Die Glossatoren, 1997.

166. *Franz Wieacker*, Industriegesellschaft und Privatrechtsordnung, 1974, S. 50 mit dem Hinweis darauf, dass die klassische Privatrechtsdogmatik ihre große Strenge hinsichtlich der Relativität der vertraglichen Schuldbeziehungen letztlich aus dem römischen Obligationenbegriff bezieht.

167. *Gerard Radnitzky*, Die Sein-Sollen-Unterscheidung als Voraussetzung der liberalen Demokratie, in: Kurt Salamun (Hg.), Sozialphilosophie als Aufklärung, Festschrift für Ernst Topitsch, 1979, S. 459 ff.

168. *Franz Böhm*, Privatrechtsgesellschaft und Marktwirtschaft, 1966; *Franz Bydlinski*, Privatrechtsgesellschaft und Rechtssystem, in: Karsten Schmidt u. a. (Hg.), Festschrift für Peter Raisch, 1995, S. 7 ff.; *Claus-Wilhelm Canaris*, Verfassungs- und europarechtliche Aspekte der Vertragsfreiheit in der Privatrechtsgesellschaft, in: Badura/Scholz (Hg.), Festschrift für Peter Lerche, 1993, S. 873 ff.; *Karl Riesenhuber*, Privatrechtsgesellschaft: Leistungsfähigkeit und Wirkkraft im deutschen und europäischen Recht. Entwicklung, Stand und Verfassung des Privatrechts, in: ders. (Hg.), Privatrechtsgesellschaft 2007, S. 1 ff.

169. *Thilo Rensmann*, Wertordnung und Verfassung. Das Grundgesetz im Kontext grenzüberschreitender Konstitutionalisierung, 2007.

170. Das Bundesverfassungsgericht hat im Prozess der europäischen Integration die *Identität* der Verfassung als unverfügbar durch die Staatsorgane der Bundesrepublik Deutschland bezeichnet und insofern für *integrationsfest* erklärt. Diese Identität, die in dem durch die Würde des Menschen geschützten Kernbereich der Grundrechte und durch die grundlegenden Elemente der Staatsstrukturen, (Demokratie, Rechtsstaat, Sozialstaat, Föderalität) gekennzeichnet ist, deckt sich mit dem, was Art. 79 Abs. 3 GG mit der sog. Ewigkeitsgarantie vor dem Zugriff des verfassungsändernden Gesetzgebers schützt: Was von den verfassungsändernden Organen nicht geändert werden kann, darf auch nicht auf die Europäische Union übertragen werden, weil jede Übertragung eine verfassungsrechtliche Ermächtigung benötigt. Zum Begriff der Verfassungsidentität siehe BVerfGE 123, 267 (341, 348, 354 f.) – Lissabon-Vertrag.

171. *Friedrich A. von Hayek*, Der Wettbewerb als Entdeckungsverfahren, 1968.

172. Zu einem Feminismus der Gleichberechtigung gelangte man bereits im 19. Jahrhundert unter Anwendung der Logik gleichbemessener Freiheit, siehe *John Stuart Mill*, Subjection of Women, 1869. Womöglich könnte man aber mit derselben logischen Konsequenz heute ein Gegner staatlich angeordneter Geschlechterparität werden.

173. Insoweit kann die Geschichte der Neuzeit durchaus ein Stück weit linear erzählt werden, allerdings ist dabei immer Vorsicht geboten. Es könnte auch sein, dass die Konzeption der Neuzeit ihre Besonderheit gerade darin findet, dass sie antreibt, aber nicht vollständig zu verwirklichen ist, ohne sich

selbst zu zerstören. Wenn dem so wäre, dann müsste nach dem Sieg über die alten Kollektive und dem Bruch mit den überkommenen Traditionen mit neuen Widerständen oder dem Rekurs auf noch ältere Traditionen, wie im islamischen Kulturkreis anzutreffen, zu rechnen sein. Auch der Nationalsozialismus, ja bereits der übersteigerte Nationalismus in der Zeit vor 1914, womöglich auch der Radikalkommunismus eines *Pol Pots* wären dann als antimoderne kollektivistische Rekonstruktionsversuche zu betrachten.

174. *Hartmut Fischer,* Die Auflösung der Fideikommisse und anderer gebundener Vermögen in Bayern nach 1918, 2013.

175. Dies gilt vor allem für Familienstiftungen, siehe *Christian Meyn/Andreas Richter/Claus Koss/Katharina Golla,* Die Stiftung, 3. Aufl. 2013, S. 58 ff.

176. Siehe dazu *Ricardo Robles Planas,* Strafe und juristische Person. Eine Kritik des Art. 31 des spanischen Strafgesetzbuches, ZIS 2012, S. 347 ff. Allgemein: *Gabriel Wilhelm Bartalyos Thurner,* Internationales Unternehmensstrafrecht: Konzernverantwortlichkeit für schwere Menschenrechtsverletzungen, 2012.

177. *Alexander Schmidt/Christian Schrader/Michael Zschiesche,* Die Verbandsklage im Umwelt- und Naturschutzrecht, 2014.

178. § 63 Bundesbeamtengesetz regelt insoweit die Verantwortung für die Rechtmäßigkeit wie folgt: „(1) Beamtinnen und Beamte tragen für die Rechtmäßigkeit ihrer dienstlichen Handlungen die volle persönliche Verantwortung. (2) Bedenken gegen die Rechtmäßigkeit dienstlicher Anordnungen haben Beamtinnen und Beamte unverzüglich bei der oder dem unmittelbaren Vorgesetzten geltend zu machen. Wird die Anordnung aufrechterhalten, haben sie sich, wenn ihre Bedenken gegen deren Rechtmäßigkeit fortbestehen, an die nächsthöhere Vorgesetzte oder den nächsthöheren Vorgesetzten zu wenden. Wird die Anordnung bestätigt, müssen die Beamtinnen und Beamten sie ausführen und sind von der eigenen Verantwortung befreit. Dies gilt nicht, wenn das aufgetragene Verhalten die Würde des Menschen verletzt oder strafbar oder ordnungswidrig ist und die Strafbarkeit oder Ordnungswidrigkeit für die Beamtinnen und Beamten erkennbar ist. Die Bestätigung hat auf Verlangen schriftlich zu erfolgen (…).".

179. *Richard H. Thaler/Cass R. Sunstein,* Nudge: Improving Decisions About Health, Wealth and Happiness, Yale 2008.

180. *Lutz Sauerteig/Roger Davidson,* Shaping Sexual Knowledge: A Cultural History of Sex Education in Twentieth Century Europe, 2008.

181. In sozialen Interaktionen, also wenn mindestens zwei Menschen sinnhaft miteinander kommunizieren, korrespondiert die Unbestimmtheit eigenen Verhaltens mit der Unbestimmtheit des Verhaltens eines alter ego (doppelte Kontingenz). *Talcott Parsons/Edward Shils,* Toward a general theory of action, New York 1951, S. 105 ff.

182. Die „Übervorteilung" durch einen überzogenen Preis (laesio enormis) begründet für sich genommen keine Sittenwidrigkeit. Inzwischen wird die alte Regel etwas abgeschwächt, wenn der Preis als Indiz im Rahmen des vertraglichen Gesamtarrangements etwa bei der Ausnutzung einer

ANMERKUNGEN

Not- und Zwangslage des Vertragspartners sein kann. Ein insofern besonders auffälliges, grobes Missverhältnis kann nach der Rechtsprechung des Bundesgerichtshofs schon dann anzunehmen sein, wenn der Wert der Leistung knapp bzw. annähernd doppelt so hoch ist wie derjenige der Gegenleistung (BGH WM 1980, S. 597 f.; NJW 1994, S. 1344 (1377); WM 1997, S. 230 (232); NJW 2000, S. 1254 (1255); BGHZ 146, S. 298 (302); ZIP 2003, S. 23; Senat, NJW-RR 2009, S. 1645 f.; Staudinger/*Sack*, BGB – Neubearbeitung 2003, § 138 Rn. 179 m. w. N.).

183. *Jean-Jacques Rousseau*, Du contrat social ou principes du droit politique, 1762.

184. Das ist das Raffinierte an der antiliberalen Definition des „Politischen" bei *Carl Schmitt*, der im Grunde die „Beschreibung" kollektivistisch imprägniert, Der Begriff des Politischen, 1932.

185. Einer der Begründer der Soziologie *Emile Durkheim* stand in seinem grundlegenden Werk „*De la division du travail social* " von 1893 noch ganz im Banne der Furcht vor Anomie als Resultat der Freiheit und sah in sozialer Arbeitsteilung eine Erklärung für die Stabilität der Gesellschaft.

186. Im Grunde wird lediglich *Protagoras* mit dem Menschen als „Maß aller Dinge" wiederentdeckt, aber solche Hinweise dürfen nicht den ganz anderen sozialen Kontext der Neuzeit verstellen.

187. Das Bundesverfassungsgericht hat insoweit mit seinen Europa betreffenden verfassungsrechtlichen Entscheidungen zum Maastrichter Unionsvertrag und zum Lissabon-Vertrag aus dem Recht auf Wahl der Abgeordneten des Bundestages nach Art. 38 Abs. 1 Satz 1 GG in Verbindung mit Art. 20 Abs. 2 GG ein Grundrecht auf Demokratie abgeleitet und letztlich in der Würde des Menschen mit seiner Freiheit zum Selbstentwurf, die nicht ohne Selbstregierung möglich ist, begründet gesehen. Siehe insbesondere BVerfGE 123, 267 (341).

188. *Udo Di Fabio*, Das Recht offener Staaten, 1998, S. 61 ff.

189. Am deutlichsten gerade auch, was die Konstitutionsbedingungen der Demokratie angeht bei *John Locke*, Zwei Abhandlungen über die Regierung; siehe etwa die Ausführungen zum Vollstreckungsproblem: II § 7.

190. Nur so in der Parallelität beider Entfaltungssphären unter Vorrang der grundrechtlich geschützten persönlichen Freiheit lässt sich die freie Gesellschaft angemessen verstehen. Dies kommt noch nicht hinreichend klar zum Ausdruck, wenn man unter Berufung auf *Kant* eine Perspektive allein aus der Unterscheidung von Moral und Recht gewinnt und dann zu einer normativen Kluft von privater und öffentlicher Sphäre gelangt. So etwa bei *Jürgen Habermas*: „Die Autonomie, die im moralischen Bereich sozusagen aus einem Guss ist, tritt im juristischen Bereich nur in der doppelten Gestalt von privater und öffentlicher Autonomie auf." *Jürgen Habermas*, Über den internen Zusammenhang von Rechtsstaat und Demokratie, in Menke/Raimondi (Hg.), Die Revolution der Menschenrechte. Grundlegende Texte zu einem neuen Begriff des Politischen, 2011, 442 (446), ebenfalls abgedruckt in: ders., Die Einbeziehung des Anderen, 1999, S. 293 ff.

191. BVerfGE 5, 85 (197) – KPD-Urteil.

ANMERKUNGEN

192. Informativ *Peter Zerb*, Zur Semantik gesellschaftlicher Freiheit. Eine Analyse des Freiheitsbegriffs bei Thomas Hobbes, John Locke, Jean-Jacques Rousseau, Thomas Paine und John Stuart Mill, 1987.

193. *Rousseau*, Vom Gesellschaftsvertrag, II. Buch 7. Kapitel.

194. Dahinter stehen die dominante Rolle der politeia bei *Platon* und die „totalitäre Moralität", dazu scharf kritisch *Karl R. Popper*, Die offene Gesellschaft und ihre Feinde. Der Zauber Platons, Bd. I, 7. Aufl. 1992, S. 169.

195. *Niklas Luhmann*, Die Politik der Gesellschaft, 2000, S. 295.

196. Diese Einschätzung wird nicht widerlegt, sondern bestätigt durch die besondere Pflege des militärischen Ethos und des heroischen Nimbus der aristokratischen Armee zu einem Zeitpunkt, in dem sich die bürgerliche Gesellschaft durchsetzt. Noch im 1. Weltkrieg versucht der intellektuelle Bürger *Ernst Jünger* mit dem Fronterlebnis auch eine kulturelle Revolte gegen die moderne Gesellschaft zu konstruieren, das angeblich oder wie mit dem Gefreiten Hitler tatsächlich einen neuen antibürgerlichen Menschentyp hervorbringt. Zum Unbehagen *Ernst Jüngers* an der bürgerlichen Kultur siehe *Helmuth Kiesel*, Ernst Jünger. Die Biografie, 2007, S. 266.

197. *Niklas Luhmann*, Die Gesellschaft der Gesellschaft, 1997, Zweiter Teilband, S. 707 ff.

198. Zur Binnendifferenzierung des politischen Systems nach hierarchischem Zentrum und segmentär differenzierter Peripherie: *Niklas Luhmann*, Die Politik der Gesellschaft, 2000, S. 251.

199. *Niklas Luhmann*, Die Politik der Gesellschaft, 2000, S. 420.

200. *Niklas Luhmann*, Die Politik der Gesellschaft, 2000, S. 418.

201. *Udo Di Fabio*, Leitideen der Grundrechte, in: Kube u. a. (Hg.), Die Leitgedanken des Rechts in der Diskussion, 2013, S. 35 ff.

202. *Christian Starck*, Präambel, in: von Mangoldt/Klein/Starck, Kommentar zum Grundgesetz, Band 1, 5. Aufl. 2005, Rn. 36. Zum sektoral begrenzten Staat: *Josef Isensee*, Gemeinwohl und Staatsaufgaben im Verfassungsstaat, in: ders./Kirchhof (Hg), Handbuch des Staatsrechts, Bd. III, § 57 Rdnr. 159.

203. Die Begriffe „Unterscheidung" und „Trennung" sollten unterschieden werden. Eine begriffliche Unterscheidung ist etwas anderes als die Beschreibung einer substantiellen Trennung. Man muss anatomisch zwischen Arm und Körper unterscheiden, während die Amputation des Armes vom Körper ein ganz anderes Phänomen ist. Die (konstruktive) Unterscheidung von Staat und Gesellschaft belässt den Staat in der Gesellschaft und behauptet nicht seine Abtrennung.

204. Siehe auch bereits zuvor *Ernst Jünger*, Die totale Mobilmachung, in: ders. (Hg.), Krieg und Krieger, 1930, S. 9 ff.

205. *Ernst Forsthoff*, Der totale Staat, 1933, S. 20.

206. *Ernst Forsthoff*, Der totale Staat, 1933, S. 24 f. Er sprach von der „Auslieferung der politischen Entscheidung an die gesellschaftlichen Mächte zu einer bloßen Apparatur, zu einem Funktionalismus ohne einen ihm wesenhaften Gehalt", a. a. O., S. 26 f. Siehe auch in diese Richtung *Carl Schmitt*, Politische Theologie, Zweite Ausgabe 1934, S. 77.

ANMERKUNGEN

207. *Ernst Forsthoff*, Der totale Staat, 1933, S. 27 unter Bezug auf *Carl Schmitt*, Legalität und Legitimität, 1932. Dort ist die Rede vom „leeren Funktionalismus jeweiliger Mehrheitsbeschlüsse", 2. Aufl., 1968, S. 18.

208. *Ernst Forsthoff*, Der totale Staat, 1933, S. 30.

209. *Carl Schmitt*, Politische Theologie, Zweite Ausgabe 1934, S. 75.

210. Es handelte sich auf der entscheidenden kulturell-politischen Ebene um den Ausdruck „ein und derselben anti-demokratischen und anti-bürgerlichen Haltung", so *Helmuth Kiesel* in seiner Ernst Jünger-Biographie, 2007, S. 273.

211. Das Konzept des antidemokratischen totalen Staates im Sowjetsystem nach dem Konzept *Lenins* brauchte nur geringfügig länger, um sich als antimoderne Chimäre zu erweisen.

212. Zur möglichen Entkopplung von Politik und Recht, *Udo Di Fabio*, Das Recht offener Staaten, 1998, S. 106.

213. Siehe zur Entwicklung der dogmatischen Figur der Drittwirkung aus zivilrechtlicher Sicht: *Thilos Ramm*, Die Freiheit der Willensbildung, 1960; *Claus Wilhelm Canaris*, Grundrechte und Privatrecht 1998; *Johannes Hager*, Grundrechte im Privatrecht, JZ 1994, 373 ff.; *Jan-Willem Weischer*, Das Grundrecht auf Vertragsfreiheit und die Inhaltskontrolle von Absatzmittlungsverträgen: Zum Maßstab der AGB-Inhaltskontrolle des Bundesgerichtshofs, 2013.

214. *Ted Oliver Ganten*, Die Drittwirkung der Grundfreiheiten. Die EG-Grundfreiheiten als Grenze der Handlungs- und Vertragsfreiheit im Verhältnis zwischen Privaten, 2000; *Alina Lengauer*, Drittwirkung von Grundfreiheiten. Ein Beitrag zu dem Konzept des Normadressaten im Gemeinschaftsrecht, 2010.

215. Allgemeinen zur internationalen Schutzverantwortung der Vereinten Nationen: *Bastian Loges*, Schutz als neue Norm in den internationalen Beziehungen: Der UN-Sicherheitsrat und die Etablierung der Responsibility to Protect, 2012; zu Antiterrormaßnahmen siehe das Interview mit dem Völkerrechtler *Claus Kress*, Spiegel-online vom 3. Oktober 2014.

216. Die Ausdifferenzierung politischer Herrschaft ist natürlich viel älter und fällt mit der Entwicklung der ersten Hochkulturen nicht zufällig zusammen. Informativ dazu: *Stefan Breuer*, Der charismatische Staat. Ursprünge und Frühformen staatlicher Herrschaft, 2014.

217. *Niklas Luhmann*, Die Politik der Gesellschaft, 2000, S. 207.

218. *Niklas Luhmann*, Die Politik der Gesellschaft, 2000, S. 201 f.

219. *Johann Heinrich Gottlieb von Justi*, Die Grundfeste zu der Macht und Glückseligkeit der Staaten oder ausführliche Vorstellung der gesamten Polizeiwissenschaft in 2 Bänden, Neudruck der Ausgabe Königsberg 1760, 1965.

220. *Justi*, Grundfeste, Bd. 1, § 110 (S. 95).

221. *Justi*, Grundfeste, Bd. 1, § 106 (S. 94), wobei Regelungsmöglichkeiten insbesondere beim Dispens (Baubegnadigung) lägen.

222. *Justi*, Grundfeste, Bd. 1, § 547 (S. 505 ff.).

223. *Di Fabio*, Der Verfassungsstaat in der Weltgesellschaft, 2001, S. 26 f.

224. Zur Ausprägung seit Ende des Ersten Weltkriegs: *Urs Saxer*, Die internationale Steuerung der Selbstbestimmung und der Staatsentstehung. Selbst-

ANMERKUNGEN

bestimmung, Konfliktmanagement, Anerkennung und Staatennachfolge, 2010, S. 79 ff. Radikalliberale Kritik am völkerrechtlichen Selbstbestimmungsgrundsatz *Ralf Dahrendorf*, Nur Menschen haben Rechte. Das Selbstbestimmungsrecht der Völker ist ein barbarisches Instrument, in: Die Zeit vom 18. April 1989.

225. Damit ist nicht gesagt, dass die Trennung von Sein und Sollen eine absolute, besser eine „reale" Trennung ist. Sie bleibt eine Konstruktion, schon weil die reale Existenz einer Norm auch thematisiert werden kann und weil jede Seinsaussage untrennbar mit normativen Auswahl- und Darstellungsmodalitäten verbunden ist. Das alles kann seit *Wittgenstein* und dem Dekonstruktivismus des 20. Jahrhunderts als bekannt vorausgesetzt werden, sollte aber nicht den heuristischen Wert von Unterscheidungen verdunkeln.

226. Als binär codierte Aussagen bezeichnet man diejenigen Aussagensysteme, die in eine zweiwertige Logik eingepasst sind, wie Haben oder Nichthaben, Wahr oder Unwahr, Recht oder Unrecht, Gut oder Böse.

227. *Niklas Luhmann*, Das Recht der Gesellschaft, S. 170, weist darauf hin, dass diese Unterscheidung nur in modernen Augen eine Selbstverständlichkeit darstellt, aber streng genommen eher eine Provokation, eine Zumutung ist. Hat man soziale Kontakte mit einem Nachbarn, die sich in Richtung Konflikt entwickeln, so bedeutet der Hinweis auf das Recht meist eine Kriegserklärung, also eine Zumutung, während der friedfertige Nachbar nach anderen kooperativen Lösungen oder Arrangements suchen würde. Gute Juristen meiden jedenfalls den Rechtsstreit, jedenfalls in ihrem privaten Umfeld.

228. Zur Frage, ob es gänzlich folgenindifferente Rechte gibt: *Niklas Luhmann*, Gibt es in unserer Gesellschaft noch unverzichtbare Normen?, 1992. Einige Vertreter der Jurisprudenz haben aus dieser *soziologischen* Feststellung allerdings (in misslungener Interdisziplinarität) die *Rechtsaussage* gemacht, eine *absolute* Verbotsnorm wie das Folterverbot (Art. 104 Abs. 1 Satz 2 i. V. m. Art. 1 Abs. 1 GG) könne es nicht geben. Selbstverständlich kann das Recht seine Gebote absolut setzen und auch dann sanktionieren, wenn nach anderen gesellschaftlichen Maßstäben der Gesetzesbruch angezeigt war. Das autonome Recht macht sich gerade von anderen Wertungen unabhängig und kann genau deshalb absolute Rechtsnormen formulieren – mit einem gewissen Risiko im Grenzfall entweder zurückweichen oder die Diskrepanz zu außerrechtlichen Urteilen aushalten zu müssen.

229. Bis 1. Januar 1996 war der Abzug von Bestechungsgeldern im Sinne einer wertneutralen Besteuerung ohne weiteres möglich, allerdings stand mitunter die Pflicht zur Empfängerbenennung (§ 160 AO) dem Abzug entgegen. Inzwischen gelten solche Zahlungen als nicht abzugsfähige Betriebsausgaben und werden auch bei Auslandsbezug strafrechtlich geahndet.

230. Bis zu Beginn der siebziger Jahre betrug in der Bundesrepublik Deutschland der Spitzensteuersatz 53 % und wurde dann bis 1989 auf 56 % angehoben.

231. Von 1950 bis 1969 soll es in der Bundesrepublik Deutschland rund 50.000 Verurteilungen aufgrund Verstößen gegen § 175 StGB gegeben haben. Siehe zur damaligen Reformdiskussion: *Christian Schäfer*, Widernatürliche

265

ANMERKUNGEN

Unzucht (§§ 175, 175a, 175b, 182 a. F. StGB). Reformdiskussion und Gesetzgebung seit 1945, 2006.

232. Der Erwerb von illegal zugeeigneten Datenmaterialen durch Finanzministerien (teilweise unter Einbeziehung des Bundesnachrichtendienstes) wurde durch das Bundesverfassungsgericht in einem Kammerbeschluss verfassungsrechtlich im Ergebnis nicht beanstandet. BVerfG, 1. Kammer des Zweiten Senats, Beschluss vom 9. November 2010 – 2 BvR 2101/09 –.

233. Die entsprechende Politik wird in Europa eher unter sozialnormativen Gesichtspunkten betrachtet, siehe etwa *Susanne Paula Leiterer*, „Zero Tolerance" gegen soziale Randgruppen? Hoheitliche Maßnahmen gegen Mitglieder der Drogenszene, Wohnungslose, Trinker und Bettler in New York City und Deutschland, 2007.

234. *Paul Krugman*, Vergesst die Krise! Warum wir jetzt Geld ausgeben müssen, 2012.

235. Nicht jeder Zusammenhang ist dabei so evident wie in diesen Beispielen. Abgeordnete eines Parlaments, die in ihrer wirtschaftlichen Existenz allein von ihrer Partei- oder Fraktionsführung abhängen, können die Forderungen nach Freiheit des Mandats im Grunde genommen nicht erfüllen. Das Bundesverfassungsgericht hat aus diesem inneren Zusammenhang heraus verlangt, dass die Abgeordnetenentschädigung (Diäten) hinreichend hoch bemessen sein muss, damit Abgeordnete für die Zeit ihres Mandats davon angemessen leben können. Gleichzeitig hat das Gericht aber Funktionszulagen, die aus der Hand der Fraktionsführung gewährt werden, vergleichsweise eng beschränkt, damit keine Ämterhierarchien und wirtschaftliche Abhängigkeitsverhältnisse entstehen (BVerfGE 40, 296; 102, 224). Das ist nur eines der vielen Beispiele, wie im Recht Normen gewertet und im Hinblick auf Identitätsmerkmale als mehr oder weniger wichtig „gewichtet" werden. Das, was als systematische Urteilskraft im Recht noch einigermaßen geläufig ist, allerdings auch dort bereits in einem allgemeinen Abwägungseintopf mitunter aufgelöst wird, ist im Hinblick auf andere Normen der Gesellschaft erheblich verblasst.

236. „Das Bundesverfassungsgericht beanstandet deshalb die Auslegung und Anwendung von Zuständigkeitsnormen nur, wenn sie bei verständiger Würdigung der das Grundgesetz bestimmenden Gedanken nicht mehr verständlich erscheinen und offensichtlich unhaltbar sind." BVerfGE 82, 159 (194); 29, 198 (207).

237. BVerfGK 1, 145 (150); wobei der beanstandeten strafrichterlichen Entscheidung im Kern ein „Zirkelschluss" vorgeworfen wird (BVerfGK 1, 145 <154>), also die Verletzung der Regeln der Logik als Teil des neuzeitlichen Rationalitätsverständnisses.

238. Dass es gerecht sei, die guten Gesetze zu befolgen, die wiederum allgemein nützlich sind, sich also dem Staatsführer wie den Bürgern als nützlich erweisen, schreibt *Metteo Palmieri* in seiner Vita Civile, Eine Moral für den Bürger, in: Ebbersmeyer u. a. (Hg.), Ethik des Nützlichen, 2007, S. 240 (265).

239. *Andrea Maurer*, Herrschaft und soziale Ordnung, 1999, S. 59 ff.

ANMERKUNGEN

240. *Johannes Schwerdtfeger*, Die Menschenrechte im Rahmen der Moderne und ihrer Krise. Sozialwissenschaftliche Aspekte, in: Reuter (Hg.), Ethik der Menschenrechte, 1999, S. 11 (40).

241. *Niklas Luhmann*, Das Recht der Gesellschaft, S. 581 ff. Damit ist nicht gesagt, dass Menschenrechte durch die Ratifikation völkerrechtlicher Verträge nicht geltendes positives Recht in Staaten und zwischen Staaten werden können. Dies geschieht dann aber nur als Recht staatlichen Ursprungs und nicht aus eigenem originären überstaatlichen Rechtsgeltungsanspruch. Der überstaatlich originäre „Rechtsgeltungsanspruch" ist prekär, weil nur moralischer Natur und dann letztlich nach klassischer Definition *Max Webers* kein Recht oder er wird erst mit Hilfe der Staatengemeinschaft als Recht durchgesetzt, doch auch dann wieder würden die Menschenrechte „als Recht", und sei es als Gewohnheitsrecht, letztlich wieder auf originär staatliche Ursprünge zurückgeworfen.

242. Der Liberalismus musste ergebnisoffen sein, weil er die Gesellschaft als Resultat unbestimmter persönlicher Willensfreiheit sah, während die demokratische Nationalbewegung mehr Wert auf die kollektive Selbstbestimmung legte, aber die Gesellschaft ebenso als unbestimmtes Ergebnis der nationalen Mehrheitsentscheidung im deliberativ offenen Prozess betrachtete.

243. *Peter Sloterdijk*, Die schrecklichen Kinder der Neuzeit, 2014, S. 157.

244. Deren Leitsprüche, darauf hat *Hannah Arendt* als besonderes Merkmal einer massenwirksamen totalitären Herrschaft hingewiesen, lauteten in dem einen Fall „Die Partei hat immer recht, selbst wenn sie irrt". Siehe dazu erhellend in Bezug auf die Perversion von Selbstanklagen der Opfer stalinistischer Schauprozesse: *Hannah Arendt*, Elemente und Ursprünge totaler Herrschaft. Antisemitismus, Imperialismus, totale Herrschaft, 11. Aufl. 2006, S. 661. In dem anderen Fall hieß es „Du bist nichts, Dein Volk ist alles", wobei das Volk als rassische Gemeinschaft von jedem modernen Kontraktualismus und letztlich auch von seiner kulturellen Tradition „gesäubert" wurde.

245. Die KPD erzielte 10,6 % der Stimmen und die NSDAP 2,6 %. Die noch (vor der Wahl *Hugenbergs*) national-konservativ und noch nicht dezidiert nationalistisch verfassungsfeindlich agierende DNVP erzielte 14,3 %.

246. Damit gemeint sind die NSDAP (*Hitler*), die radikalisierte ins Fahrwasser *Hitlers* geratende Deutschnationale Volkspartei und die stalinistische KPD – alle drei Parteien zielten erklärtermaßen auf Abschaffung der freiheitlichen Demokratie und Errichtung einer Diktatur oder im Fall der DNVP einer autoritären Monarchie. Auf diese drei Parteien entfielen in der Juliwahl 1932 rund 60 % der abgegebenen Stimmen und in der ebenfalls noch freien Novemberwahl desselben Jahres, die dann zur Ernennung *Hitlers* als Reichskanzler führte, immerhin noch fast 59 % der Stimmen.

247. Das System stellt den Dollar als goldgedeckte Leitwährung in den Mittelpunkt und gruppiert daran gekoppelte feste Wechselkurse der anderen Teilnehmer. Zum Bretton-Woods-Währungssystem gehören: die Festlegung einer Parität des US-Dollar auf ein Goldäquivalent und die Verpflichtung der USA zum An- und Verkauf von Dollar zu diesem Preis,

267

ANMERKUNGEN

sowie die Fixierung von Wechselkursen anderer Währungen gegenüber dem US-Dollar und damit verbunden die Verpflichtung der Notenbanken angeschlossener Nicht-Dollarwährungen, die Wechselkurse innerhalb einer schmalen Bandbreite von einem Prozent um diese Paritäten konstant zu halten. Im Fall von fundamentalen Zahlungsbilanzproblemen einzelner Länder (Realignments) bestand die Möglichkeit der Veränderung der Paritäten. Flankiert wurde das ersichtlich auf maximale Stabilität angelegte System durch die Errichtung des Internationalen Währungsfonds (IWF) zur Kreditgewährung bei vorübergehenden Zahlungsbilanzproblemen, *Martin Klein/Carsten Weerth*, in: Gabler Wirtschaftslexikon, Stichwort: Bretton-Woods-System.

248. Zu den strukturellen Bedingungen der Negation: *Niklas Luhmann*, Protest, 1996.

249. Zur Vorreiterrolle des Handelsrechts bei der Liberalisierung: *Mathias Schmoeckel*, Rechtsgeschichte der Wirtschaft, 2008, S. 97.

250. Wobei die Maßstäbe für die Wirtschaftsintervention des Staates nicht aus der Epoche des Keynesianismus entnommen werden dürfen, siehe den Hinweis von *Rudolf Boch*, Staat und Wirtschaft im 19. Jahrhundert. Enzyklopädie deutscher Geschichte, Bd. 70, 2004, S. 84 f.

251. Die insoweit einschlägige Lehre von spezifischen Konjunkturzyklen in getakteten Wellen von 1787 an, bestehend aus dem *Kondratieff* der Industriellen Revolution, des Bürgerlichen und des Neomerkantilistischen Kondratieffs, wurde vor allem entwickelt in: *Joseph A. Schumpeter*: Business Cycles – A Theoretical, Historical and Statistical Analysis of the Capitalist Process, New York/London 1939.

252. *Gerhard A. Ritter*, Der Sozialstaat. Entstehung und Entwicklung im internationalen Vergleich, 2010, S. 30 ff.

253. Eudämonismus ist das Streben nach Glück, das aus gutem Grund in die Lebensgestaltung der einzelnen Menschen gelegt ist, aber immer wieder politisch in die Hand genommen wird und dann zu einer Bevormundung der Bürger durch einen ethisch überlegen geglaubten (sittlichen) Staat führen kann. Zu diesem politischen Herrschaftsmechanismus gehört, dass das „Glück des Einzelnen zur Sorge der Vielen" gemacht wird und dann aber nur in einer politischen, rechtlichen und sozialtechnischen Form diskutiert und praktiziert werden kann, *Udo Di Fabio*, Recht auf Glück: contradictio in adjecto?, in: Communio, 39. Jahrgang 2010, 547 (548).

254. Verfassungsrechtlich handelt es sich um das Staatsziel des gesamtwirtschaftlichen Gleichgewichts (Art. 109 Abs. 2 GG).

255. EuGH, 13.10.2011 – C-439/09, wonach eine Klausel, die es den Vertriebshändlern der Gesellschaft Pierre Fabre Dermo-Cosmétique verbietet, ihre Produkte über das Internet zu verkaufen, eine bezweckte Wettbewerbsbeschränkung darstellt, sofern die Klausel nicht objektiv gerechtfertigt ist. Kritisch dazu *Udo Di Fabio*, Netzwirtschaft, in: FAZ vom 17. September 2014.

256. *Andrew Shonfield*, Geplanter Kapitalismus. Wirtschaftspolitik in Westeuropa und USA. Mit einem Vorwort von *Karl Schiller*, 1968.

257. *Paul Kirchhof*, Deutschland im Schuldensog, 2012.
258. Art. 123 AEUV. Das Bundesverfassungsgericht sieht bereits mit dem OMT-Programm die Grenzen der verbotenen monetären Staatsfinanzierung als verletzt an, siehe dazu BVerfGE 134, 366 (411 ff.).
259. *Herbert Keuth*, Wissenschaft und Werturteil: zu Werturteilsdiskussion und Positivismusstreit, 1989.
260. Wobei die Entzauberung normativer Vorverständnisse natürlich ihrerseits alles andere als „objekjtiv sein konnte, siehe zur in den sechziger und siebziger Jahren sehr virulenten Debatte: *Ulrich Beck*: Objektivität und Normativität. Die Theorie-Praxis-Debatte in der modernen deutschen und amerikanischen Soziologie, 1974. Siehe auch: *Niklas Luhmann*, die Gesellschaft der Gesellschaft, S. 18.
261. *Max Weber*, Die „Objektivität" sozialwissenschaftlicher und sozialpolitischer Erkenntnis, in: Gesammelte Aufsätze zur Wissenschaftslehre, hrsg. v. Johannes Winckelmann, 1988.
262. *Ludwig Wittgenstein*, Logisch-philosophische Abhandlung, Tractatus logico-philosophicus. Kritische Edition. 1998.
263. *Paul-Michel Foucault*, L'archéologie du savoir, Paris 1969.
264. *Niklas Luhmann*, die Gesellschaft der Gesellschaft, S. 13, 190.
265. *Martin J. Osborne/Ariel Rubinstein*, A Course in Game Theory, 1994.
266. Etwa die Verfassungsökonomik bei *James Buchanan*, siehe *Stefan Voigt*, Die konstitutionelle Ökonomik als Herausforderung für die Theorie der Wirtschaftspolitik – zugleich eine Skizze zur Weiterentwicklung einer ökonomischen Theorie der Verfassung, in: Pies/Leschke (Hg.), James Buchanans konstitutionelle Ökonomik, 1996, S. 157 ff.
267. *Hans-Bernhard Schmid*, Auf einander zählen, in: Albert/Siegmund (Hg.), Soziologische Theorie kontrovers, KZfSS, Sonderheft 50/2010, 589 (593).
268. *Robert Axelrod*, Die Evolution der Kooperation, 2000.
269. So kann beispielsweise die verbreitete Argumentation, offener Welthandel führe ohne exakt gleiche Standards zu einer Spirale nach unten („race to the bottom"), erschüttert werden, siehe dazu *Stefanie Krause*, Ökonomische Mechanismen zur Durchsetzung von Freihandel: Eine evolutionstheoretische Analyse, 2013, S. 81.
270. *Eugen Dick*, Untersuchungen einiger Grundprobleme der Wohlfahrtsökonomik. Gesellschaftliche Ziele, Pareto-Optimum, soziale Kosten, 1973.
271. *Frank Schorkopf*, Der europäische Weg, 2. Aufl. 2015, S. 41 ff.
272. Siehe oben Dritter Teil, 8. Kapitel.
273. Art. 107 AEUV.
274. Art. 101 und 102 AEUV.
275. So aktuell Art. 119 AEUV, der die europäische Wirtschaftsverfassung unter den Grundsatz einer „offenen Marktwirtschaft mit freiem Wettbewerb" zusammenfasst.
276. Art. 110 AEUV.
277. Art. 123 bis 126 AEUV sind europäische Vertragsvorschriften, die darauf hinwirken, dass die teilnehmenden Staaten die gemeinsame Währung nicht zur eigenen Finanzierung missbrauchen, sich über eine Gemeinschaftswäh-

ANMERKUNGEN

rung keine Gemeinschaftshaftung installiert und über die Vermeidung übermäßiger Defizite kein Schuldensog entsteht, der die Stabilität der Währung und die Neutralität der Zentralbank gefährden müsste.

278. *Udo Di Fabio*, Die Zukunft einer stabilen Wirtschafts- und Währungsunion. Verfassungs- sowie europarechtliche Grenzen und Möglichkeiten, 2013, S. 32 ff.

279. Art. 3 Abs. 3 EUV.

280. So könnte man verstehen: *Jürgen Habermas*, Faktizität und Geltung, 1992, S. 163, „Wie wir noch sehen werden, ist jede Verfassung ein Projekt, das nur im Modus einer fortgesetzten, auf allen Ebenen der Rechtsetzung kontinuierlich vorangetriebenen Verfassungsinterpretation Bestand haben kann." Allerdings fordert er gerade auch die Rekonstruktion des Rechts, also seine Lesart des normativen Kerns der Gesellschaft.

281. Es geht dann um das erforderliche demokratische Legitimationsniveau im Verbund vernetzter Staaten, siehe BVerfGE 123, 267 ff. – Lissabon-Vertrag.

282. Siehe Art. 125 Abs. 1 AEUV.

283. *Niklas Luhmann*, Grundrechte als Institution. Ein Beitrag zur politischen Soziologie, 1965, S. 116 f.

284. *Niklas Luhmann*, Grundrechte als Institution. Ein Beitrag zur politischen Soziologie, 1965, S. 117.

285. *Niklas Luhmann*, Grundrechte als Institution. Ein Beitrag zur politischen Soziologie, 1965, S. 119 f.

286. *Udo Di Fabio*, Frankfurter Allgemeine Sonntagszeitung Nr. 25 vom 21. Juni 2015. S. 22.

287. Im Streit um das Namensrecht „Sparkasse", das auch beliebigen Privatinvestoren zugänglich sein sollte, griff die Kommission das deutsche Kreditwesengesetz (KWG) an, das in § 40 Abs. 1 die Bezeichnung „Sparkasse" an eine „am Gemeinwohl orientierte Aufgabenstellung" knüpft. Siehe dazu: „EU greift Status der deutschen Sparkassen an", Berliner Zeitung vom 28.6.2006. Pikanterweise erfolgte der Vorstoß durch den irischen Kommissar *Charlie McCreevy*, dessen Land für einen aufgeblähten deregulierten und über riskante internationale Geschäfte gut verdienenden Bankensektor stand, der kurze Zeit später nach Ausbruch der Weltfinanzkrise praktisch abgewickelt, jedenfalls mit erheblichen staatlichen Leistungen gerettet werden musste. Das Vertragsverletzungsverfahren gegen Deutschland wurde auf erheblichen Druck der Bundesregierung mit *Peer Steinbrück* als Bundesfinanzminister nach einem Kompromiss Ende 2006 eingestellt.

288. Nach sozialwissenschaftlichen Beobachtungen erreichen universelle Sozialversicherungen trotz fehlender Ausrichtung auf Bedürftige eine egalitärere Verteilung als Länder mit speziellen auf Arme ausgerichteten Sozialprogrammen: Insofern wird von einem Umverteilungsparadox gesprochen. *Walter Korpi/Joakim Palme*, The paradox of restribution and strategies of equality. Welfare state institutions, inequality and poverty in the Western countries, American Sociological Review 63 (1998), S. 661 ff.

289. Siehe zur Herkunft des Versicherungsprinzips: *Alexander Bruns*, Die Privatversicherung zwischen Gefahrengemeinschaft und Individualvertrag, in:

Heun/Schorkopf (Hg.), Wendepunkte der Rechtswissenschaft. Aspekte des Rechts in der Moderne, 2014, S. 144 ff.

290. *Hermann Simon*, Hidden Champions – Aufbruch nach Globalia. Die Erfolgsstrategien unbekannter Weltmarktführer, 2012.

291. Kritisch dazu: *Klaus Ferdinand Gärditz*, Die Entwicklung des Umweltrechts im Jahr 2010. Umweltschutz im Schatten des Klimawandels, Zeitschrift für Umweltpolitik & Umweltrecht (ZfU) 4/2011, S. 383 ff.

292. Daraus kann man das – eine Zeit lang als Modebegriff umlaufende – Schlagwort der „Wissensgesellschaft" machen. *Nico Stehr*, Arbeit, Eigentum und Wissen. Zur Theorie von Wissensgesellschaften, 1994; *ders.*, The social and political control of knowledge in modern societies, in: International Social Science Journal, Volume 55, 2003, 643 ff. Zur Adaption im politischen Raum *Viviane Reding*, Die Rolle der EG bei der Entwicklung Europas von der Industriegesellschaft zur Wissens- und Informationsgesellschaft, in: Zentrum für Europäische Integrationsforschung: Discussion Papers C84/2001. Siehe auch *Helmut Willke*, Distopia. Studien zur Krisis des Wissens in der modernen Gesellschaft, 2002.

293. Wobei normalerweise die Unterscheidung von Wissen/Nichtwissen und Wahr/Unwahr als gleichbedeutend gelten. Dass dies nicht notwendig so sein muss, erörtert *Niklas Luhmann*, Die Wissenschaft der Gesellschaft, 1990, S. 167 ff.

294. Auf Anregung des damaligen französischen Staatspräsidenten *Sarkozy* erstellten Wirtschaftswissenschaftler 2009 dazu eine bemerkenswerte Untersuchung: *Joseph E. Stiglitz/Amartya Sen/Jean-Paul Fitoussi*, The Measurement of Economic Performance and Social Progress Revisited. Reflections and Overview, 2009. Siehe auch *Tomàs Sedlácek*, Die Ökonomie von Gut und Böse, 2012, S. 365 ff.

295. „Extended families in many countries provide their members ,insurance' services. Everybody helps out when someone is in trouble. In some countries, these insurance services are moved into the market, in others they have been shifted to the government. While the ,risk' services may be similar, how they are evaluated in the national income accounts may differ markedly." *Joseph E. Stiglitz/Amartya Sen/Jean-Paul Fitoussi*, The Measurement of Economic Performance and Social Progress Revisited. Reflections and Overview, 2009, Rn. 56.

296. *Martin Winter*, Das Ende einer Illusion. Europa zwischen Anspruch, Wunsch und Wirklichkeit, 2015.

297. *Niklas Luhmann*, Die Politik der Gesellschaft, 2000, S. 221.

298. *Francis Fukuyama*, The End of History and the Last Men, 1992.

299. Die Entwicklung zu einer Fragmentierung von Räumen wird etwa für das System des Welthandels angenommen, das sich seit der Gründung der WTO 1994 zunächst in Richtung eines freien Welthandels unter universell gültigen fairen Regeln zu entwickeln schien, heute aber (auch durch das Verhalten der EU und der USA) in einem Trend zur Bilateralisierung mit der Sorge einer internen Fragmentarisierung gesehen wird, siehe *Andreas von Arnauld*, Völkerrecht, 2. Aufl. 2014, Rn. 927.

ANMERKUNGEN

300. Siehe Fußnote 50.

301. Diese relative Verselbständigung und Schematisierung von bestimmten gesellschaftlichen Interaktionsprozessen dürfte die Voraussetzung für das wirtschaftliche, politisch-rechtliche und kulturelle Komplexitätsniveau von Hochkulturen sein.

302. *Niklas Luhmann*, Die Gesellschaft der Gesellschaft, 1997, S. 248.

303. Das gilt auch für kirchliche „Kapitalismuskritik", die vor allem in der Frage der kulturellen Folgen einer Durchökonomisierung der Gesellschaft seit langem wichtig ist, aber in ihrer Undifferenziertheit manchmal dazu beiträgt, Staatsinterventionismus zu fördern oder ihn in seinem Verantwortungsbeitrag zu verdunkeln. Zum ersten apostolischen Brief (Lehrschrift) „Evangelii Gaudium" von Papst *Franziskus* schreibt *Christoph Schäfer*, FAZ vom 29.11.2013: „Auch jenseits aller Deutungsfragen ist zu prüfen, ob sich die Thesen des Papstes empirisch überhaupt halten lassen. Seine Behauptung etwa, ‚während die Einkommen einiger weniger exponentiell steigen, sind die der Mehrheit immer weiter entfernt vom Wohlstand dieser glücklichen Minderheit', greift zu kurz. Anders als es der Papst nahe legt, ist die Zahl der sehr armen Menschen einer aktuellen Studie der Weltbank zufolge in den vergangenen drei Jahrzehnten um mehr als 700 Millionen Menschen auf 1,2 Milliarden gesunken. ‚Wir sind Zeugen eines historischen Moments, in dem sich die Menschen selbst aus der Armut befreien', sagte Weltbank-Präsident *Jim Yong Kim*, als er die Studie im Oktober präsentierte. Das Millenniumsziel, die Zahl der Menschen, die von weniger als 1,25 Dollar am Tag leben müssen, bis 2015 zu halbieren, sei fünf Jahre früher erreicht worden. „Unsere Erwartungen wurden übertroffen", so *Kim*. Verantwortlich dafür sind allen Zahlen zufolge vor allem China und Indien – Länder, die seit den siebziger Jahren zunehmend marktwirtschaftliche Prinzipien einführten und so die Zahl der Hungertoten drastisch reduzierten."

304. *David Hume*, Ein Traktat über die menschliche Natur, Bd. II und III. Über die Affekte/Über die Moral, III, Erster Teil, Erster Abschnitt, übersetzt von Theodor Lips, Felix Meiner, 1978, S. 198.

305. *Gregor Kirchhof*, Die Allgemeinheit des Gesetzes, 2009, S. 265 f.

306. *Wolfgang Hogrebe*, Der implizite Mensch, 2013.

307. 1926 schreibt *Einstein* im Brief an *Max Born*: „Die Quantenmechanik ist sehr achtunggebietend. Aber eine innere Stimme sagt mir, daß das noch nicht der wahre Jakob ist. Die Theorie liefert viel, aber dem Geheimnis des Alten bringt sie uns kaum näher. Jedenfalls bin ich überzeugt, daß der nicht würfelt." *Albert Einstein, Hedwig* und *Max Born*: Briefwechsel 1916–1955, S. 97 f.

308. *Luhmann*, Die Gesellschaft der Gesellschaft, 1997.

309. *Rainer Zaczyk*, Selbstsein und Recht, 2014, S. 59.

310. *Niklas Luhmann*, Liebe als Passion. Zur Codierung von Intimität, 2. Aufl. 1983, S. 49 ff.

311. *Rüdiger Safranski*, Romantik. Eine deutsche Affäre, 2007.